W0400786

La grande encyclopédie de l'histoire de l'Égypte

ÉGYPTE

Terre éternelle des pharaons

La grande encyclopédie de l'histoire de l'Égypte

ÉGYPTE

Terre éternelle des pharaons

novedit

UNE PRODUCTION TROIS-CONTINENTS
L'ENSEMBLE DES DOCUMENTS PUBLIÉS DANS CET OUVRAGE
PROVIENT DES ARCHIVES APPARTENANT À EDITA S.A.
OFFICE DU LIVRE, CAMPAGNIE DU LIVRE D'ART.

© 2014 NOVEDIT

© 1998 - TROIS-CONTINENT POUR TOUS PAYS ET TOUTES LANGUES.
TOUTE REPRODUCTION, MÊME PARTIELLE, INTERDITE SANS AUTORISATION EXPRESSE.
DROITS DE REPRODUCTION RÉSERVÉS AUX ORGANISMES AGRÉÉS OU AYANTS-DROITS.

ISBN : 978-2-35033-535-3

Le Nil

Fleuve Royal d'Art et d'Histoire

De la Nubie au Delta du Nil

15 LA NUBIE
- 15 ABOU SIMBEL
- 18 LES AUTRES SITES NUBIENS

21 LE SUD DE LA HAUTE-ÉGYPTE
- 21 PHILAE
- 23 ÉLÉPHANTINE ET ASSOUAN
- 24 KÔM OMBO
- 27 EDFOU
- 28 ESNEH
- 29 ARMANT
- 30 THÈBES, KARNAK ET LOUQSOR
- 34 LES TEMPLES FUNÉRAIRES DE LA RIVE OCCIDENTALE DU NIL

40 LE NORD DE LA HAUTE-ÉGYPTE
- 40 DENDÉRAH
- 42 ABYDOS
- 43 LES AUTRES SITES DE LA RÉGION

45 LA MOYENNE ÉGYPTE
- 45 TELL EL-ARMANA
- 46 EL-ACHMOUNEIN
- 47 TOUNAH EL-DJÉBEL
- 48 LES AUTRES SITES DE MOYENNE ÉGYPTE

50 LA RÉGION DE MEMPHIS
- 53 DAHCHOUR
- 55 SAQQARAH
- 59 ABOUSIR
- 60 ABOU GOURAB
- 63 GUIZEH

67 LA BASSE-ÉGYPTE
- 70 HÉLIOPOLIS
- 70 QANTIR ET EL-KHATANAH
- 72 SAN EL-HAGAR
- 76 ALEXANDRIE

LES GRANDES PYRAMIDES

DEMEURES D'ÉTERNITÉ

83 LA VIE DANS LA MORT

84 LES MASTABAS

LES PYRAMIDES

92 LES PYRAMIDES À DEGRÉS

92 LA PYRAMIDE DU PHARAON DJÉSER

97 LES AUTRES PYRAMIDES À DEGRÉS

100 LA PYRAMIDE DE MEÏDOUM

104 LES PYRAMIDES À FORMES PARTICULIÈRES

104 LA PYRAMIDE À DOUBLE PENTE DE DAHCHOUR

105 LA PYRAMIDE EN FORME DE SARCOPHAGE

106 LA PYRAMIDE ROUGE DE SNÉFROU

107 LA PYRAMIDE DE KHÉOPS

115 LA PYRAMIDE DE KHÉPHREN

118 LA PYRAMIDE DE MYKÉRINOS

120 LA PYRAMIDE D'ABOU ROACH

121 LES AUTRES PYRAMIDES DE SAQQARAH

126 LES PYRAMIDES D'ABOUSIR

128 LES AUTRES PYRAMIDES DE DAHCHOUR

130 LES PYRAMIDES DE EL-LAHOUN ET DE HAOUARAH

131 LES PYRAMIDES DE LICHT

132 LES PYRAMIDES DE MAZGOUNA

133 LES DERNIÈRES PYRAMIDES

Les Pharaons

143 Le Pharaon «La Grande Maison»

Les Dynasties

153 LES PHARAONS DE L'ÉPOQUE ARCHAÏQUE

154 LES PHARAONS DE L'ANCIEN EMPIRE
- 154 DJÉSER LE «MAGNIFIQUE»
- 156 LE «BON ROI» SNÉFROU
- 157 LES BÂTISSEURS DE PYRAMIDES
- 157 LES PHARAONS, «FILS DE RÉ»
- 158 DES PHARAONS SANS POUVOIR

163 LES PHARAONS DE LA PREMIÈRE ÉPOQUE

164 LES PHARAONS DU MOYEN EMPIRE
- 164 MONTOUHOTEP II, «UNIFICATEUR DES DEUX PAYS»
- 167 LES SUCCESSEURS DE MONTOUHOTEP II
- 170 SÉSOSTRIS III, LE PACIFICATEUR DE LA NUBIE
- 173 AMENEMHAT III ET LE LABYRINTHE

176 LES PHARAONS DE LA DEUXIÈME PÉRIODE

179 LES PHARAONS DU NOUVEL EMPIRE
- 179 AHMOSIS, «FILS D'AMON-RÊ»
- 181 AMÉNOPHIS Ier ET LA VALLÉE DES ROIS
- 182 THOUTMÔSIS Ier ET KARNAK
- 183 LA REINE HATSHEPSOUT
- 188 THOUTMÔSIS III, «LE SOLEIL DES NEUF ARCS»
- 190 AMÉNOPHIS II, LE CRUEL
- 193 THOUTMÔSIS IV ET AMÉNOPHIS III, LA PAIX AVEC LE MITANNI
- 196 AMÉNOPHIS IV, LE SERVITEUR D'ATON
- 203 TOUTANKHAMON, «AMON EST VIVANT»
- 204 LES AUTRES PHARAONS DE LA RESTAURATION
- 204 SÉTHI Ier, LE GUERRIER
- 208 RAMSÈS II LE GRAND, «RÊ L'A CRÉÉ»

219 LES PHARAONS DE LA TROISIÈME PÉRIODE

220 LES PHARAONS DE LA BASSE ÉPOQUE

223 LES PHARAONS DE LA PÉRIODE GRÉCO-ROMAINE

LES GRANDES DESTINÉES

AKHENATON

233 LES ORIGINES D'AKHENATON
235 LA RÉFORME RELIGIEUSE D'AMÉNOPHIS IV
246 AKHETATON, LA NOUVELLE CAPITALE
256 LE PALAIS ROYAL
266 LE DÉSASTRE POLITIQUE
287 L'ART
295 LA FIN D'UN RÊVE

RAMSÈS II

301 L'AVÈNEMENT DE RAMSÈS II
303 LES ÉPOUSES ROYALES
312 RAMSÈS LE BÂTISSEUR
329 LE RECRUTEMENT DE LA MAIN-D'ŒUVRE
334 LA BATAILLE DE QADESH
340 LA MÉMOIRE GRAVÉE
342 LA RELIGION ET L'ÉTAT
354 LE BILAN

365

CLÉOPÂTRE

370 LES GABINIENS
373 LA FUITE DE CLÉOPÂTRE
374 MORT DU GRAND POMPÉE
375 CÉSAR, CLÉOPÂTRE ET PTOLÉMÉE
379 BELLUM ALEXANDRINUM
383 GANYMÈDE
387 CLÉOPÂTRE À ROME
388 APRÈS LES IDES DE MARS, LE SECOND TRIUMVIRAT
389 QUI ÉTAIT ANTOINE ?
390 DIONYSOS ET APHRODITE, LA VIE INIMITABLE
396 PAIX DE BRINDES
399 HÉRODE
399 LA PAIX DE TARENTE
400 ANTOINE ET CLÉOPÂTRE
404 LA GUERRE PARTHIQUE
408 LES INTRIGUES DE CLÉOPÂTRE
412 LA GUERRE ARMÉNIENNE ET LE TRIOMPHE ALEXANDRIN
413 LE NOUVEL EMPIRE LAGIDE
414 LA RUPTURE AVEC OCTAVIEN
420 ACTIUM
423 LE VAINQUEUR
425 LA TRAHISON
426 OCTAVIEN ET CLÉOPÂTRE

L'ÉGYPTE DES DÉESSES ET DES DIEUX

LES DYNASTIES

433 LES DYNASTIES DIVINES
- 433 LES DIEUX COSMIQUES
- 437 LES SUCCESSEURS DE RÊ
- 437 OSIRIS ET SON CYCLE
- 444 LES DIFFÉRENTS VISAGES D'HORUS

448 LES DYNASTIES DES DEMI-DIEUX ET DES MANES
- 451 LA CHRONOLOGIE LÉGENDAIRE

LES DIEUX ÉGYPTIENS

456 LES DIEUX

457 ÉCOLE D'HERMOPOLIS
458 ÉCOLE DE MEMPHIS
459 AKER
459 AMON
461 ANUBIS
462 APIS
464 APOPIS
464 ATON
465 ATOUM
466 BASTET
466 BÈS
466 CHENTAÏT
468 CHOU
469 DÉMIURGE
469 GEB
470 HAPY
471 HATHOR
472 HEQET
472 HORUS
474 ISIS
475 KHENTAMENTIOU
475 KHÉPRI
475 KHNOUM
476 KHONSOU
476 MAÂT
476 MIN
477 ONTOU
478 MOUT
478 NEITH
479 NEKHBET
480 NEMTY
480 NEHTHYS
481 NOUN
481 NOUT
482 OSIRIS
485 OHOÏS
485 OUADJET
485 OUOUAOUT *ou* OUOUAT
485 TAH
486 RÊ
488 SATIS *ou* SATET
488 SEKHMET
489 SELKIS
489 SÉCHÂT
489 SÉRAIS *ou* SARAIS
489 SETH
490 SOBEK
490 SOKARIS
490 TEFNOUT
492 THOT
493 THOUÉRIS

Le Nil
Fleuve Royal
d'Art et d'Histoire

De la Nubie au Delta du Nil

Selon l'image traditionnelle, descendre le Nil c'est suivre la sève d'une longue tige de lotus et aboutir à sa fleur épanouie, le delta, en faisant halte en route sur un bourgeon, le Fayoum. Deux villes ont joué un rôle important dans l'histoire du pays, Thèbes au sud et Memphis près de la pointe du delta, et c'est évidemment autour d'elles que les plus beaux sites artistiques furent érigés.

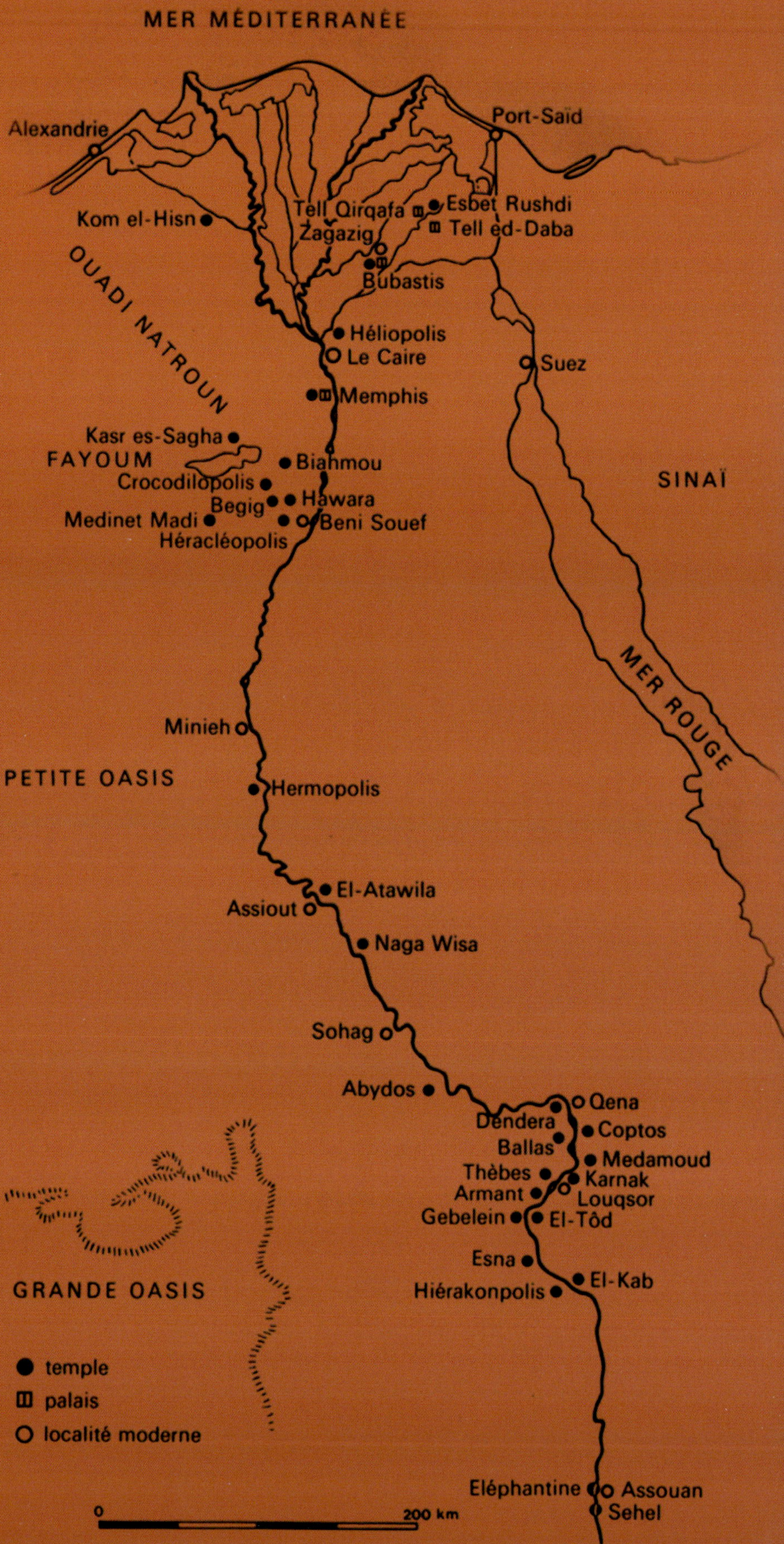

LA NUBIE

Cette région-tampon au sud de la première cataracte, considérée de tous les temps comme la propriété de l'Égypte, présente un certain nombre de bâtiments prestigieux datant principalement du règne de Ramsès II, des règnes de rois nubiens de la XXVe dynastie et de ceux des Ptolémées. Lors des années 1960, de nombreux temples de cette région furent démontés pour être reconstruits en d'autres lieux à cause des barrages régulant le Nil et l'aménagement du lac Nasser en amont.

ABOU SIMBEL

Sur les sept temples de Nubie construits par le grand roi Ramsès II, les deux temples-cavernes d'Abou Simbel, ou Ibsamboul, construits sur la rive occidentale du Nil, sont les plus célèbres. Depuis leur démolition et leur reconstruction de 1964 à 1968, par l'UNESCO, à 210 mètres environ au-delà du fleuve et 65 mètres plus haut, ils sont parmi les plus connus d'Égypte.

Le Grand Temple était le plus impressionnant des deux. Une porte donnait sur une avant-cour et une terrasse qui précédait une

PAGE DE GAUCHE : TEMPLE ET PALAIS AU MOYEN-EMPIRE

CI-CONTRE : LE TEMPLE D'ABOU SIMBEL ENCORE ENSABLÉ PAR DAVID ROBERTS EN 1838

immense façade, haute de 30 mètres et large de 35 mètres, creusée dans la falaise. Elle était flanquée de quatre statues colossales du pharaon mesurant 21 mètres de hauteur. A leurs pieds étaient sculptées les effigies plus petites de sa Grande Epouse Royale Néfertari, de sa mère Moutouïa, de ses fils, les princes Amenhirkhopchef, Rê-Amsès, et de ses filles, les princesses Bent-Anta, Nebet-Taoui, Esenefret, Beketemout et Meritamoun. Une niche au-dessus de l'entrée présentait, autour de l'effigie du dieu Rê à tête de faucon, un groupe sculpté représentant symboliquement, par un jeu de mots sur le prénom du roi, Ousi-marê. Au sommet de la façade, se trouvait une rangée de statues de babouins dans une attitude d'adoration; les cris de ces singes, au soleil levant, étaient considérés comme une manifestation de bienvenue.

Ce temple rupestre était orienté de manière à ce que, deux fois par an, le soleil puisse pénétrer jusqu'au fond du sanctuaire où se trouvaient les statues des dieux honorés ici: Ptah de Memphis, Amon-Rê de Thèbes, Ramsès II lui-même, déifié de son vivant, et Rê-Horakhty d'Héliopolis. Les rayons traversaient alors la grande salle hypostyle, dont les huit piliers étaient sculptés en forme de colosses figurant le roi et dont les murs relataient la bataille de Kadesh, et la deuxième salle à piliers décorée de la représentation du pharaon accomplissant les rites devant sa barque sacrée.

Le petit temple, modèle réduit du précédent, était consacré à la déesse Hathor et à la reine Néfertari. Sa façade était constituée par six colosses de 10 mètres de haut, sculptés dans le roc. Quatre d'entre elles représentaient le roi, et deux autres la reine, chacun flanqué de princes et de princesses. A l'intérieur, il comprenait une salle hypostyle où était figurée Hathor, un vestibule avec des salles latérales et le sanctuaire. Le naos renfermait une statue de la déesse sous forme d'une vache, protégeant le roi.

LE TEMPLE D'ABOU SIMBEL

LES AUTRES SITES NUBIENS

En descendant le Nil, on passait à proximité de la forteresse du Qsar Ibrim construite probablement au Nouvel Empire et restaurée à l'époque romaine. Des chapelles creusées dans le roc ont été édifiées par des souverains du pays de Koush lors des XVIIIe et XIXe dynasties. Leurs bas-reliefs ont été enlevés par l'UNESCO dans les années 60 et replacés près de Sebouhah ou près du temple reconstruit de Kalabchah, l'ancienne Talmis.

Le site de Ouadi el-Sebouah se composait de deux temples du Nouvel Empire. Le plus ancien, dédié primitivement à une forme locale d'Horus, puis au culte d'Amon, fut construit par Aménophis III. C'était un sanctuaire creusé dans la roche et précédé d'un pylône en briques. Le grand temple de Ouadi el-Sebouhah était un temple d'Amon construit par Ramsès II. Sa salle hypostyle était précédée de trois pylônes; au-delà de celle-ci, le sanctuaire était creusé dans le roc. Ce monument est aujourd'hui déplacé à quatre kilomètres de son site d'origine.

Le temple d'El-Dakkah fut construit, orné et restauré par de nombreux souverains, notamment par les Ptolémées et les empereurs Auguste et Tibère. Lors de son déplacement en 1962-68, on découvrit des blocs provenant d'un ancien temple construit par Thoutmôsis III pour le dieu Horus.

C'est encore à cause de la mise en eaux du lac Nasser, que le temple de Dendoûr a été démonté en 1963 et offert la même année aux Etats-

CI-DESSUS : PRONAOS DU TEMPLE D'ABOU SIMBEL PAR DAVID ROBERTS EN 1838

TEMPLE D'ABOU SIMBEL

PAGE DE DROITE : LE NIL DANS LES ENVIRONS D'ABOU SIMBEL

Unis par le gouvernement égyptien. Il est aujourd'hui reconstitué au Metropolitan Museum of Art de New York et on peut y voir les bas-reliefs représentant l'empereur Auguste devant les dieux.

Le temple de Kalabchah, le plus grand temple de Nubie construit en terrain libre, date du règne d'Auguste et était dédié au dieu nubien Mandoulis, à Osiris et à Isis. Ce temple, long de 74 mètres et large de 33 mètres, a été également démonté et reconstruit en 1962-63. Il est aujourd'hui près du barrage d'Assouan.

Le temple de Debod a été construit dans la première moitié du IIIe siècle avant J.-C. par un roi nubien et dédié à Amon. Il fut largement doté et embelli à l'époque gréco-romaine et dédié alors à la déesse Isis. Ce temple qui dut comporter trois pylônes, fut démantelé en 1961 et offert en 1968 à l'Espagne.

Tous ces temples étaient construits sur la rive occidentale du Nil, mais Philae se trouvait au milieu des eaux et Éléphantine, la capitale du premier nome de Haute-Égypte, était une île.

LE SUD DE LA HAUTE-ÉGYPTE

Cette région étant de première nécessité pour l'Égypte, elle fut largement dotée en monuments importants au cours de l'histoire. Les périodes concernées sont la fin de l'Ancien Empire, la Première Epoque Intermédiaire, le début du Nouvel Empire et la Période gréco-romaine. Les plus beaux monuments que l'on peut admirer aujourd'hui sont les oratoires et les tombeaux du Djébel Silsileh ainsi que les quatre principaux temples de l'époque gréco-romaine, ceux de Philae, de Kôm Ombo, d'Edfou et d'Esneh.

PHILAE

Située en amont de la première cataracte, Philae était à l'époque ptolémaïque l'un des sanctuaires les plus importants d'Égypte et de Nubie. On y vénérait Isis, les dieux nubiens Arensnouphis et Mandoulis, Hathor et d'autres dieux inférieurs comme le scribe-architecte Imhotep. On y trouvait également un temple de Dioclétien, un temple d'Auguste, une porte d'Adrien, un kiosque de Trajan ainsi que deux églises. Les monuments primitifs du site datent du règne de Nectanébo Ier, mais des pierres plus anciennes, datant de Taharqa, ont été trouvées lors du déplacement du complexe sur l'île voisine d'Agilkia. Avant cette opération, l'île de Philae était submergée six mois par an par les eaux du premier barrage d'Assouan.

PAGE DE GAUCHE :

ENSEMBLE DES PHOTOS :
ILE DE PHILAE

LE SCRIBE IMHOTEP
DIVINISÉ.
BASSE ÉPOQUE

CI-CONTRE :
LE TEMPLE D'ISIS À PHILAE

ÎLES DE PHILAE

PAGE DE DROITE :
TOMBEAU DES
NOBLES.

ÉLÉPHANTINE ET ASSOUAN

Le site d'Éléphantine avait une grande importance stratégique à cause de la barrière naturelle constituée par la première cataracte et de la proximité de minerais. La ville principale et la zone des temples se trouvaient sur la partie sud de l'île, en particulier des temples dédiés à la triade divine locale, Khnoum, Satis et Anoukis, un temple d'Aménophis III et des temples gréco-romains. De nombreux fonctionnaires de la VIe dynastie se firent également construire des tombeaux. Le reste de la ville, dont il ne reste d'ailleurs que peu de traces, devait se poursuivre sur la rive occidentale du Nil. Des tombeaux creusés dans le roc se trouvaient sur cette rive, ceux des chefs caravaniers de l'Ancien Empire, des nomarques du Moyen Empire et de certains fonctionnaires du Nouvel Empire.

La ville d'Assouan se situait juste en face sur la rive orientale. Non loin de là, se trouvent toujours les carrières célèbres de la ville. Les vestiges les plus intéressants sont un obélisque reposant encore dans sa fosse de taille et un colosse en forme de momie abandonné sur place.

KÔM OMBO

Situé sur une colline surplombant la rive orientale du Nil, le célèbre temple double de Kôm Ombo, datant des époques ptolémaïque et romaine, était consacré à deux triades de divinités. La moitié sud était réservée à Sobek, le dieu-crocodile, à son épouse Hathor et à leur fils Khonsou ; la moitié nord du temple était consacrée à Haroéris, l'ancien Horus, à Tasenetnophret, sa sœur divine, et à Panebtaoui, le Seigneur des Deux Terres. Des momies de crocodiles sacrés, provenant d'une nécropole proche, sont aujourd'hui conservées dans la petite chapelle romaine d'Hathor.

PAGE DE GAUCHE :
TEMPLE DE KÔM OMBO

TOMBEAU DES NOBLES

CI-DESSOUS :
LE DIEU HORUS

LE DIEU-CROCODILE
SOBEK PORTANT LA
COURONNE ATEF.
ÉPOQUE PTOLÉMAÏQUE,
TEMPLE DE KÔM OMBO

La caractéristique architecturale de ce temple était son plan doublé longitudinalement selon l'axe de symétrie. On y trouvait ainsi une double entrée donnant sur une cour, elle-même menant à deux salles hypostyles dotées de deux portes ouvrant sur deux sanctuaires. L'enceinte était également double.

Entre Assouan et Kôm Ombo, se trouvent le Djébel Silsileh et ses carrières de grès exploitées à partir de la XVIIIe dynastie. En face, sur la rive occidentale se trouvait le temple souterrain de Horemheb, dédié à sept dieux, dont Sobek et le roi Horemheb lui-même. De nombreux cénotaphes furent également creusés à proximité par les pharaons Séthi Ier, Ramsès II ou Mérenptah, ainsi que par certains hauts fonctionnaires.

CI-CONTRE :
HORUS COIFFÉ DE LA DOUBLE COURONNE

PAGE DE GAUCHE ET CI-DESSOUS :
PORTIQUE DU TEMPLE D'EDFOU

TEMPLE DE KÔM OMBO

EDFOU

Ancienne capitale du deuxième nome d'Égypte, le «nome du Trône d'Horus», située sur la rive occidentale du Nil, Edfou possède aujourd'hui le temple le mieux conservé d'Égypte. Commencé sous Ptolémée III Évergète en 237 avant J.-C., il était censé rester fidèle aux plans d'Imhotep, l'architecte de la pyramide de Djéser. Une grande partie des bâtiments annexes étant sous la ville actuelle, seul le pylône reste le témoin du gigantisme du temple à son origine; il est encore le plus grand jamais achevé en Égypte. Le temple était consacré à Horus comme le rappelaient, par un texte dramatique, les bas-reliefs rappelant la victoire du fils d'Osiris sur le dieu Seth. L'un des caractères marquants de l'intérieur du temple est l'utilisation subtile de la lumière, de la salle hypostyle au saint des saints. Les colonnes papyriformes ou palmiformes rapellent alors très justement la végétation du marais primordial.

ESNEH

Esneh se situe sur la rive occidentale du Nil et le seul vestige remarquable de la ville ancienne, qui se trouve aujourd'hui à 9 mètres au dessous de l'actuelle, est la salle hypostyle du temple gréco-romain dédié à Khnoum et à d'autres divinités comme Neith et Héka. Le mur occidental de cette salle marquait le début du temple intérieur. Plus ancien que le reste de l'édifice, ce mur portait des bas-reliefs de Ptolémée IV Philopator et de Ptolémée VIII Néos Eupator. La salle elle-même était également décorée de scènes imposantes, comme celle qui montre le pharaon en train de prendre des oiseaux au filet, datant du premier et du troisième siècle après J.-C. A Esneh, les poissons étaient sacrés d'où son nom grec de Latopolis, de latès, poisson.

ARMANT

L'ancienne Iouni, sur la rive occidentale du Nil, fut l'un des plus importants lieux de culte du dieu de la Guerre Montou, également important à Karnak. Elle était la capitale de tout le quatrième nome de Haute-Égypte, y compris le territoire de Thèbes jusqu'à la XVIIIe dynastie. Le temple de Montou existait à Armant dès la XIe Dynastie et le pharaon Montouhotep semble en être le premier bâtisseur. D'importants ajouts furent effectuées au cours de la XIIe dynastie, en particulier le pylône de Thoutmôsis III, mais le temple fut détruit à la Basse Epoque. Nectanébo II commença sans doute le nouveau temple que les Ptolémées continuèrent, en particulier sous Cléopâtre VII et sous Ptolémée XV, son fils qui fit bâtir une «maison natale» et un étang. Le Bucheum, la sépulture des taureaux sacrés Buchis, se trouvait en bordure du désert et fut utilisé pendant plus de six siècles.

CI-DESSUS :
SALLE HYPOSTYLE D'ESNEH

PAGE DE GAUCHE :

TEMPLE D'ESNEH

STATUETTE DE MOUTOUHOTEP TENANT UN VASE À LIBATION

THÉBES, KARNAK ET LOUQSOR

Louqsor est une ville très importante dès le Moyen Empire, mais le temple lui-même ne date que des XVIIIe et XIXe dynasties. Il était conçu à l'origine comme une succursale de Karnak et on le désignait alors comme la «Chapelle d'Amon». Il fut essentiellement construit par les pharaons Aménophis III et Ramsès II pour la structure interne et externe alors que d'autres souverains, comme Toutankhamon, Horemheb et Alexandre le Grand, n'y ajoutèrent que des bâtiments secondaires et de nouveaux bas-reliefs. Toute la partie due à Aménophis III est en alignement presque parfait: colonnade processionnelle, avant-cour, salle hypostyle, sanctuaire romain, «Chambre de la Naissance», reposoir des barques d'Alexandre le Grand et sanctuaire. Le sanctuaire romain n'était que la récupération tardive de la première antichambre pour que les Romains puissent y pratiquer le culte impérial. La deuxième antichambre, dite «de la Naissance», était décorée de bas-reliefs montrant la naissance symbolique du pharaon, né des amours de sa mère et du dieu Amon vénéré dans ce temple sous la forme du dieu de la fertilité Min.

CI-DESSOUS : OBÉLISQUE DE LOUQSOR SUR LA PLACE DE LA CONCORDE À PARIS

CI DESSOUS : AMÉNOPHIS III

PAGE DE DROITE : TEMPLE DE LOUQSOR COLONNADE DITE D'AMÉNOPHIS III

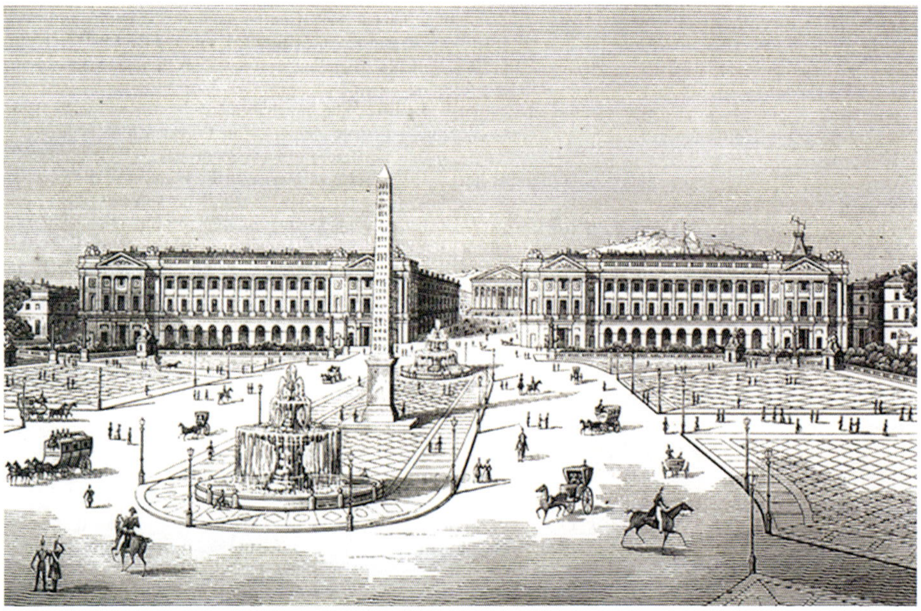

Au contraire, la partie due à Ramsès II: pylône, reposoir de la triade thébaine, cour, étaient construits sur un axe dévié vers l'est, qui se prolongeait par une très longue allée bordée de sphinx à tête humaine, bâtie par Nectanébo Ier et rejoignant le site de Karnak, distant de trois kilomètres. Les vestiges englobant et prolongeant cette partie au nord-ouest ne sont que des chapelles de l'époque romaine et les restes d'une ville romaine.

Karnak était un immense site composé de trois temples, munis chacun d'une enceinte. Reliés les uns aux autres, ils constituaient le complexe religieux le plus vaste d'Égypte. Dédiés respectivement aux dieux Amon, Mout et Montou, qui constituaient la triade de Thèbes, ils acceptaient autour d'eux la présence de petits temples consacrés à Ptah, Maât, Osiris, Harpocrate, Opet, Khonsou et d'autres divinités mineures ainsi que des bâtiments édifiés en l'honneur des pharaons Thoutmôsis Ier, Aménophis II, Hatshepsout, Thoutmôsis III, Nectanébo II et Ramsès II.

La construction de l'ensemble de ce très riche domaine d'Amon s'est étalé sur plus de deux mille ans, du Moyen Empire à l'Epoque ptolémaïque. La partie la plus importante était consacrée au temple d'Amon qui ne comportait pas moins de dix pylônes construits à des époques différentes. Sa salle hypostyle comptait cent trente-quatre colonnes papyriformes. Les bas-reliefs de cette salle étaient dédiés à Séthi Ier et à Ramsès II et les murs extérieurs relataient leurs expéditions militaires, notamment la bataille de Kadesh.

PAGE DE GAUCHE :
TEMPLE DE LOUQSOR

LE PHAHARON AKHENATON

PAGE DE DROITE :
TEMPLE DE KARNAK

LES TEMPLES FUNÉRAIRES DE LA RIVE OCCIDENTALE DU NIL

Deir el-Bahari, où le culte de la déesse Hathor était célébré, est presque en face de Karnak, à quelques kilomètres dans le désert. Le site fut choisi par Montouhotep, de la XIe dynastie, et par la reine Hatshepsout, de la XVIIIe dynastie, pour y faire édifier leur temple funéraire. La principale fonction de ces temples mortuaires était de perpétuer le culte du roi, mais on y adorait surtout les dieux, en particulier Amon et Rê-Horakhti. Le temple de Montouhotep fut directement relié à la sépulture royale, mais celui d'Hatshepsout, comme celui d'autres souverains, était construit à Deir el-Bahari alors que ses deux tombeaux étaient situés, l'un dans une vallée éloignée, l'autre dans la Vallée des Rois.

Le temple de Montouhotep présentait la particularité d'être construit en terrasses de différents niveaux. Un nouvel élément, également introduit à Deir el-Bahari, était la présence d'un portique

CI-DESSUS :
SÉNYFÉNER ET SON ÉPOUSE HATSHEPSOUT

PAGE DE DROITE :
LA REINE HATSHEPSOUT

TEMPLE D'HATSHEPSOUT

en colonnade au fond des terrasses. On aboutissait à la façade du temple par une rampe processionnelle venant d'un temple de la Vallée aujourd'hui disparu, donnant sur une immense avant-cour de laquelle partait une rampe permettant de monter sur une terrasse où se dressait un mastaba. Ce mastaba était probablement destiné à un culte solaire. Derrière lui, des niches à statues ouvraient sur le tombeau lui-même creusé dans la falaise. Ce dernier consistait en un péristyle et des cours hypostyles et menait à la chambre funéraire 150 mètres plus loin.

Le temple d'Hatshepsout, lui aussi à moitié creusé dans la montagne, est un exemple très réussi de l'harmonie entre une création architecturale monumentale et la majesté de la nature la plus sauvage qui soit. Les anciens Égyptiens l'appelaient Djéser Djéserou, «Sublime des Sublimes». Cet édifice grandiose, conçu par le célèbre architecte Senenmout, fut construit en trois terrasses successives adossées à l'imposante paroi rocheuse qui sépare ce site de la Vallée des Rois. Un système de rampes reliait les trois grandes cours qui étaient séparées par des portiques dans

lesquels on pouvait admirer des bas-reliefs peints relatant notamment la naissance divine de la reine, son couronnement et le récit d'une expédition au pays de Pount. Chacune des cours était séparée par une colonnade. La colonnade supérieure, constituées de piliers osiriaques flanqués de colosses de la reine, précédait la cour supérieure. La troisième terrasse était ordonnée autour d'une chapelle dédiéé à Amon où la reine se rendait une fois par an. Peu après l'achèvement du temple de la reine, Thoutmôsis III fit bâtir un complexe religieux consacré à Amon et une chapelle pour la déesse Hathor, entre les deux temples funéraires précédents, ainsi qu'un kiosque dans l'avant-cour du temple de Montouhotep.

Un autre temple funéraire très important de la rive occidentale du Nil était le Ramesseum de Ramsès II; le tombeau du pharaon se trouvait dans la Vallée des Rois. Il comprenait le temple proprement dit, construit en pierres de taille, des magasins en briques, et des bâtiments annexes. La disposition intérieure du temple est d'une conception traditionnelle élaborée avec deux cours, une salle hypostyle, une série d'antichambres et de salles secondaires, le reposoir pour la barque processionnelle et le sanctuaire. La première antichambre avait un plafond au décor astronomique et avait dû servir de bibliothèque. Les deux pylônes du Ramesseum étaient orientés sur le temple de Louqsor, de l'autre côté du Nil. Ils étaient décorés de bas-reliefs, représentant les exploits du souverain, notamment la bataille de Kadesh. Le temple comprenait encore sur son côté oriental, un petit temple antérieur dédié à Touïa, la mère de Ramsès II.

L'ensemble de Médinet Habou comprenait un temple construit par Hatshepsout et Thoutmôsis III,

CI DESSOUS :
SENNEMOUT
PRÉSENTANT
HATHOR

PAGE DE DROITE :
TEMPLE D'HATSHEPSOUT

qui subit de nombreuses retouches au cours des siècles, et le temple funéraire de Ramsès III. Le temple d'Amon fut alors inclus dans l'enceinte de ce dernier. Cet édifice, très imposant, devait être relié au Nil par un canal. C'est la raison pour laquelle il fut construit un débarcadère à l'entrée du mur d'enceinte. Le temple lui-même avait un plan de type classique, semblable à celui du Ramesseum. Ses bas-reliefs retraçaient les événements du règne de Ramsès III, comme les batailles ou les grandes fêtes religieuses.

Il existe encore plusieurs temples ou chapelles funéraires disséminées dans la région thébaine, de l'autre côté du Nil, face à Karnak et à Louqsor. Outre les grands temples déjà cités, il faut noter le temple inachevé de Séthi Ier à Gournah, jadis long de cent soixante mètres, les Colosses de Memnon et la stèle dédicatoire marquant le lieu du temple d'Aménophis III et le temple du vizir Amenhotep qui démontrait que des hommes illustres pouvaient avoir leur propre temple funéraire.

Le nord de la Haute-Égypte s'étendait de Thèbes à Assiout. C'était le cœur de

l'Égypte ancienne, le berceau des premières dynasties. Cette région contrôlait encore l'accès aux mines d'or et de minerais du désert oriental. Si Thèbes ne devint une ville prépondérante qu'à partir de la XIe dynastie, Nagadah, Keft et Abydos dominèrent à l'époque prédynastique et Dendérah prit de l'importance sous l'Ancien Empire. Abydos fut parfois le centre religieux de tout le pays sous le Moyen Empire, mais Thèbes l'éclipsa au Nouvel Empire. La plupart des édifices très anciens de cette région ont considérablement souffert et seul le temple de Dendérah reste le monument le plus impressionnant de cette région.

LE RAMESSEUM
DE RAMSÈS II

PAGE DE DROITE :
MEDINET HABOU

LE NORD DE LA HAUTE-ÉGYPTE

CI-DESSUS: LA DAME HÉNARTIDÈH, CHANTEUSE D'AMON TENANT UN SISTRE, L'INSTRUMENT DE MUSIQUE FAVORI D'HATHOR

AUTRES : TEMPLE DE DENDÉRAH

DENDÉRAH

Dendérah, capitale du sixième nome de Haute-Égypte, était un haut lieu du culte d'Hathor, mais le temple actuel de la déesse-vache est d'époque gréco-romaine. De nombreuses tombes de vaches ont été mises à jour dans la nécropole proche. Le site du temple était considéré comme l'endroit rituel où Hathor donnait le jour à son fils Ihi. Au sud de la «Salle des Naissances» se trouvait un sanatorium où les visiteurs pouvaient se baigner ou passer la nuit dans l'attente d'une apparition thérapeutique de la déesse. A part cette anomalie architecturale, le temple était de plan classique et le caractère particulier du temple venait de la forme des chapiteaux de ses colonnes. Tous sont en forme de sistre, l'instrument de musique favori d'Hathor. Les cryptes du temple consistaient en une suite de chambres sur trois étages, dans l'épaisseur de la muraille extérieure; elles servaient à engranger les objets du culte, des archives et des emblèmes de protection magiques du temple.

Au sud du temple d'Hathor se trouvait celui de la naissance d'Isis qui se caractérisait par une double orientation; les salles extérieures faisaient face à l'est tandis que les salles intérieures étaient orientées au nord, vers le temple d'Hathor. Les triades des divinités adorées à Edfou et à Dendérah étaient à peu près les mêmes. Il s'agissait de Horus, de Hathor ou d'Isis, et de Ihi ou Harsomtus.

ABYDOS

Abydos fut le plus ancien lieu de sépultures au début de la période pharaonique. Dès l'époque prédynastique, la ville fut un centre religieux rattaché au culte des morts. A l'origine, on y vénérait une divinité locale appelée Khentamentiou, le «Seigneur des morts». Par la suite, sous la Ve et VIe dynastie, ce dieu fut identifié à Osiris. La plupart des anciens Égyptiens pensaient que la tombe d'Osiris se trouvait à Abydos. C'est pour cette raison que tous les pharaons de la Ière dynastie et deux rois de la IIe dynastie se firent ensevelir dans la nécropole et que de nombreux souverains, à partir du Moyen Empire, s'y firent édifier des tombes factices en briques afin de participer symboliquement à la résurrection d'Osiris. Séthi Ier fit ériger deux monuments dans ce site, un temple funéraire et un cénotaphe. Le premier était dédié au roi et aux six divinités Osiris, Isis, Horus, Ptah, Rê-Horakhti et Amon-Rê. Le prolongement du temple, au sud, renfermait des salles pour le culte des dieux memphites Néfertem et Ptah-Sôkar. Sous le Moyen Empire, Montouhotep fit ajouter un petit reliquaire dans lequel les célèbres Tables d'Abydos montraient Séthi Ier et son fils, le futur Ramsès II en train de brûler l'encens devant les cartouches des soixante-seize rois qui les ont précédés. La tombe factice, appelée Osiréion, se trouvait derrière le temple, dans le même axe. Les principales salles étaient une pièce imitant une île et une autre ressemblant à un sarcophage, avec un plafond astronomique. Cet ensemble était la représentation des eaux primordiales, l'île étant entourée par les eaux souterraines.

Ramsès II se fit construire un petit temple au nord-ouest de celui de son père. Il est très semblable au temple de Médinet Habou et les couleurs de ses bas-reliefs sont très bien conservées.

LES AUTRES SITES DE LA RÉGION

Akhmîm était situé sur la rive orientale du Nil. Appelée à l'époque Ipou, la ville fut un centre florissant du neuvième nome de Haute-Égypte. Il n'en reste presque plus rien aujourd'hui, à part une chapelle creusée dans le roc par Thoutmôsis III, dédiée au dieu local Min. Celui-ci fut assimilé par les Grecs au dieu Pan, ce qui fit donner le nom de Panopolis à la cité à l'époque gréco-romaine. Deux temples de l'époque gréco-romaine se dressaient autrefois dans la ville, l'un dédié à Min, l'autre à la déesse Répit, considérée comme son épouse. Le village de Qaou el-Kébir était un important site funéraire au Moyen Empire. L'architecture y connut son apogée avec plusieurs ensembles en terrasses construits sous la XIIe dynastie par des fonctionnaires du dixième nome de Haute-Égypte. Tous étaient bâtis sur le même système; une chaussée venant de la vallée aboutissait à une série de cours et de salles, partiellement creusées dans la colline. La salle la plus profonde de la chapelle était reliée par un puits à la chambre funéraire. Des nécropoles plus tardives ont été découvertes à proximité ainsi qu'un temple de l'Époque ptolémaïque.

PAGE DE GAUCHE : LE NIL PRÈS D'ABYDOS, DES CHAMPS DE CANNE À SUCRE

ABYDOS LE TEMPLE DE SÉTHI 1ER

SÉTHI IER EMBRASSE SON FILS RAMSÈS II

PAGE SUIVANTE : MODÈLE POUR LA TÊTE SCULPTÉE DE NÉFERTITI EN CALCAIRE ET PLÂTRE PEINT, DÛ AU SCULPTEUR THOUTMÔSIS DE TELL-EL-ARMANA.

LA MOYENNE ÉGYPTE

La Moyenne Égypte est la région comprise entre Assiout et Memphis. Cette limite est fondée autant par la géographie que par l'histoire. Assiout, capitale du treizième nome de Haute-Égypte, fut la zone la plus méridionale du royaume hérakléopolitain pendant la Première Période Intermédiaire et la frontière entre les nomes du Sud et du Nord fut fixée à cet endroit jusqu'à la fin du Nouvel Empire. La région est parsemée des tombeaux provinciaux de la fin de l'Ancien Empire et de la Première Période Intermédiaire. La ville d'Ichnaïa el-Médineh fut la résidence des Hérakléopolitains, mais sous la XIIe dynastie, la capitale fut déplacée plus au nord, à Itiaoui, près de Licht. Sous le Moyen Empire, le Fayoum prit de l'importance pour de longs siècles. Enfin, Tell el-Armana devint pendant quelques années la résidence royale d'Aménophis IV, le pharaon «hérétique» adorateur du dieu unique Aton.

TELL EL-ARMANA

Tell el-Armana, ou Akhétaton, fut brièvement la capitale de l'Égypte et résidence royale durant la plus grande partie du règne d'Aménophis IV à l'époque où il choisit de transformer son nom en Akhenaton. La ville, «L'Horizon du Disque Solaire», fut le centre de la nouvelle religion établie alors.

Malheureusement, en fonction même de sa nature de ville religieuse, elle fut complètement ruinée par son total abandon dès la mort du pharaon hérétique, son fils, Toutankhamon, retournant bien vite dans le giron des prêtres d'Amon à Thèbes. Malgré cela, le plan et l'architecture de la ville sont

assez bien connus car le roi avait fait construire sa cité dans un espace vierge et que la ville abandonnée ne fut jamais perturbée par une occupation trop longue dans le temps. Les limites de la ville étaient marquées par une chaîne de stèles entourant la zone, sur les deux rives du Nil.

Si le pillage des pierres de construction, dès l'abandon de la ville, ne laissa que peu de bâtiments encore debout, Tell el-Armana a néanmoins livré de nombreux trésors artistiques, en particulier le célèbre buste en calcaire peint de Néfertiti trouvé, avec de nombreuses autres pièces, dans l'atelier du sculpteur Thoutmôse; ce buste est aujourd'hui une pièce maîtresse du Musée de Berlin. Le fragment de statue de femme en quartzite rose du Louvre, probablement Néfertiti, est également une des pièces les plus remarquables de la période armanienne.

Les fonctionnaires de Tell el-Armana firent creuser leurs tombeaux dans les falaises entourant le site qui devint l'une des trois plus importantes nécropoles du Nouvel Empire avec Thèbes et Saqqarah.

Pour son tombeau familial, Akhenaton choisit un ravin à six kilomètres du débouché du grand oued Abou Hasah el-Bahari.

EL-ACHMOUNEIN

El-Achemounein était la capitale du quinzième nome de Haute-Égypte et le centre du culte de Thot, dieu de la Santé et de la Sagesse, patron des scribes, assimilé à l'époque gréco-romaine à Hermès, d'où son nom d'alors de Hermopolis. Son ancien nom égyptien, Khmoun, tirait son nom d'un groupe de huit dieux représentant le monde avant la création. Située dans une zone fertile de la vallée du Nil, la ville fut le lieu d'érection de nombreux

PAGE DE GAUCHE :

LE SCRIBE NEBMERTOUF SOUS LA PROTECTION DE THOT

THOT, PROTECTEUR DES SCRIBES

CI-CONTRE :
THOT À TÊTE D'IBIS ÉCOUTANT NÉFERTARI RÉCITER LES FORMULES MAGIQUES POUR OBTENIR LA PALETTE DES SCRIBES.

monuments dont il ne reste que très peu de choses aujourd'hui. Seules l'agora de l'époque romaine et la basilique des premiers temps chrétiens sont encore bien conservées. La prospérité de l'époque gréco-romaine était due à l'agriculture et au prestige de Thot assimilé à Hermès. Ainsi, la ville devint un lieu de pélerinage pour les Grecs comme pour les Égyptiens. Ils venaient y voir, entre autres, le temple de Thot datant d'Alexandre le Grand et de Philippe Arrhidée, des vestiges de bâtiments érigés par Ramsès II, dans lequel on trouva des blocs d'un temple d'Akhenaton provenant de Tell el-Armana, et les restes des monuments d'Amenemhat II et de Séthi II.

TOUNAH EL-DJÉBEL

Le site de Tounah el-Djébel s'étend à sept kilomètres au nord de El-Achmounein en direction du désert. Le plus ancien monument est une stèle de bornage d'Akhenaton qui faisait partie d'un groupe de dix marquant la limite de Tell el-Armana. Elle représente le souverain et sa femme adorant le disque solaire; elle est entourée de deux paires de statues du couple accompagnées de représentations, plus petites, de princesses.

Au sud, dans la nécropole, on découvrit, outre des documents en araméen du Ve siècle avant J.-C., des momies de babouins et d'ibis, les deux principaux animaux sacrés de Thot. Le site comprend aussi la tombe de la famille de Petosiris, datant du règne de Philippe Arrhidée. Elle avait la forme d'un temple avec un portique d'entrée et un oratoire à l'arrière. Le portique montrait des scènes de la vie quotidienne dans un style hybride gréco-égyptien. Au sud de ce tombeau, il existait une grande nécropole des premiers siècles de notre ère dont les tombes étaient décorées dans le même style décoratif.

LES AUTRES SITES DE MOYENNE ÉGYPTE

Tous les sites suivants sont situés sur la rive occidentale du Nil. Le village de El-Cheikh Abadeh était l'ancien site de l'ancienne Antinoë fondée par l'empereur Adrien en 130 après J.-C. pour honorer la mémoire de son favori qui s'y était noyé. Parmi les monuments anciens, le plus grand était le temple de Ramsès II, dédié aux dieux d'El-Achmounein et d'Héliopolis.

Le plus important monument de la région est une pyramide à degrés datant probablement de la IIIe dynastie et la nécropole de Zaouiet el-Amouat qui faisait partie de l'ancienne capitale du seizième nome de Haute-Égypte, l'actuelle Kôm el-Ahmar. Elle se compose principalement d'hypogées de la fin de l'Ancien Empire.

La pyramide d'El-Lahoun fut érigée par Sésostris II. Elle domine la région à laquelle les pharaons de la XIIe dynastie accordèrent une grande importance pour y construire leurs sépultures. Ses architectes utilisèrent comme structure interne un monticule rocheux naturel qu'ils entourèrent de murs de soutènement rayonnant à partir de ce centre et renfermant un remplissage de briques crues. Le parement, étant réalisé en pierres, donnait l'impression d'un monument capable de défier l'éternité. Il n'en reste plus aujourd'hui qu'un monticule informe. Près du temple de la Vallée de cette pyramide se trouvait la ville des prêtres et des fonctionnaires desservant la pyramide. Elle était dessinée selon un plan géométrique où les rues se coupaient à angle droit.

La pyramide de Meïdoum est un énorme édifice en forme de tour dressé sur un tertre de décombres. Ce sont les restes de la première véritable pyramide d'Égypte. Elle dut être conçue pour le roi Houni, dernier souverain de la IIIe dynastie, mais fut achevée par Snéfrou, son successeur. Son aspect actuel est dû à des essais successifs, mais infructueux, pyramide à sept puis à huit degrés avant de devenir une pyramide à pans lisses en comblant les degrés par un parement qui ne tint pas. Des nécropoles, datant de la IVe dynastie, étendent leurs mastabas à l'est et au nord de la pyramide. Parmi ceux-ci, les mastabas jumeaux de Rêhotep et de son épouse Néfret, et de Nefermehet et de sa femme Itet, sont les mieux connus. Dans le premier furent découvertes les deux statues en calcaire du couple, aux coloris remarquablement conservés, que l'on peut admirer au Musée du Caire.

À DROITE :
PYRAMIDE DE MEÏDOUM CONSTRUITE SOUS SNÉFROU

NÉCROPOLE À L'OUEST DE LA PYRAMIDE DE KHÉOPS, CONSTITUÉE DE MASTABAS DES FONCTIONNAIRES ROYAUX

CI-DESSOUS
THOT FIGURÉ EN BABOUIN

Au début de son règne, Amenemhat Ier, roi de la XIIe dynastie, déplaça sa capitale à Itiaoui, entre le Fayoum et Memphis. Licht fut la nécropole principale de cette ville nouvelle. Ses deux principaux monuments sont les deux pyramides effondrées d'Amenemhat Ier et de son fils Sésostris Ier. Elles sont enourées des mastabas de la famille royale et de hauts dignitaires dont le grand échanson Nakht. Près de la pyramide de Sésostris Ier, se trouve le tombeau d'Imhotep, l'architecte de la pyramide de Djéser.

LA RÉGION DE MEMPHIS

Il ne reste plus rien de la ville de Memphis, mais elle fut le grand centre religieux et administratif du premier nome de Basse-Égypte. Cette ville de toute première importance fut capitale de l'Égypte au début de la période pharaonique. Plus tard, de nombreux pharaons y eurent aussi des palais et ses temples furent toujours parmi les plus importants du pays. Sa puissance se mesure encore aujourd'hui par le nombre de nécropoles qui l'entourent, Dahchour, Saqqarah, Abousir, Zaouïet el-Aryan, Guizeh, Abou-Roach, même si ces deux derniers sites se trouvaient déjà dans le deuxième nome de Basse-Égypte. Le nom qui lui fut donné sous le Moyen Empire, Ankh-taoui, signifiait «ce qui relie les Deux Pays». Ce terme soulignait bien la position stratégique de la ville ouvrant autant sur le delta dont elle occupait le sommet que sur le Fayoum proche et sur la Haute-Égypte. Sa seule rivale fut Thèbes, loin au sud.

RAMSÈS LE BÂTISSEUR

DAHCHOUR

Tout comme celle de Meïdoum, la pyramide de Dahchour présente un aspect étrange qui caractérise ce type de construction sous le règne de Snéfrou. Qualifiée de «rhomboïdale», elle est la seule en Égypte à présenter ainsi une double pente. Elle fut conçue à l'origine comme une vraie pyramide à pans lisses. Toutefois, lorsque sa construction en fut arrivée à la moitié de la hauteur prévue, la pente de ses faces fut nettement réduite, donnant l'impression d'une superposition de deux demi-pyramides. La cause de ce changement fut sans doute un problème de stabilité qui ne fut certainement pas résolu puisque Snéfrou se fit construire une autre pyramide dans le même site.

La deuxième pyramide de Snéfrou est aujourd'hui désignée sous le nom de «Pyramide rouge» à cause de la couleur de son argile de revêtement. Elle est plus haute que sa voisine rhomboïdale et atteignait à l'origine 104 mètres pour une base de 220 mètres de côté. Pour la première fois, les principaux obstacles techniques pour la construction d'une vraie pyramide étaient vaincus et c'est véritablement cette dernière pyramide qui permit l'émergence des trois merveilles de Guizeh.

D'autres pyramides plus petites furent encore érigées dans le site de Dahchour, celles d'Amenemhat II, celle de Sésostris III et celle d'Amenemhat III. C'est à partir de cette dernière que toute les pyramides furent construites en briques, le parement restant toujours en pierre de taille. Ce même souverain se fit construire une autre pyramide en briques à Haouarah, à proximité de celle que se fit construire Sésostris II à El-Lahoun.

CI DESSUS :
TABLE D'EMBAUMEMENT
DE MEMPHIS TAILLÉE
DANS L'ALBÂTRE
RAMSÈS II

PAGE DE GAUCHE :
STATUE MONUMENTALE
DE RAMSÈS II.
DÉTAIL DE LA TÊTE ET DU
POIGNET DU COLOSSE.

PAGE DE GAUCHE :
LE PHARAON DJÉSER

PAGE DE DROITE :

PYRAMIDE DE SNÉFROU

SAQQARAH

SAQQARAH

Saqqarah est la nécropole la plus importante de la région de Memphis, mais la plupart de ses bâtiments ont été très abîmés au cours des âges. La nécropole compte plus de quinze pyramides, dont les plus importantes sont celle de Djéser, la première de toutes, celles d'Ouserkaf et d'Ounas de la Ve dynastie, et de Téti Ier, de la VIe dynastie.

La pyramide à degrés de Djéser, pharaon de la IIIe dynastie, est le plus ancien monument égyptien de ce type et elle apparaît comme le plus ancien édifice au monde construit en pierres et possédant de telles dimensions. Elle fut conçue par l'architecte Imhotep vers 2630 avant J.-C.. Elle mesurait un peu plus de 62 mètres de hauteur et n'était en fait que la superposition de six

CI-DESSUS :
LA «RÉSIDENCE D'ÉTERNITÉ» DE DJÉSER À SAQQARAH, CONSIDÉRÉE COMME LE PREMIER MONUMENT AU MONDE BÂTI EN PIERRE

CI-CONTRE :
TABLE D'OFFRANDES DU MASTABA D'ANKHMATRAI À SAQQARAH

AUTRES :
SAQQARAH

PAGE DE DROITE :
STATUE DU DÉFUNT DANS LA SALLE DES OFFRANDES. TOMBE DE MÉRÉROUKA À SAQQARAH

mastabas de plus en plus petits, surmontant un ensemble de galeries et de chambres funéraires souterraines. Cet immense complexe funéraire était entouré d'une vaste enceinte, d'une dizaine de mètres de haut, qui s'étendait sur plus de deux kilomètres. De nombreux bâtiments étaient installés à l'intérieur de l'enceinte, dont un pavillon pour les fêtes jubilaires du roi qui permettaient à ce dernier de restaurer symboliquement sa puissance, un temple funéraire et un second tombeau, sous forme de mastaba, installé dans le mur d'enceinte sud.

La pyramide d'Ouserkaf se situe près de l'angle nord-ouest de l'enceinte de Djéser. C'est à partir de cette pyramide que fut uniformisé le plan des appartements funéraires, descenderies, antichambres et chambres sépulcrales.

Son temple funéraire a livré de beaux fragments de bas-reliefs et de dallages en basalte. Les quatre successeurs directs d'Ouserkaf édifièrent leurs pyramides sur le site voisin d'Abousir, mais les rois de la fin de la Ve dynastie établirent à nouveau leurs pyramides à Saqqarah. Celles des deux derniers, Issesi et Ounas, se présentent

aujourd'hui sous la forme de collines recouvertes de sable. La pyramide d'Ounas fut la première où les murs des chambres funéraires furent recouverts de textes d'invocations et de formules magiques mis à la disposition du défunt par le clergé d'Héliopolis. Il s'agissait des célèbres Textes des Pyramides.

La pyramide de Téti, fondateur de la VIe dynastie est la plus septentrionale de la nécropole. Elle comprenait une pyramide secondaire et deux pyramides pour les reines Ipout et Khoui. D'autres rois de la dynastie firent édifier leurs pyramides sur Saqqarah-sud. Il s'agit de Pépi Ier, de Merenrê et de Pépi II. Les monuments répondaient tous à la même logique architecturale.

La petite pyramide d'Ibi, un pharaon de la VIIe dynastie, fut construite en briques également à Saqqarah-sud, mais elle est trop endommagée pour imaginer sa hauteur. C'est également le cas pour les vestiges d'une pyramide qu'on attribue à Merikarê, un roi de la Xe ou XIe dynastie. Deux autres pyramides, encore plus au sud, furent construites en briques pour des pharaons de la XIIIe dynastie; l'une d'elle est celle du roi Khender.

ABOUSIR

Les dimensions des pyramides d'Abousir s'accrurent pendant le règne des quatre successeurs directs d'Ouserkaf. Celle de Neferirkarê, la plus grande, atteignit même les dimensions de celle de Mykérinos à Guizeh. La pyramide de Sahourê est la plus belle du site, mais elle est très effondrée à cause d'un calcaire de médiocre qualité, mais son parement et ses bas-reliefs étaient réalisés dans le meilleur calcaire de la région de Tourah. Les bas-reliefs de ses temples sont remarquables et comptent parmi les plus belles réalisations de l'art égyptien. La pyramide de Neouserrê n'offre rien d'exceptionnel et la quatrième pyramide d'Abousir est probablement celle du roi Neferfrê mentionnée dans les textes. Elle fut à peine commencée.

Le monument le plus septentrional du site est le temple du soleil construit par Ouserkaf. Ce fut le premier temple du soleil d'Égypte, mais le roi ne put jamais l'achever.

PAGE DE GAUCHE : TOMBE DE KÂ-GUINI, SAQQARAH

PAGE DE DROITE : TÊTE DU PHARAON OUSERKAF TROUVÉ DANS SON TEMPLE SOLAIRE À ABOUSIR

PAGE DE DROITE :

TOMBE DE MÉRÉROUKA SAQQARAH.

LA PÊCHE AUX POISSONS SUR LE NIL

CI-DESSOUS :

STATUE DOUBLE DE NÉOUSERRÊ MONTRANT LE PHARAON JEUNE ET ÂGÉ POUR SYMBOLISER LE CYCLE DE LA VIE

BAS-RELIEF PROVENANT DU TEMPLE DU SOLEIL DE NÉOUSERRÊ À ABOU GOURAB REPRÉSENTANT LES SAISONS.

ABOU GOURAB

Les pharaons de la Ve dynastie, à l'exception des deux derniers, Issesi et Ounas, traduisirent leur préférence pour le dieu solaire Rê, d'Héliopolis, en faisant ériger des temples à sa gloire. Si six sont répertoriés dans les textes, deux d'entre eux ont pu être localisés par leurs vestiges. Le temple solaire bâti par Neouserrê à Abou Gourab est un exemple exceptionnel de ce type de construction. Il était composé d'un temple de la Vallée, d'une chaussée et du temple supérieur. L'élément principal de ce dernier était une grande cour découverte avec un autel et un obélisque en maçonnerie, dans l'axe de la rampe-chaussée. La cour comprenait encore une chapelle, avec une «salle des saisons», des magasins et des abattoirs rituels.

Non loin de là, plus au nord, le site de Zaouiet el-Aryan présente deux pyramides inachevées. La plus ancienne est attribuée au roi Sanakht Djéser II de la IIIe dynastie, l'autre est datée de la IVe dynastie.

CI-DESSUS :
SNÉFROU OU KHÉOPS EN PRANIT ROUGE

PAGE DE GAUCHE :
LES PYRAMIDES DE GUIZEH

GUIZEH

Le plateau de Guizeh, dans la banlieue du Caire est l'un des plus célèbres au monde grâce à ses trois pyramides datant de la IVe dynastie. Des sept merveilles du monde antique, la pyramide de Khéops est la seule à avoir survécu. Située à l'orée du désert occidental, la «Grande Pyramide» a de tout temps fasciné les voyageurs par ses dimensions extraordinaires, la perfection de ses lignes et la rigueur de sa construction. Elle s'élevait à l'origine jusqu'à 146,60 mètres pour une base de 230,35 mètres de côté selon les vœux de son concepteur, le vizir Hémon, cousin de Khéops. D'après Hérodote, sa construction nécessita cent mille ouvriers qui travaillèrent pendant trente ans pour assujetir cent mille gros blocs par an pesant chacun deux tonnes et demie. La disposition des galeries et des salles principales de l'appartement funéraire s'explique par des modifications apportées au plan initial au cours de la construction. La chambre funéraire connut au moins trois projets, ce qui explique que les deux premières chambres furent abandonnées au profit de la troisième, située presque au cœur de la pyramide. Comme toutes les pyramides, elle était entourée d'une enceinte contenant en particulier de grandes barques servant au culte; l'une d'entre elles mesurait 48 mètres de longueur. A partir de Snéfrou, on commença à construire le temple funéraire sur la face est du monument. Celui de Khéops est malheureusement très abîmé.

Le site se caractérise aussi par une profusion de mastabas à l'est et à l'ouest ainsi que par la présence de trois petites pyramides, dites «des reines», chacune possédant sa chapelle de culte.

Si Didoufrê fit construire sa propre pyramide à Abou Roach, à huit kilomètres au nord de Guizeh, Khéphren, un autre fils de Khéops, fit ériger son complexe funéraire à côté de celui de son père. Sa pyramide est un peu moins massive que celle de Khéops, mais paraît plus imposante car elle se situe sur un point plus élevé du plateau. Elle est de forme un peu plus aiguë, mesurant une quinzaine de mètres de moins sur sa base et quatre mètres de moins en hauteur. Comme celle de Khéops, elle fut probablement modifiée en cours de construction puisqu'elle comportait deux descenderies et deux chambres funéraires. Son temple de la Vallée est assez bien conservé; il servait de lieu de momification et de purification du défunt. De cet édifice, une rampe d'accès, longue de 495 mètres, partait obliquement relier le temple funéraire accolé à la pyramide.

Il existe un autre temple dans l'enceinte de Khéphren. Parfaitement aligné avec le temple de la Vallée de ce dernier, il s'agit du temple du Sphinx. Il fut élevé au pied d'un éperon rocheux sculpté en forme de gigantesque lion, mesurant 73 mètres de long, dont le visage a les traits de Khéphren divinisé. Entre ses pattes, une stèle, élevée par Thoutmôsis IV, commémore une vision révélée par le sphinx lui promettant le trône s'il le désensablait.

Mykérinos régna à la suite de Khéphren et fit construire la troisième pyramide de Guizeh. Elle a des dimensions beaucoup plus réduites que ses voisines avec seulement 65,50 mètres de hauteur. Elle comprend aussi deux descenderies. Son temple funéraire est beaucoup mieux conservé que ceux de Khéops et de Khéphren. Il avait été prévu en pierre, mais il fut complété en briques par son fils et successeur Chepseskaf. La célèbre triade de Mykérinos, représentant le pharaon flanqué de la déesse memphite Hathor et de la divinité du nome du Chien de Haute-Egypte, a été trouvée dans son temple de la Vallée.

PAGE DE DROITE
LES SCIENTIFIQUES DE LA GRANDE EXPÉDITION DE BONAPARTE, MESURANT LE SPHYNX POUR LE RÉPERTORIER

LE SPHYNX

CI-CONTRE :
PYRAMIDES DE GUIZEH

CI-DESSUS :
LE PHARAON KHÉPHREN

CI-CONTRE :
MYKÉRINOS ENTOURÉ DE LA DÉESSE HATHOR ET DE LA DÉESSE DU 17E NOME

PAGE DE DROITE :
VILLAGE TYPIQUE AVEC SES MAISONS DE BRIQUE CRUE

Chepseskaf, ainsi que son épouse Kentkaous, qui semble avoir exercé la régence jusqu'à la fin de la dynastie, renoncèrent à la forme pyramidale pour leur tombeau. A la place, ils firent édifier leurs gigantesques sépultures en forme de sarcophage, l'un à Saqqarah, l'autre à Guizeh. Ouserkaf, le fondateur de la Ve dynastie rétablit la forme pyramidale pour son tombeau de Saqqarah, mais il en réduisit considérablement les dimensions.

LA BASSE-ÉGYPTE

La Basse-Égypte se composait essentiellement du delta. Cette région, très limoneuse, fut très anciennement peuplée et ses villes ont toujours eu une grande importance stratégique et commerciale. L'est du delta était le point de contact, ou de friction, avec l'Asie et fut en de nombreuses occasions le point de départ d'expéditions commerciales ou guerrières en Orient. Lorsque la résidence royale fut transférée à Pi-Ramsès, sous la XIXe dynastie, le delta domina le reste du pays et plusieurs de ses villes devinrent les capitales provisoires d'un certain nombre de souverains de la Troisième Période Intermédiaire et de la Basse Époque. Enfin, sa proximité de la Méditerranée et du monde gréco-romain favorisa son développement sous les Ptolémées et les empereurs de Rome.

HÉLIOPOLIS

La capitale du Treizième nome de Basse-Égypte se trouve aujourd'hui enfouie sous le sol d'une banlieue du Caire, au nord-ouest de l'actuelle Matariya.

Les temples des dieux solaires Rê, Rê-Aton ou Rê-Horakhti, d'Héliopolis, comptèrent parmi les plus importants d'Égypte. La doctrine héliopolitaine du dieu créateur Aton et du dieu solaire Rê comme divinités principales a joué un rôle capital dans l'histoire religieuse et politique du pays.

Malgré l'importance de la ville, il ne reste aucun bâtiment important de ce glorieux passé, à part un obélisque encore debout datant de Sésostris Ier.

La plupart des pierres ont été réutilisées pour construire les maisons du Caire. On sait pourtant que de nombreux pharaons du Nouvel Empire, comme Aménophis III, Séthi Ier, Ramsès II, Ramsès IX et Mérenptah, dotèrent la ville de temples magnifiques. La région compte encore de nombreuses tombes de la Ve dynastie, de l'époque des Ramsès et de la Basse Époque.

QANTIR ET EL-KHATANAH

Qantir et El-Khatanah sont des villages du nord-est du delta. Comme dans tout le delta, les ruines sont peu abondantes, principalement à cause du limon qui doit en dissimuler encore un grand nombre.

D'anciennes villes comme Avaris, capitale des Hysksôs pendant la Deuxième Période Intermédiaire, et Pi-Ramsès se trouvaient dans cette zone.

On y a retrouvé les vestiges d'une porte de granit appartenant à une chapelle du temps d'Amenemhat Ier et de Sésostris III, des statues de rois et de reines des XIIe et XIIIe dynasties, des restes d'un temple de la XVIIIe dynastie dédié à Seth et d'un temple du Moyen Empire construit par Amenemhat Ier. A Qantir même, on a retrouvé des carreaux vernissés et décorés provenant d'un palais des XIXe et XXe dynasties, et au nord de la ville, la base d'un colosse assis de Ramsès II.

RAHOTEP, FILS DE SNÉFROU ET GRAND-PRÊTRE D'HÉLIOPOLIS ET SON ÉPOUSE NÉFRET

CI-CONTRE :
APRÈS L'ENSABLEMENT DU PORT DU NIL QANTIR EST ABANDONNÉ. LES CONSTRUCTIONS SONT TRANSPORTÉES À TANIS

PAGE DE DROITE :
DOUBLE STATUE D'AMENEMBAT III EN DIEU DU NIL OU LES PORTEURS D'OFFRANDES DE TANIS

SAN EL-HAGAR

Sân el-Hagar, l'ancienne Tanis, fut le lieu de résidence et de sépulture des pharaons des XXIe et XXIIe dynasties. Pendant la basse Époque, elle devint la capitale du dix-neuvième nome de Basse-Égypte. C'est l'un des sites archéologiques les plus intéressants du delta. Son principal monument est une grande enceinte de briques mesurant environ 430 mètres sur 370 mètres, large de 15 mètres et haute probablement de 10 mètres. A l'intérieur de cette première enceinte, se trouvait une autre enceinte datant de Psousennès Ier qui englobait un grand temple d'Amon. Ce temple dut être doté par les pharaons d'autres époques, comme Khéops, Khéphren, Téti, Pépi Ier, Pépi II, Sésostris Ier, dont les noms sont inscrits sur des cartouches, mais la plupart des ruines concernent Ramsès II. Des pharaons beaucoup plus tardifs contribuèrent encore à embellir le temple, comme Siamon, Osorkon II, Chéchonq III et Nectanebo Ier.

Beaucoup d'autres bâtiments se trouvaient encore dans l'enceinte, dont une chapelle de Chéchonq V, un temple de Psammétique Ier et un oratoire de Ptolémée II Philadelphe. Entre les deux enceintes, de nombreux bâtiments d'époques différentes furent également découverts, ainsi qu'un groupe de tombeaux royaux des XXIe et XXIIe dynasties, à l'intérieur de l'enceinte interne. D'autres sépultures royales ont été mises à jour avec des cercueils en argent et des masques de momies en or, ainsi qu'un grand nombre de bijoux. Mis à part le tombeau de Toutankhamon, les sépultures royales de Sân el-Hagar sont les seules qui soient parvenues intactes jusqu'à nos jours.

CI-DESSUS : VUES D'ALEXANDRIE
PAGE DE DROITE : COLONNE DE POMPÉE À ALEXANDRIE

ALEXANDRIE

Pour les Égyptiens, Alexandrie était Rakotê, mais elle fut surtout une brillante ville grecque qui joua un rôle essentiel dans la diffusion de la science égyptienne dans le monde antique et de la culture grecque en Égypte. Des murailles sous-marines datant d'avant les Ptolémées ont été découvertes au nord et à l'ouest de l'île de Pharos, cette dernière étant reliée à la ville par une passerelle. Un quartier continua à être appelé Rhakotis par les Grecs. Dans ce quartier, comme d'ailleurs dans d'autres parties de la ville et de l'île de Pharos, vivaient également des Égyptiens et de nombreuses alliances familiales entre Grecs et Égyptiens se firent dans les basses classes de la population. Il existait également une importante communauté juive.

Le Serapeum, temple honorant le dieu gréco-égyptien Sérapis, se trouvait dans le quartier de Rhakotis. Il datait du règne de Ptolémée III Évergète Ier. Les vestiges actuels, comprenant le «pilier de Pompée» du règne de Dioclétien, datent pour l'essentiel des premiers siècles de notre ère. Ils comprennent cependant une grande quantité d'éléments de la période pharaonique, notamment des sphinx et d'autres grandes sculptures. Les dernières fouilles ont permis de mettre à jour, au pied du phare de Pharos, des blocs très importants et des statues monumentales qui sembleraient appartenir à l'une des sept merveilles du monde antique, le célèbre phare d'Alexandrie.

Les Grandes Pyramides

DEMEURES D'ÉTERNITÉ

SERVITEURS AU TRAVAIL

CI-CONTRE :
MODÈLE FUNÉRAIRE EN BOIS REPRÉSENTANT UN ATELIER DE MENUISERIE

LA VIE DANS LA MORT

A l'origine, la tombe était censée être la reproduction symbolique de la maison puisque le défunt devait continuer à "vivre" après la mort. A partir du Moyen Empire, l'idée de la "maison d'éternité" s'ajouta à ce concept. Le caveau et ses antichambres devenaient la représentation du monde de l'Au-delà et, à travers l'image et le texte, le legs à la postérité de ce que le mort avait fait sur terre. Les tombes de la Vallée des Rois sont suffisamment bien conservées pour que leurs peintures nous renseignent sur la vie avant et après la mort. En effet, l'une des parties des murs des chambres était consacrée à retracer les scènes de vie quotidienne d'avant la mort tandis que l'autre concernait l'enterrement et le séjour dans l'au-delà. De plus, de nombreux objets entassés dans les antichambres nous informent sur les métiers de l'époque. Outre les statuettes appelées *oushebtis* qui servaient d'"hommes de remplacement", des artisans avec leurs outils et leurs ateliers pouvaient être figurés en réduction si le défunt les avait en charge professionnellement. Ils étaient disposés là aussi pour habiller, nourrir et abreuver le défunt: tisserands, paysans, éleveurs, brasseurs. Des compagnies entières de soldats étaient même sur le pied de guerre dans les tombes de certains généraux.

Comme les dieux dans leurs temples, le mort possédait un naos, ou reliquaire, pour sa statue et une ou plusieurs représentations de barques sacrées, rappel des reliquaires dans lesquels les dieux étaient transportés lors des processions. Le naos du pharaon était évidemment richement travaillé comme le sarcophage qui contenait sa momie. Généralement un naos de bois était placé dans un naos monolithique en pierre dure.

Le tombeau égyptien se composait de deux éléments fondamentaux: le sarcophage et la stèle. Cette dernière indiquait son identité et ses titres. Elle figurait le défunt assis seul devant une table d'offrandes et plus tardivement entouré de dieux. Dans les temps plus anciens, la stèle représentait la liste des biens nécessaires à emmener dans l'au-delà: pain, bière, bœufs, poulets ou encore vêtements.

A la différence du sarcophage, la stèle, équivalent de la pierre tombale occidentale, était accessible au public. C'est devant elle que la famille du défunt déposait des offrandes. Elle était située dans une cour, près d'un bassin où poussaient des palmiers et des sycomores. La pièce était richement décorée de peintures vives qui rappelaient à tous la vie exemplaire du mort.

LES MASTABAS

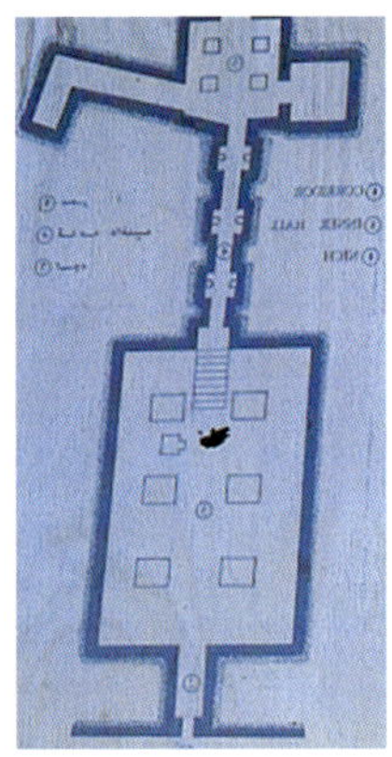

Le culte des morts était ainsi lié au tombeau, mais si les pharaons et les dignitaires purent se faire construire d'immenses tombes, la grande majorité des Egyptiens était enterrée dans des caveaux communs et, pour les plus indigents d'entre eux, dans de simples trous du désert.

Pendant la période prédynastique, les tombes n'étaient que des fosses ovales ou rectangulaires, dans lesquelles on disposait le corps du défunt, couché sur le flanc, les jambes et les bras repliés. Le corps était accompagné de bijoux, d'armes, d'objets personnels et de récipients contenant de la nouriture et des boissons. Ces fosses étaient dissimulées dans de simples tertres de sable, parois renforcés par des appentis de bois, mais ces premières sépultures ne résistaient que peu de temps aux éléments naturels ou aux vandales. Aussi, les rois et les nobles des premières dynasties firent-ils recouvrir le monticule par un empilement de briques crues ou de pierres taillées qui prit la forme d'un "banc", appelé plus tard "mastaba", aux parois latérales légèrement inclinées.

C'est à Guizeh et à Saqqarah que se trouvent les mastabas les plus importants; l'un d'entre eux,

datant du règne du roi Ouadji, mesure 56,45 mètres sur 25,45 mètres. Historiquement, le plus ancien mastaba de Saqqarah est considéré comme celui du roi Aha, le fils de Narmer qui ne serait autre, selon d'autres sources, que le roi Ménès, le premier souverain de la première dynastie égyptienne. Les mastabas des deux grandes nécropoles sont constitués de deux parties indépendantes : la chambre funéraire et la chapelle. Le caveau était aménagé à l'extrémité d'un puits, comblé après l'enterrement, et abritait le sarcophage, le matériel funéraire, les objets familiers du défunt et les offrandes d'accompagnement.

Au début, la chapelle était adossée à la façade est de la tombe et comportait la table d'offrandes, mais à partir de la IIIe dynastie, elle fut intégrée dans la masse du mastaba et précédait la salle de la statue, le serdab. Un trou était percé dans le mur pour permettre aux odeurs d'encens de passer dans le serdab et réjouir ainsi le ka du défunt habitant sa statue.

A cette époque, l'intérieur du mastaba se composait encore de diverses salles pour les offrandes. Toutes ces salles avaient leurs murs sculptés de "reliefs en creux", ou ornés de gravures rehaussées de couleur ou encore de peintures représentant la vie quotidienne du défunt. Ces décorations si fines et parfois si poétiques avaient pour but d'accompagner symboliquement le mort dans les plaisirs de sa vie d'outre-tombe, comme autrefois dans sa vie terrestre. On y voit des portraits du défunt représenté avec les membres de sa famille et ses fidèles serviteurs, des processions de porteurs d'offrandes, des barques funéraires, des sacrifices; on y relate aussi la vie quotidienne sous l'Ancien Empire, scènes de pêche, de chasse, travaux des champs, réceptions et festins, danse, musique, jeux. La vie de la nature y est même décrite avec une très grande acuité. Mais tout cela était pourtant de l'ordre de la symbolique funéraire, destiné à accompagner le mort, et non l'expression d'un nostalgique idéal naturaliste de la vie terrestre.

A l'extérieur, les mastabas imitaient le plus souvent des constructions de clayonnage de bois, recouvert d'argile, de nattes de jonc et de papyrus, rappelant l'habitat de la vie quotidienne; le plâtre qui recouvrait ces "façades palatines" était peint entièrement

PAGE DE GAUCHE : MASTABAS

pour figurer ces matériaux naturels. A la fin de la Ière dynastie, cette façade à panneaux peints fut réduite à deux niches sur la face orientale. Celle qui se trouvait dans l'angle du sud-est était la plus importante et devenait le lieu de célébration du culte funéraire. Les mastabas de la IIe dynastic étaient généralement plus petits.

Chambre funéraire et lieu d'adoration et d'offrandes étaient liés durant l'Ancien et le Moyen Empire. Au contraire, ils furent séparés au Nouvel Empire, et parfois très éloignés l'un de l'autre, sans doute dans le but de protéger plus efficacement le secret des tombes et d'éviter ainsi leur pillage. Une autre solution pour garantir l'inviolabilité du lieu fut, non plus l'éloignement, mais la monumentalité et la pierre.

Entre 2630 et 1645 avant J.-C., les pharaons se firent construire des tombeaux en forme de pyramides, le plus souvent entourés par les mastabas de leurs courtisans. On connaît ainsi au moins quinze pyramides royales à Saqqarah, la plupart d'entre elles ayant perdu leur forme originelle.

PAGE DE GAUCHE ET CI-DESSOUS : REPRÉSENTATION DE PORTEURS D'OFFRANDES

Les pyramides

LES PYRAMIDES À DEGRÉS

LA PYRAMIDE DU PHARAON DJÉSER

Le type le plus ancien de ces grands tombeaux est celui de la pyramide à degrés conçu par l'architecte Imhotep pour le pharaon Djéser. Elle fut construite à Saqqarah, la nécropole de Memphis, peu après 2630 avant J.-C. et elle apparaît comme le plus ancien édifice au monde construit en pierres et possédant de telles dimensions. Cette construction mesure un peu plus de 62 mètres de hauteur et n'est en fait qu'une superposition de six mastabas de plus en plus petits , surmontant un ensemble de galeries et de chambres funéraires souterraines. Imhotep tentait de traduire dans l'architecture une conception purement religieuse, la foi en la destinée solaire du pharaon, qui prenait pour la première fois le titre de "Horus d'or", et la pyramide à degrés figura probablement l'échelle par laquelle le pharaon accédait symboliquement au Ciel. En effet, la pyramide figurait sans doute l'escalier que les Textes des pyramides

VASE EN ALBÂTRE TROUVÉ DANS LES GALERIES SOUTERRAINES DE LA PYRAMIDE DE DJÉSER.

demandaient que l'on dressât afin de faciliter l'ascension de l'âme du roi défunt vers son père Rê. De plus, la forme pyramidale correspondait à la forme du faisceau lumineux issue du soleil. Enfin, l'utilisation de la pierre, correspondait au désir d'exprimer l'idée d'immortalité de la royauté. A cette fin, il lui fallait construire une "demeure d'éternité" indestructible.

Cet immense complexe funéraire en calcaire blond était entouré d'une vaste enceinte rythmée de niches. Cette muraille d'une dizaine de mètres de haut s'étendait sur plus de deux kilomètres. Quatorze fausses portes semblaient en indiquer l'entrée, mais une seule l'autorisait, à l'est, très près de l'angle sud. Elle donnait sur le long couloir d'une salle couverte bordée d'une colonnade dont les fûts cannelés étaient une traduction dans la pierre des bottes de roseaux qui entouraient les piliers des maisons prédynastiques. Ce couloir menait à un autre bâtiment proche de l'entrée qui était la réplique en pierre des pavillons construits pour la célébration du hebseb, une fête qui remontait à la préhistoire et qui avait pour fonction de restaurer tous les trente ans la puissance magique du pharaon. Sa réalisation en pierre garantissait que Djéser assisterait bien à ses jubilés dans sa vie future. Une chambre close, serdab, située près de l'angle nord-ouest de la pyramide, renfermait la statue assise de Djéser, la première grande statue royale en pierre qu'on ait connue en Egypte.

Imhotep avait d'abord érigé un grand mastaba classique de 71 mètres de côté, un lit continu horizontal de pierres remplaçant le massif de briques d'autrefois; puis le mastaba fut prolongé de 8,40 mètres vers l'est pour y

incorporer une rangée de puits d'accès à des tombes d'enfants royaux avant que l'idée lui vînt de construire une pyramide à degrés dont la taille s'accrut à plusieurs reprises, à quatre puis à six degrés. Avec quatre degrés, la pyramide s'élevait à une quarantaine de mètres de hauteur et à six, elle atteignait sa hauteur définitive de soixante mètres. La base fut élargie à chaque fois, d'abord dans le sens est-ouest puis dans le sens nord-ouest, avant de se limiter à 109 mètres sur 121. Une caractéristique des pyramides à degrés de cette époque est l'inclinaison des tranches de maçonnerie vers l'intérieur du monument, ce qui lui donnait une grande stabilité, et non un empilement horizontal des blocs comme dans le mastaba de la base.

Comme toutes les pyramides primitives datant de la IIIe dynastie, celle de Djéser a sa chambre funéraire au-dessous du niveau du sol, en bas d'un puits vertical. Elle était atteinte par un large puits de 7 mètres de côté et 28 mètres de profondeur. Le plafond du caveau était obturé par un bouchon cylindrique pesant plus de trois tonnes, qui fut cependant forcé par des pilleurs de sépultures. Une descenderie issue du temple funéraire situé au nord de la pyramide donnait accès à la chambre de manœuvre surplombant la chambre funéraire et aux salles destinées au ka du pharaon et au mobilier funéraire. Certaines de ces salles étaient revêtues de faïences bleues, de simulacres peints de portes et de fenêtres afin de satisfaire le ka du pharaon en

PAGE DE DROITE : JARDIN AGRÉMENTÉ DE PETITS ÉTANGS, FIGURANT DANS UNE TOMBE THÉBAINE

restituant dans la pierre l'apparence exacte des résidences royales terrestres. Ainsi, les bases de colonnes peintes en noir évoquaient les peaux dont on les ceinturait pour les protéger et les faïences bleues évoquaient en trompe-l'œil les murs en vannerie. Des ouvertures laissaient encore voir des bas-reliefs montrant le roi accomplissant des actes rituels. Des pièces inviolées ont livré également des milliers de vases en albâtre et en pierres dures dont certains étaient marqués de cartouches royaux. Ils étaient là probablement pour être mis à la disposition du ka de tous les habitants de la Résidence demeurant auprès de leur souverain pour le servir dans cette nouvelle vie.

Un second tombeau pour le roi fut préparé dans l'épaisseur du mur d'enceinte sud; ce mastaba comportait, lui aussi, un caveau et un appartement du ka avec le même type de décor que la chambre funéraire de la pyramide. Des modifications furent enfin apportées à la structure souterraine, lorsque des caveaux supplémentaires furent ajoutés dans le but d'accueillir des membres de la famille royale.

LES AUTRES PYRAMIDES À DEGRÉS

Il existe une autre pyramide à degrés dans le site de Saqqarah; conçue pour être un très grand tombeau, cette pyramide de Sékhemkhet, fils et successeur de Djéser, baptisée "Pyramide enfouie", est restée inachevée; elle ne mesure que 7 mètres de hauteur pour une base de 120 mètres de côté. Elle était entourée d'une vaste enceinte à niches, comme celle de Djéser, qui comportait également un second tombeau sous forme de mastaba.

Le sarcophage, retrouvé scellé à l'intérieur de la chambre funéraire, était vide. Une autre pyramide à degrés laissé inachevée est l'une des deux pyramides de Zaouïet-el-Aryan. Prévue beaucoup plus petite que celle de Sékhemkhet, cette "Pyramide stratifiée", est attribuée au roi Sanakht Djéser II de la IIIe dynastie. Dans ces deux derniers édifices, le caveau n'est pas atteint par un puits vertical central, mais par une rampe partant du temple funéraire devant la pyramide et descendant sous son axe.

En fait, nous ne connaissons que huit pyramides qui puissent se rattacher au type primitif " en degrés". Quatre sont petites et occupent une superficie comprise entre 18 mètres et 26 mètres de côté: celle de Seilah, en lisière du Fayoum, date de la IIIe dynastie, mais n'est probablement pas une pyramide royale; celle de Toukh, ou Noub, au nord de Nagadah, est construite en pierres brutes, mais on n'a pu déterminer ni la date de son édification ni son identification exacte; celle de Zaouïet-el-Amouat, ou Zaouïet-el-Maiyitin près de El-Minieh, n'est probablement pas, elle aussi, une pyramide royale bien que datant certainement de la IIIe dynastie ; celle d'El-Koulah, au nord de Hiérakonpolis, entre Edfou et Louqsor, est probablement aussi une sépulture non royale et daterait de la IIIe dynastie.

Quatre pyramides à degrés sont plus imposantes, la plus petite, celle de Zaouïet-el-Aryan, à six kilomètres au nord des pyramides de Guizeh, occupant une superficie de 78,5 mètres de côté. Les trois autres sont celles de Djéser et de Sekhemkhet à Saqqarah et celle de Houni à Meïdoum.

LA PYRAMIDE DE MEÏDOUM

On attribue à Snéfrou la pyramide à degrés inachevée de Meïdoum, à l'entrée du Fayoum. On pense cependant qu'elle avait d'abord été destinée à son prédécesseur Houni, dernier roi de la IIIe dynastie.

Elle offre un aspect particulier, combinant la logique de la pyramide à degrés et celle de la pyramide à pans lisses. Elle se compose de deux étages supérieurs décroissants en forme de tour dressée sur un mastaba écroulé et atteignait à l'origine la hauteur de 93,5 mètres sur une base de 147 mètres de côté. Son aspect est dû à des essais effectués successivement. L'édifice fut d'abord une pyramide à sept puis à huit degrés qui furent finalement comblés par un revêtement extérieur, mais celui-ci, appliqué sur un enduit lisse ne put retenir le remplissage ultérieur d'autant que les fondations n'étaient pas saines et les blocs de pierre mal posés.

Cette première vraie pyramide est cernée au nord et à l'est par de grandes nécropoles de mastabas datant de la IVe dynastie. Parmi ceux-ci, les mastabas jumeaux de Rêhotep et de son épouse Néfret nous ont livré des merveilles.

PAGE DE DROITE : RELIEFS EN PÂTES INCRUSTÉES DU TOMBEAU DE NEFER-MAÂT

CI-DESSOUS : OIES DE MEÏDOUM, EN STUC PEINT

LES PYRAMIDES À FORMES PARTICULIÈRES

LA PYRAMIDE À DOUBLE PENTE DE DAHCHOUR

Tout comme celle de Meïdoum, la pyramide de Dahchour présente cet aspect étrange qui caractérise ce type de construction intermédiaire sous le règne de Snéfrou. Qualifiée de "rhomboïdale", elle est la seule en Egypte à présenter ainsi une double pente pour une hauteur d'origine de 97 mètres et une base de 183,5 mètres de côté; sans changement de pente, elle aurait mesuré 128,5 mètres. Baptisée la "Pyramide brillante du Sud", elle fut à l'origine conçue comme une vraie pyramide. Toutefois, lorsque sa construction en fut arrivée à la moitié de la hauteur prévue, la pente de ses faces fut nettement réduite de onze degrés, donnant ainsi l'impression d'une superposition de deux demi-pyramides. La cause du

PAGE DE DROITE : STATUE FUNÉRAIRE DU "DIRECTEUR DES MAÇONS" KAEMHES, DE SA FEMME ET DE LEUR FILS. Ve DYNASTIE.

changement est probablement un problème de stabilité de l'édifice qui ne fut certainement pas résolu puisque Snéfrou se fit construire une autre pyramide dans le même site, mais à deux kilomètres au nord de la première. On suppose que la pyramide la plus aiguë fut construite la première et que la base plus large d'une quinzaine de mètres de la seconde fut conçue ensuite pour ceinturer la première à cause de fissures ou d'affaissements dans la descenderie.

L'empilement des blocs de construction fut conçu horizontalement, ce qui était un progrès par rapport à la légère inclinaison vers le cœur de l'édifice de toute la structure de la pyramide de Meïdoum. Autre modification par rapport à celle de Meïdoum, le remplissage des degrés fut réalisé par des blocs de pierre taillés recouvert d'un revêtement lisse.

Cette pyramide était encore remarquable parce qu'elle possèdait deux entrées séparées, l'une au nord, l'autre à l'ouest, donc deux descenderies et deux chambres funéraires.

LA "PYRAMIDE" EN FORME DE SARCOPHAGE

L'ensemble funéraire de Chepseskaf, un des derniers rois de la IVe dynastie, n'est pas vraiment une pyramide, mais un édifice ressemblant à un grand sarcophage connu sous le nom de Mastaba Faraoun.

Il se trouve dans la nécropole de Saqqarah. Le seul monument analogue est le tombeau de Khentkaoui, mère des premiers rois de la Ve dynastie, qui se trouve sur le plateau de Guizeh. Baptisée pourtant "Pyramide purifiée", c'est un fait une sorte de mastaba mesurant au sol 100 mètres sur 72 mètres.

LES PYRAMIDES CLASSIQUES

LA PYRAMIDE ROUGE DE SNÉFROU

La deuxième pyramide de Snéfrou, baptisée autrefois "Pyramide brillante", est aujourd'hui désignée sous le nom de "Pyramide rouge" à cause de la couleur de son argile de revêtement. Située également à Dahchour, elle est plus haute que sa voisine rhomboïdale et atteignait à l'origine 104 mètres pour une base de 220 mètres.

L'inclinaison de ses pentes était la même que celle de la partie supérieure de la "rhomboïdale", mais on n'en connaît pas la raison.

Pour la première fois, les principaux obstacles techniques pour la construction d'une pyramide étaient vaincus et c'est véritablement cette dernière pyramide qui permit l'émergence de la pyramide classique illustrée à Guizeh par celles de Khéops, fils de Snéfrou, et de ses successeurs Khéphren et Mykérinos.

Aucun sarcophage ne fut découvert dans les deux pyramides de Snéfrou, mais on trouva des restes humains dans la "Pyramide rouge", ce qui laisse supposer que le roi y fut inhumé.

On pense également qu'il mourut avant d'avoir pu achever son temple funéraire et que les services funèbres furent rendus dans la salle d'offrandes de la pyramide rhomboïdale devant les deux stèles du pharaon et dans le temple funéraire construit à 700 mètres de là dans le désert.

LA PYRAMIDE DE KHÉOPS

Des sept merveilles du monde antique, la pyramide de Khéops, pharaon de la IVe dynastie, est la seule à avoir survécu. Elle semble avoir été érigée à la fin de la vingt-troisième année de son règne.

Située sur le plateau de Guizeh, à l'orée du désert occidental, la "Grande Pyramide" a de tout temps fasciné les voyageurs par ses dimensions extraordinaires, la perfection de ses lignes et la rigueur de sa construction; l'épaisseur des joints reliant ces énormes blocs de pierre étant en moyenne d'un demi-millimètre. Couverte à l'origine par un revêtement de calcaire blanc et lisse, elle arborait en son sommet un pyramidion d'or fin, reflétant la lumière infinie de Rê. Elle s'élevait à l'origine jusqu'à 146,60 mètres pour une base de 230,35 mètres de côté; aujourd'hui, elle ne s'élève plus qu'à 137 mètres.

Sa conception reposait sur le pouvoir absolu de l'abstraction géométrique de ses quatre triangles isocèles inclinés idéalement de 51° 50' 35" selon les vœux du

PAGE DE GAUCHE : EN 1818, L'EGYPTOLOGUE BELZONI DÉCOUVRE QUE LA PYRAMIDE DE KHÉPHREN A DÉJÀ ÉTÉ PROFANÉE.

PAGE DE GAUCHE :
EN BAS À GAUCHE :
LE NAIN SENEB ET SA FAMILLE

EN BAS À DROITE :
MERSEÂNKH ET SES DEUX FILLES

CI-CONTRE :
STÈLE DE LA PRINCESSE NÉFERTIABET, VERS 2575 AVANT JÉSUS CHRIST

vizir Hémon, cousin de Khéops, architecte et ingénieur, qui en dirigea la genèse et la réalisation.

L'architecture abstraite de la IVe dynastie fut cependant un moment isolé de l'ancienne Egypte. Dès la Ve dynastie, les tombeaux royaux retrouvèrent les formes fondamentales de l'architecture en bois et en brique d'argile qui prévaudront jusqu'à la fin de l'histoire de l'Egypte.

Selon Hérodote, qui la visita vers 450 avant J.-C., la construction de la "Grande pyramide", qui fut surnommée "Lumineux est Khéops", "Horizon de Khéops" ou la "Pyramide qui est le lieu du lever et du coucher du Soleil", nécessita cent mille ouvriers qui travaillèrent pendant trente ans; ils durent assujetir cent mille gros blocs par an pesant chacun deux tonnes et demie, qu'il fallait extraire, dégrossir, et équarrir avant de les hisser et de les assembler. Les opérations préalables au simple transport de cette masse de 2 600 000 mètres cubes relevaient également du titanesque. Pour acheminer ces deux millions et demi de blocs taillés de plus d'un mètre cube, pourtant prélévés dans le calcaire même du plateau de Guizeh, il fallait

PAGES SUIVANTE
À GAUCHE :
BARQUE SOLAIRE DE KHÉOPS

À DROITE :
ÉPOUSE DE MITRI EN BOIS STUQUÉ ET PEINT

afin de servir de matériau de construction pour les monuments du Caire.

Devant l'absence de textes laissés par les contemporains sur la construction des pyramides, on a avancé beaucoup d'hypothèses, certaines surnaturelles, sur les moyens techniques utilisés pour acheminer ces pierres jusqu'au chantier et les soulever les unes au-dessus des autres. En réalité, les travaux se déroulaient chaque année au moment de la crue du Nil afin de permettre le transport des pierres par le fleuve jusqu'à un débarcadère le plus proche possible du chantier. Au fur et à mesure que la pyramide s'élevait, les blocs devaient être montés par une rampe de terre perpendiculaire à l'un des côtés de la pyramide, et dont la largeur se réduisait progressivement à l'approche du sommet. Lorsque le monument eut atteint une certaine hauteur, le transport des matériaux fut certainement effectué uniquement à bras, car le manque de place devait empêcher l'utilisation de bêtes de somme.

La disposition des galeries et des salles principales de la

niveler le sol, creuser des galeries souterraines, construire des canaux, aménager des rampes, fabriquer et livrer les outils propres à toutes ces opérations, sans oublier le ravitaillement, l'acheminement et le logement des hommes. Les blocs de revêtement, aussi énormes que ceux de la structure, provenaient de Tourah, sur l'autre rive du Nil, mais ils furent enlevés au Moyen Age

pyramide de Khéops s'explique par des modifications apportées au plan initial au cours de la construction, ce qui était un cas fréquent à cette époque. Alors que le couloir d'entrée incliné sur la face nord fut construit dès le départ du projet, à une hauteur de 18 mètres, la chambre funéraire connut au moins trois projets. Le premier, le plus classique dans son implantation, plaçait la chambre au bout du couloir d'entrée, à trente mètres sous le niveau de la base. Le second projet prévoyait la chambre funéraire dans le corps même de la pyramide; on atteignait cette chambre par un itinéraire conçu en trois segments: le premier segment n'était autre que la portion du couloir d'entrée qui menait jusqu'à la base de l'édifice; le deuxième segment partait du couloir pour monter en pente douce avant de se couder à l'horizontale pour former la troisième partie. Cette seconde chambre, dite improprement "chambre de la Reine", fut également abandonnée pour une troisième située encore plus haut, au cœur de la pyramide. Déviée légèrement vers le sud, on y accédait en descendant par le couloir d'entrée, en empruntant le deuxième tronçon menant à la deuxième chambre et en poursuivant dans la même direction par la Grande Galerie, chef-d'œuvre de l'architecture pharaonique. Longue de 46 mètres, haute de plus de 8 mètres, elle était prévue dès le deuxième projet pour servir d'entrepôt aux tampons de granit destinés à bloquer la partie montante du couloir d'accès à la chambre. Dans le troisième projet, elle devenait un vrai couloir qui menait à la "chambre du Roi". Protégeant cette dernière, l'antichambre était constituée d'un alignement d'énormes herses de granit coulissant verticalement pour interdire tout accès après l'inhumation. La chambre funéraire, qui ne présentait à sa découverte qu'un sarcophage vide, était une petite salle sans intérêt particulier jusqu'à ce qu'on découvre, en deux fois, en 1765 et en 1837, le système complexe des chambres de décharges, avec cinq espaces vides superposés, qui devait alléger la poussée de la masse de pierres sur la chambre funéraire. A noter encore, la présence de deux prises d'air qui débouchaient à 76 mètres du sol sur les faces nord et sud de la pyramide, et se dirigeaient vers la chambre funéraire et la Grande Galerie. Leur fonction était probablement religieuse.

Les pyramides étaient toujours entourées d'une enceinte contenant en particulier de grandes barques servant au culte; elles pouvaient être destinées au roi lorsqu'il accompagnait le soleil dans sa navigation d'est en ouest dans l'Au-delà. Le complexe funéraire de Khéops comportait cinq emplacements de barques et l'une d'elles, mesurant 48 mètres fut retrouvée intacte au sud de la Grande Pyramide. A partir de Snéfrou, on commença à construire le temple funéraire sur la face est du monument. Celui de Khéops est très abîmé, mais il comprenait une grande cour rectangulaire bordée par une galerie s'appuyant sur les piliers carrés. Sur sa partie postérieure, on trouvait une chambre qui contenait cinq niches à statues. Un passage permettait d'atteindre l'enceinte de la pyramide à partir de la cour et une rampe conduisait au temple de la Vallée.

Le site se caractérisait aussi par une profusion de mastabas à l'est et à l'ouest principalement, ainsi que par la présence de l'alignement, parallèlement à la face est, des trois petites pyramides dites "des reines", chacune possédant sa chapelle de culte adossée à sa face orientale. La plus méridionale est celle de la reine Henoutsen, mère de Khéphren, les deux autres ayant été sans doute celles des mères respectives du fils aîné de Khéops, Kawab, mort peu après son père, et de Didoufrê, un autre de ses fils qui prit le pouvoir avant Khéphren.

PAGE DE DROITE : STATUE DU PHARON KHÉPHREN, MUSÉE DU CAIRE

LA PYRAMIDE DE KHÉPHREN

Si Didoufrê fit construire sa propre pyramide à Abou Roach, à huit kilomètres au nord de Guizeh, Khéphren, un autre fils de Khéops, fit ériger son ensemble funéraire à côté de celui de son père. Sa pyramide, habituellement nommée "Deuxième Pyramide", est un peu moins massive que la "Grande Pyramide", mais paraît plus imposante car elle se situe sur un point plus élevé du plateau de Guizeh. Elle est de forme un peu plus aiguë et mesure une quinzaine de mètres de moins sur sa base alors qu'elle s'élève pratiquement à la même hauteur, à quatre mètres près. Sa hauteur actuelle est de 136 mètres et le côté de sa base mesure 210 mètres de côté. En revanche, elle possède encore une partie du parement extérieur qui chapeautait son sommet.

Elle comportait deux descenderies et deux chambres funéraires, comme la pyramide de Khéops, ce qui semblait indiquer que sa conception avait été probablement modifiée en cours de construction. Dans une des

chambres, on a retrouvé un sarcophage brisé, mais sans momie.

Son temple funéraire était plus compliqué que celui de Khéops. Il se composait de deux parties, un temple de la Vallée et le temple funéraire lui-même. Dans le temple de la Vallée, le défunt était momifié, purifié et préparé pour l'éternité. Celui de Khéphren, encore bien conservé, était construit en gros blocs de calcaire revêtus de granit rose. Ses deux entrées en chicane sur sa façade orientale donnaient sur une antichambre qui ouvrait sur une salle hypostyle en forme de “T” renversé dont le sol était constitué de dalles d'albâtre. Elle était soutenue par seize piliers de granit carrés, dépourvus de toute décoration, et était ornée de vingt-trois grandes statues, adossées au mur, du pharaon assis. De cet édifice, une rampe d'accès longue de 495 mètres, partait obliquement relier le temple funéraire.

Celui-ci se composait, à droite, de quatre chapelles en albâtre, qui auraient abrité les viscères tandis qu'à gauche se trouvaient deux chapelles pour abriter les deux couronnes de Haute et Basse-Egypte. Par deux grandes salles à piliers, on gagnait ensuite la cour bordée par une galerie supportée par des piliers massifs ornés de statues. Ensuite venaient les cinq niches à statues traditionnelles

LE GRAND SPHINX
DE GUIZEH

et dans le fond, un couloir étroit permettait d'accéder à la stèle de granit qui jouxtait le mur d'enceinte de la pyramide.

Il existe un autre temple dans l'enceinte de Khéphren. Parfaitement aligné avec son temple de la Vallée, il s'agit du temple du Sphinx. Il fut élevé au pied d'un éperon calcaire sculpté en forme de gigantesque lion dont le visage a les traits de Khéphren divinisé. Sa tête est encore coiffée du némès, la coiffure traditionnelle des pharaons, mais l'uræus qui ornait son front a disparu; le nez et la barbe ont été détruits par les tirs de boulets d'un sultan mamelouk. Il mesure 73 mètres de longueur et 20 mètres de hauteur; sa tête mesure 4,15 mètres de largeur. Plus tard on identifia cette "idole vivante" au dieu Harmarkis qui réunissait les trois formes du Soleil dans sa course: Khêpri le matin, Rê à midi et Atoum le soir. Entre ses pattes, une stèle, élevée par Thoutmôsis IV commémore une vision révélée par le sphinx lui promettant le trône s'il le désensablait. Deux siècles plus tard, Ramsès II restaura lui aussi l'immense sculpture.

Enfin, il faut signaler encore une petite pyramide satellite construite près de la face sud de la pyramide; on suppose que c'était la pyramide de la reine.

PAGE DE DROITE : LE ROI MIKÉRINOS, LA DÉESSE HATHOR ET LA DÉESSE DU 17E NOME

LA PYRAMIDE DE MYKÉRINOS

Mykérinos régna ensuite et construisit la troisième pyramide de Guizeh. Située plus au sud, la "Pyramide Divine", ou "Troisième Pyramide", a des dimensions beaucoup plus réduites que ses voisines: 65,50 mètres de hauteur pour une base de 105 mètres de côté et un volume de 250 000 mètres cubes au lieu de plus de deux millions. Son revêtement était prévu en granit, mais par la suite, sans doute à cause de la mort du pharaon, un parement en calcaire lui fut substitué à partir du tiers inférieur, au-delà des seize rangées de granit déjà posées. Une autre hypothèse soutient que la partie granitique fut ajoutée plus tard en restauration, lors de la XXVIe dynastie lorsqu'on restaura le culte des pharaons inhumés à Guizeh.

Elle comporte aussi deux descenderies, ce qui, là encore, semble indiquer un changement au cours de l'édification. Le très beau sarcophage de basalte à décor en façade de palais que l'on trouva dans la chambre funéraire fut malheureusement perdu en mer lors de son transport en Grande-Bretagne en 1837. Cependant, les restes d'un cercueil en bois semblant appartenir à Mykérinos laisse supposer qu'il fut déposé dans la pyramide, 1800 ans après l'inhumation du pharaon, comme l'indiquerait une inscription sur des morceaux de revêtement découverts en 1968 près de l'entrée de la pyramide.

Le temple funéraire de Mykérinos est beaucoup mieux conservé que ceux de Khéops et de Khéphren. Il avait été prévu en granit, mais il fut complété en briques crues par son fils et successeur Chepseskaf. Un long couloir menait à une cour hypostyle où les prêtres célébraient les offices quotidiens du culte du roi. A l'angle nord-est de cette cour, un étroit couloir menait à la salle des offrandes qui comportait un autel et deux stèles. La célèbre triade de Mykérinos, qui faisait partie d'un ensemble de cinq groupes de statues, a été retrouvée dans le temple de la Vallée. Elle représente le pharaon, coiffé de la couronne blanche de Haute-Egypte, flanqué de deux divinités: Hathor, la déesse memphite, et la divinité tutélaire du nome du Chien en Haute-Egypte.

Trois petites pyramides, probablement de reines, sont alignées parallèlement à celle du roi, mais elles sont situées au sud, comme celle de Khéphren, et non à l'est comme celles de Khéops.

Chepseskaf, pharaon de la IVe dynastie, ainsi que son épouse probable Khentkaous, qui semble avoir exercé la régence jusqu'à la fin de la dynastie, renoncèrent à la forme pyramidale pour leur tombeau. A la place, ils firent édifier leurs gigantesques sépultures en forme de sarcophage, l'un à Saqqarah, l'autre à Guizeh. Ouserkaf, le fondateur de la Ve dynastie, qui fut peut-être un fils de Kentkaous et d'un grand prêtre de Rê, rétablit la forme pyramidale pour son tombeau, mais il en réduisit considérablement les dimensions.

LA PYRAMIDE D'ABOU ROACH

Le pharaon Didoufrê choisit le site d'Abou Roach, à huit kilomètres au nord de la nécropole de Guizeh, pour y édifier sa pyramide, mais il ne put l'achever à cause de son trop court règne de huit ans. Baptisée "La Pyramide qui est l'Etoile Chedou", elle mesurait 104,50 mètres de côté et possédait une petite pyramide secondaire. La chaussée issue de son temple de la Vallée, longue d'environ 1500 mètres, conduisait à la pyramide et à son temple funéraire situé de façon inhabituelle au nord-est. Cette anomalie était probablement dictée par la nature du terrain plus que par des considérations religieuses, à moins que ce ne soit pour tromper les pilleurs de sépultures. Malgré son inachèvement, la pyramide de Didoufrê offre un bel ensemble de sculptures royales, réalisées en granit rose, de la première moitié de la IVe dynastie.

CI-DESSOUS : LA NÉCROPOLE DE SAQQARAH

LES AUTRES PYRAMIDES DE SAQQARAH

La nécropole de Saqqarah compte plus de quinze pyramides, dont les plus importantes sont, outre celle de Djéser, celles d'Ouserkaf et d'Ounas, pharaons de la Ve dynastie, et de Téti, pharaon de la VIe dynastie. La plupart des autres sont très détruites et n'apparaissent plus que comme des collines artificielles.

La pyramide d'Ouserkaf, construite près de l'angle nord-est de l'enceinte de Djéser, ne mesurait plus que 73,30 mètres de côté et moins de 50 mètres de hauteur. Elle fut baptisée à l'origine "La Pyramide qui est Pure parmi les Lieux". A partir de ce tombeau, le plan de l'ensemble funéraire fut uniformisé: la descenderie fut axée sur la face nord et dirigée vers une vaste excavation centrale disposée perpendiculairement comme les branches d'un T. C'est là que se situait l'antichambre à herses et la chambre funéraire surmontées toutes les deux par trois énormes chevrons de décharge.

Son temple funéraire, dont il subsistait des éléments de dallage en basalte et de beaux fragments de bas-reliefs, est situé de façon inhabituelle au sud de la pyramide; on y a retrouvé une tête colossale du roi, en granit. Son enceinte héberge une petite pyramide secondaire.

Les quatre successeurs directs d'Ouserkaf édifièrent leurs pyramides sur le site d'Abousir, à trois kilomètres au nord de Saqqarah, mais les rois de la fin de la dynastie établirent à nouveau leurs pyramides à Saqqarah. Celles des deux derniers, Issesi et Ounas, se présentent aujourd'hui sous la forme de collines recouvertes de sable.

La pyramide d'Issesi, baptisée à l'origine "La Belle Pyramide", mesurait 52,50 mètres de hauteur pour une base de 78,50 mètres de côté. Elle admettait dans son enceinte une petite pyramide de reine.

La pyramide d'Ounas, "La Pyramide qui est la Beauté des Lieux", est la plus petite des pyramides de l'Ancien Empire. Elle s'élevait à 43 mètres de hauteur pour une base de 57,50 mètres de côté et se dressait près de l'angle sud-ouest de l'enceinte de la pyramide à degrés de Djéser. La chaussée couverte reliant le temple funéraire, situé sur la face orientale de la pyramide, au temple de la Vallée, était ornée de bas-reliefs. Sur une longueur de 750 mètres, ceux-ci représentaient notamment des bateaux transportant des colonnes et des

PAGE DE GAUCHE :
FAUSSE-PORTE DE
NIKAOURÉ ET D'IHAT.
ANCIEN EMPIRE
SAQQARAH.

CI-CONTRE :
FAUSSE-PORTE D'IYKA
ANCIEN EMPIRE SAQQARAH

architraves en granit, des carrières d'Assouan au chantier de construction de la pyramide d'Ounas. Des logements de barques rituelles furent taillés dans la partie supérieure de la chaussée. Comme dans celui d'Issesi, les colonnes palmiformes trouvées dans le temple funéraire d'Ounas étaient encore généralement en granit rose, mais déjà à cette époque, on ne faisait plus les soubassements avec cette matière. Quant aux dallages des cours et des salles, ils sont principalement faits en albâtre et non plus en basalte.

La pyramide d'Ounas fut la première où les murs des chambres funéraires furent recouverts de textes d'invocations et de formules magiques mis à la disposition du défunt par le clergé d'Héliopolis. Il s'agissait des célèbres Textes des Pyramides dont la fonction était d'aider le mort à surmonter les obstacles que son ka allait rencontrer dans le monde souterrain. Ces textes étaient divisés en trois catégories, des formules d'offrandes, des formules destinées à vaincre les forces du mal et des invocations conçues pour permettre au roi de renaître en apothéose auprès de Rê. Ces textes deviendront par la suite les Textes des Sarcophages puis, au Nouvel Empire, le Livre des Morts.

La pyramide de Téti, fondateur de la VIe dynastie, est la pyramide royale la plus septentrionale de la nécropole de Saqqarah. Cette "Pyramide qui est la Durée des Lieux" mesurait à l'origine 52,50 mètres de hauteur pour une base de 78,50 mètres de côté. Elle comprenait également une pyramide secondaire et deux pyramides pour les reines Ipout et Khoui. On y a trouvé aussi des Textes des Pyramides".

Les autres pharaons de la dynastie, Pépi Ier, Merenrê et Pépi II portèrent leur choix sur Saqqarah-sud. La pyramide de Pépi Ier s'appelait "La Pyramide bien faite et belle". C'est elle qui a donné son nom à la ville de Memphis. Elle mesurait à l'origine 52,50 mètres de hauteur pour une base de 78,50 mètres comme d'ailleurs celles de Téti, d'Issesi et celle de Pépi II. Ces quatre pyramides avaient encore en commun la conception de leur complexe funéraire. Après l'inhumation, la descenderie était bloquée par des tampons de granit jusqu'à une première petite salle

PÉPI 1ER

à peine plus large que le couloir. A partir de là, le couloir d'accès à la chambre funéraire, devenu horizontal, était ensuite coupé par trois herses de granit. Il atteignait ensuite une antichambre qui donnait accès à la chambre funéraire vers l'ouest et à unc chambre comportant trois niches à l'est; ces niches recevaient probablement des statues.

La pyramide de Merenrê présente peu d'intérêt, mais la pyramide de Pépi II, baptisée "La pyramide solide et vivante" possède une pyramide secondaire dans son enceinte et trois pyramides pour les reines Neit, Ipout II et Ouebjebten à l'extérieur de l'enceinte. Dans celles-ci comme dans celle du roi on a trouvé des Textes des Pyramides finement gravés. Le temple funéraire de Pépi II est assez complexe et est distant de 400 mètres de son temple de la Vallée. L'albâtre fut largement employé pour le dallage des salles et des cours des temples funéraires de ces quatre monuments et la quartzite fit son apparition pour travailler certains éléments d'architecture. Par contre les élégantes colonnes des portiques de la Ve dynastie furent remplacées par des piliers de granit ou de quartzite.

La petite pyramide d'Ibi, ou Aba, un pharaon de la VIIIe dynastie fut construite en briques à Saqqarah-sud. Elle est trop endommagée pour imaginer sa hauteur, mais elle mesurait environ 31 mètres de côté. Son temple funéraire est également entièrement construit en briques, mais elle ne semble pas avoir eu de temple de la Vallée. On trouva dans ses chambres funéraires des Textes des Pyramides.

Les vestiges non encore fouillés de la pyramide située à l'est de celle de Téti, à Saqqarah-nord, doivent appartenir à Merikarê, un pharaon de la IXe ou de la Xe dynastie, si l'on en juge par les titres des prêtres inhumés à proximité. Cette pyramide de Merikarê, baptisée "Pyramide qui est l'Ornement des Lieux" devait mesurer environ 50 mètres de côté.

Les deux pyramides les plus au sud de Saqqarah furent élevées pour les rois de la XIIIe dynastie. Elles furent construites en briques comme beaucoup de sépultures de cette époque. L'une des deux, la pyramide de Khender, mesurait 37 mètres de hauteur pour une base de 52,50 mètres de côté. Actuellement haute de 3 mètres seulement, sa voisine, de propriétaire inconnu, avait probablement la même hauteur, mais sur une base de 80 mètres de côté.

LES PYRAMIDES D'ABOUSIR

Les dimensions des pyramides d'Abousir s'accrurent pendant le règne des quatre successeurs directs d'Ouserkaf. Celle de Neferirkarê, la plus grande, atteignit même les dimensions de celle de Mykérinos.

La pyramide de Sahourê est la plus belle du site. Baptisée "La Pyramide où se lève l'esprit Ba", elle s'élevait à l'origine à 47 mètres pour une base de 78,50 mètres de côté. Elle avait également une petite pyramide secondaire. Avec ses annexes, son plan est typique de l'architecture de la Ve dynastie. Le matériau de base du complexe était le calcaire extrait sur place, malheureusement de qualité médiocre, si l'on en juge par l'effondrement actuel de la pyramide, mais pour les parties les plus fines, comme les bas-reliefs des temples et le parement extérieur de la pyramide, on employait du calcaire provenant de Tourah. Dans les temples, les architectes choisirent les meilleures pierres dures, le basalte pour les dallages, le granit rose ou bleu pour les principaux soubassements, les colonnes, le chambranle des portes et les linteaux. Les colonnes étaient palmiformes ou papyriformes. Les bas-reliefs sont remarquables pour

À GAUCHE :
NEFEREFRÊ

À DROITE :
DÉTAIL DE DIVINITÉS
APPORTANT DES
OFFRANDES.
TEMPLE FUNÉRAIRE
DE SAHOURÊ. ABOUSIR.
ANCIEN EMPIRE

leur qualité narrative comme pour leur précision d'exécution. Ils comptent parmi les plus belles réussites de l'art égyptien. On y voit le pharaon dans ses diverses activités, ainsi que dans ses rapports avec les dieux. Les plus extraordinaires de ces reliefs en "basse-taille" peints représentent Sahourê chassant à l'arc dans le désert et des scènes de retour d'une expédition en Asie où l'on voit des bateaux ramener les Egyptiens dans leur pays.

La pyramide de Neferirkarê, ou "Pyramide de l'Esprit Ba", fut conçue beaucoup plus vaste que celle de Sahourê, mais son temple de la Vallée et sa chaussée ne purent être terminés par le pharaon. Elle devait mesurer 70 mètres de hauteur pour une base de 105 mètres de côté.

Plus tard, Neouserrê s'appropria le temple de la Vallée et détourna la chaussée en pierre de Neferirkarê vers sa propre pyramide. La pyramide de Neouserrê, ou "Pyramide où sont établis des lieux", mesurait à l'origine 51,50 mètres de hauteur pour une base de 81 mètres de côté. Elle comprenait aussi une petite pyramide annexe.

La quatrième pyramide d'Abousir est probablement la pyramide de Neferefrê mentionnée dans les textes. Baptisée "La Pyramide qui est Divine des Esprits Ba", elle fut à peine commencée. Elle devait mesurer environ 65 mètres de côté.

LES AUTRES PYRAMIDES DE DAHCHOUR

D'autres pyramides plus petites que les deux pyramides de Snéfrou, la rhomboïdale et la rouge, sont situées dans le site de Dahchour. On peut citer celles de la XIIe dynastie comme la très endommagée pyramide d'Aménemhat II, dite "Pyramide puissante" autrefois et "Pyramide blanche" aujourd'hui, la pyramide de Sésostris III construite en briques, qui mesurait à l'origine 78.5 mètres de hauteur pour une base de 105 mètres de côté, et la pyramide d'Amenemhat III. C'est à partir de cette dernière que toute la pyramide fut édifiée en briques crues disposées en assises continues, le revêtement restant toujours en pierre de taille.

La pyramide d'Aménemhat III, appelée "pyramide noire", à cause de la couleur du limon du Nil qui servit à faire ses briques, mesurait à l'origine 81.5 mètres pour une base de 105 mètres. De considérables défauts de construction furent constatés pendant l'édification; à cause d'eux, la pyramide ne fut jamais utilisée comme tombe royale. En remplacement, Amenemhat III se fit ériger une deuxième pyramide en briques, à Haouarah, à

proximité de celle que Sésostris II se fit construire à El-Lahoun, à l'entrée du Fayoum. Pour la même raison, le pyramidion de basalte qui devait couronner le monument ne fut probablement jamais posé.

Large de 185 centimètres à sa base, haut de 140 centimètres, il devait contraster avec le blanc du revêtement et était orné de bas-reliefs auspicieux et d'un disque solaire ailé. Il est aujourd'hui au Musée égyptien du Caire.

Près de cette pyramide, se situent les petites pyramides de deux pharaons de la XIIIe dynastie: l'éphémère Ouahibrê-Hori et Amenikémaou.

Cette dernière mesurait 78,50 mètres de côté et le nom de son propriétaire fut déduit d'après des vases en albâtre, portant des inscriptions, trouvés à proximité. Ce roi, dit "l'Asiatique", était probablement un des souverains Hysksôs qui dominèrent le nord du pays sous les XVe et la XVIe dynasties. Toutes ces pyramides étaient accompagnées des tombes des membres de la famille royale, de fonctionnaires, de prêtres et de courtisans.

PAGE DE GAUCHE : FIGURINES D'ANIMAUX EN FAÏENCE, CRISTAL DE ROCHE ET CALCAIRE VERS 3000 AVANT J.-C.

LE PHARAON SÉSOSTRIS III

CI-CONTRE : HIPPOPOTAMES EN FAÏENCE, VERS 2000 AV. J.-C.

LES PYRAMIDES DE EL-LAHOUN ET DE HAOUARAH

La pyramide d'Amenemhat III, de la XIIe dynastie, à Haouarah mesurait 100 mètres de côté et s'élevait à l'origine à 58 mètres. Elle était en briques comme toutes les pyramides de cette époque. Elle est encore assez bien conservée, mais seuls quelques blocs de son temple funéraire subsistent. Sa chambre funéraire, précédée par une antichambre à herses très épaisses, fut taillée dans un gigantesque monolithe de quartzite; elle mesurait 7 mètres sur 2,50 mètres et pesait plus de cent tonnes.

La pyramide de Sésostris II, quatrième roi de la XIIe dynastie, fut construite à El-Lahoun. Elle fut baptisée "La Pyramide brillante". Construite sur un monticule rocheux naturel, elle était typique des constructions du Moyen Empire avec son noyau de briques crues, consolidé en partie par des murs de soutien en calcaire et revêtu de blocs de calcaire poli. Elle mesurait à l'origine 48 mètres de hauteur pour une base de 106 mètres de côté. Son revêtement de calcaire ayant disparu, elle n'apparaît plus aujourd'hui que comme un monticule de terre. Son entrée se faisait de façon inhabituelle par deux puits proches de la face sud, probablement pour tromper les éventuels pillards. Dans le même but, on construisit de faux caveaux et des couloirs ne menant à rien, alors que la chambre funéraire était située dans la partie nord-ouest de la pyramide. Cette dernière était accompagnée d'une petite pyramide de reine et de nombreux mastabas et tombes de toutes les époques. Son temple de la Vallée est à un kilomètre à l'est, tout près de El-Lahoun qui, à cette époque, était une ville consacrée exclusivement au service des pyramides.

PAGE DE GAUCHE : COFFRET EN BOIS INCRUSTÉ D'IVOIRE CONTENANT DES BIJOUX DE MAQUILLAGE. XIIE DYNASTIE

CI-CONTRE : LA VALLÉE DES ROIS

TROIS DANSEURS NAINS

LES PYRAMIDES DE LICHT

Les pyramides des premiers souverains de la XIIe dynastie, Amenemhat Ier et Sésostris Ier, furent édifiées à Licht, loin au sud de la nécropole memphite, à mi-chemin entre Dahchour et Meïdoum. Aménemhat Ier avait déplacé la capitale administrative, pour trois siècles, de l'Empire de Thèbes à Ititaoui, une ville située entre Memphis et le Fayoum. Licht était probablement sa nécropole.

La pyramide d'Amenemhat Ier fut baptisée "La Haute et Belle Pyramide" ou "La Pyramide des Lieux qui se sont élevés". Elle mesurait à l'origine 55 mètres de hauteur pour une base de 78,50 mètres de côté. Elle se caractérise encore par le réemploi, dans son noyau central, de nombreux blocs ornés, issus de monuments de l'Ancien Empire.

La pyramide de Sésostris Ier, "La Pyramide qui est le Lieu favorisé" ou "La Pyramide qui surplombe des Deux Pays", mesurait à l'origine 61 mètres de hauteur pour une base de 105 mètres de côté. Elle était assez proche de la conception des tombeaux de la VIe dynastie et son temple funéraire, toujours sur la face nord, était accolé à la pyramide. Elle admettait dans son enceinte une pyramide secondaire et neuf pyramides de reines et de princesses.

Ces pyramides étaient entourées de nombreux temples dont la plupart n'ont pas encore été fouillés. Les plus proches des deux monuments semblent avoir été construits comme les temples de Saqqarah sous Pépi II. Les grands reliefs provenant du temple de Sésostris Ier montrent de belles représentations de processions de porteurs d'offrandes, qui ne sont autres que des grands serviteurs de l'Etat et non des serviteurs anonymes. Dans le même temple, on a retrouvé des statues en forme de piliers osiriaques du roi provenant de la chaussée menant au temple de la Vallée.

LES PYRAMIDES DE MAZGOUNA

Les deux pyramides de Mazgouna, au nord de Dahchour, sont toutes les deux de propriétaires inconnus, mais pourraient être attribuées à Amenemhat IV ou Sebeknefrourê de la XIIe dynastie ou encore à un pharaon de la XIIIe dynastie. La première de ces pyramides avait une supertructure probablement en pierre si l'on en juge par ses restes. La seconde, construite en briques, mesurait à l'origine 52,50 mètres de côté. Elle comportait un système de herses et un caveau similaires à ceux de la pyramide d'Amenemhat III de Haouarah.

TÊTE D'UNE FEMME

PAGE DE GAUCHE : STATUETTE DE SÉSOSTRIS 1ER

LES DERNIÈRES PYRAMIDES

Ahmosis, le fondateur de la XVIIIe dynastie, édifia à Abydos une "tombe vide" en forme de pyramide.

Son fils, Aménophis Ier édifia la sienne dans la nécropole thébaine à Dra Abou el-Nagah, entre El-Tarif et Deir el-Bahari; ce complexe en ruines pourrait avoir comporté une petite pyramide à base étroite et pente accusée.

Thoutmôsis Ier fut le premier à se faire creuser une tombe dans la falaise du cirque à l'entrée de ce qui allait devenir la célèbre Vallée des Rois. Ce lieu était dominé par le sommet El-Qurn, la "Corne", cime en forme de pyramide.

Si la pyramide construite disparaît de l'architecture funéraire royale, elle s'implante comme symbole de protection solaire dans les tombes privées. Dès le Moyen Empire, à Abydos, des tombeaux furent aménagés dans de petites pyramides de briques crues. A partir du Nouvel Empire, et jusqu'à l'époque romaine, les tombeaux furent construits en forme d'une maison à portiques comportant souvent sur leur terrasse une pyramide en brique crue à forte pente couronnée par un pyramidion en pierre gravé comme on peut le voir dans nombre de tombes de la nécropole de Deir el-Médineh et d'Abydos.

Le pharaon Pi-Ankhi, le fondateur de la XXVe dynastie, revint à la forme pyramidale pour sa sépulture. Celle-ci fut édifiée en pierre à El-Kurrut, la nécropole de ses prédécesseurs près de Napata, au Soudan. Cette pyramide, aujourd'hui détruite aurait mesuré une douzaine de mètres de côté et aurait présenté une forte pente d'environ 68°. Elle surmontait la chambre funéraire creusée dans le sol et voûtée en encorbellement à laquelle conduisait une descenterie venant de l'est. Les successeurs de Pi-Ankhi construisirent des pyramides semblables, mais avec le caveau situé beaucoup plus bas sous le monument.

Taharqa, le dernier souverain koushite, à avoir régné sur l'Egypte, lors de la XXVe dynastie, édifia la pyramide la plus grande de Nubie, à Nurie. Elle mesurait 45 mètres environ. Pendant encore deux siècles, les rois de Koush dressèrent encore une cinquantaine de pyramides, mais beaucoup plus modestes, même après le transfert de leur capitale plus au sud, à Méroé. Ici encore, beaucoup de notables se firent édifier des tombes surmontées d'une petite pyramide en briques de terre crue.

STÈLE DU ROI AHMOSIS

PAGE DE GAUCHE :
AMENHOTEP
FILS DE HAPOU ÂGE

Les Pharaons

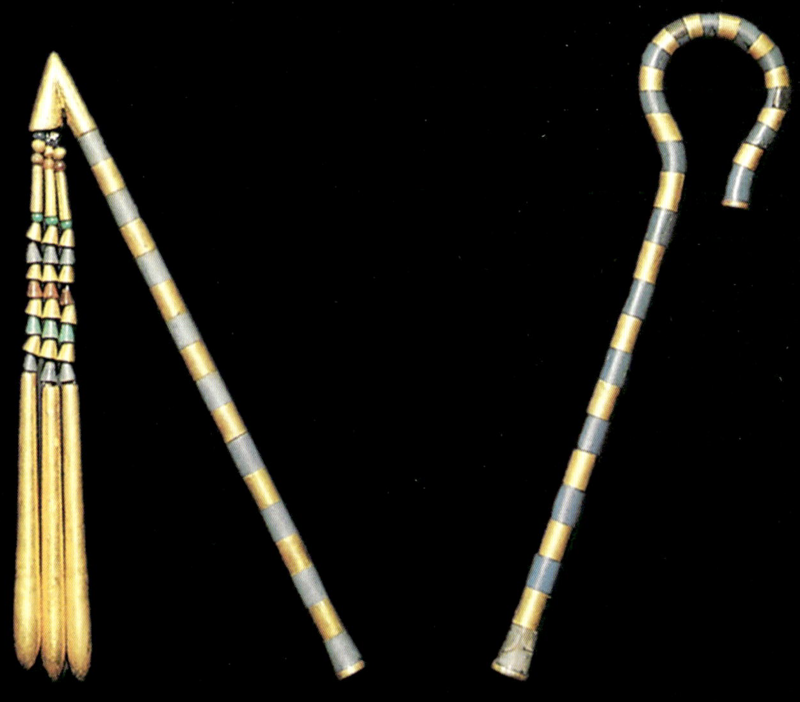

Le Pharaon «La Grande Maison»

LE PHARAON, «LA GRANDE MAISON»

Le mot pharaon vient de Per âa, «Grande Maison», désignant à l'origine le palais royal. En réalité, le mot ne fut employé qu'à partir du premier millénaire pour désigner le roi lui-même. Auparavant, on préférait utiliser le mot nisout.

Ce monarque était tout-puissant et considérait l'Egypte comme sa propriété, surtout à partir du quatrième millénaire, lorsqu'il devint le substitut terrestre du dieu Horus, «le Lointain». Il fut ensuite associé aux deux déesses tutélaires du pays, Nekhnet et Bouto, les «Deux Maîtresses». En leur nom, il protégeait l'Egypte et domptait les pays étrangers. Il était encore, depuis la quatrième dynastie, considéré comme le «Fils de Rê», le dieu solaire, et à partir de la cinquième dynastie, il adopta un «nom de trône» ou «nom de Rê» précédé du titre de «Roi de la Haute et Basse-Egypte». Ce titre, en égyptien Nésoutbiti, signifiait «celui qui appartient au jonc et à l'abeille».

PAGE DE GAUCHE : PALETTE ILLUSTRANT LES VICTOIRES DU PHARAON NÁRMER. COIFFÉ DE LA COURONNE DE HAUTE-EGYPTE ET PROTÉGÉ PAR HATHOR, IL ÉCRASE LA BASSE-EGYPTE EN 3200 AVANT J.-C. MUSÉE DU CAIRE

CI-CONTRE : ABOU-SIMBEL

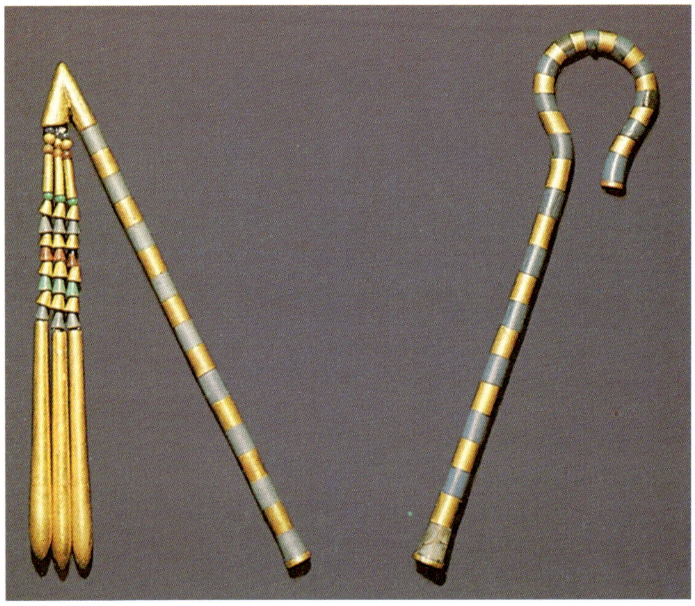

Ainsi doté de ces noms sacrés, le pharaon était le gardien de l'ordre universel. Inspiré par la parole divine Hou et le discernement divin Sia, il représentait la déesse Maât, la Vérité, la Justice et la Concorde. En particulier, il devait veiller à maintenir vivace la «Réunion des Deux Pays», la Haute et Basse-Egypte. A chaque avènement, le pharaon accomplissait cet acte de réunion, le Séma Taoui, qui remontait à la première dynastie. Ce rituel est symboliquement représenté par deux dieux personnifiant la crue du Nil, qui lient à l'aide d'une corde le lotus du Sud et le papyrus du Nord. Ces deux plantes héraldiques sont elles-mêmes nouées autour du hiéroglyphe «unir».

Sa position étant hautement symbolique, le pharaon était toujours représenté avec des ornements et des insignes de royauté bien caractéristiques. Dès l'origine, il portait les attributs de certains animaux censés symboliquement lui donner des vertus: queue de taureau accrochée à sa ceinture, peau de panthère ou plumage de faucon. De tous les ornements les plus significatifs étaient les couronnes.

PAGE DE GAUCHE : LES DEUX INSIGNES DU POUVOIR, LE FOUET ET LE CROCHET.

TÊTE D'HORUS EN OR.

DE GAUCHE À DROITE : STATUE ASSISE DE MONTOUHOTEP II. NEFERTARI EN HATHOR

Parmi les plus anciennes, la haute couronne blanche, Hedjet, faite d'étoffe et de feutre, terminée par une sorte de pommeau, représente la Haute-Egypte, tandis que la mitre rouge, Décheret, prolongée à l'arrière par un appendice et une boucle métallique enroulée vers l'avant, représente la Basse-Egypte. Emboîtées l'une dans l'autre, elles forment la «Double Couronne», ou Pschent, symbolisant le pouvoir du pharaon sur les «Deux Terres». L'union des Deux Pays est figurée aussi par l'association du vautour de la Haute-Egypte et du cobra, ou uraeus, de la Basse-Egypte qui ceignaient le front du pharaon. Le vautour représentait la déesse Nekhbet; le cobra, symbole de la lumière et de la royauté était l'animal sacré de la déesse Ouadjet, honorée à Bouto, et de

Rê dont on pensait qu'il était l'œil. Le pharaon pouvait encore porter l'atef, la couronne composée de deux plumes d'autruche, de tiges végétales, d'un disque solaire, de cornes de bélier et d'uraeus, et dans certains cas, le hemhem, diadème fait de trois atef superposés. Les pharaons de la dynastie des Ramsès et des Ptolémées portaient plus fréquemment le khéprech, casque bleu qui n'était pas un casque de guerre, mais une coiffe de cérémonie. Auparavant, les pharaons portaient de préférence le ménès, la coiffe en tissu rayé composée de deux pas plissés retombant sur les épaules.

Ces coiffes n'allaient pas sans les symboles d'autorité comme le héqa, sceptre en forme de crosse, toujours associé au fléau tressé, ou nekhekh, attribut caractéristique d'Osiris. On voit également représenté le sekhem, sceptre-massue, symbole d'autorité guerrière alors que les divinités masculines tiennent le ouas, bâton-sceptre à tête de chien stylisée, et les divinités féminines portent le ouadj, sceptre en forme de tige de papyrus. Le pharaon, et même lorsqu'il était une femme, portait la barbe postiche, simple ou nattée, terminée en général par une boucle; elle représentait Osiris, tout comme le fouet et le sceptre.

Il aurait été désastreux pour l'Egypte de se retrouver sans pharaon, aussi les cérémonies d'investiture avaient-elles lieu immédiatement après la mort de l'ancien souverain. L'héritier du trône était alors présenté aux dieux ancestraux, puis aux nobles, aux notables, aux courtisans et aux chefs du peuple. Il s'écoulait un certain temps avant que le couronnement proprement dit puisse être célébré. En effet, le nouveau roi ne pouvait être couronné tant que son prédécesseur n'était pas inhumé et il fallait au moins soixante-dix jours pour procéder à l'embaumement de la dépouille royale; d'autre part, le couronnement devait avoir lieu le jour du Nouvel An ou celui d'une des autres fêtes du renouveau. Ce couronnement était l'occasion d'une grande fête populaire; le peuple se rassemblait dans la capitale pendant plusieurs jours. Le jour qui précédait il pouvait assister partiellement à l'enterrement du défunt. Pour éviter la vacance du pouvoir, et les luttes

PAGE DE GAUCHE : MASQUE FUNÉRAIRE DE PSOUSENNÈS, TROUVÉ DANS SA TOMBE À TANIS.

de succession, bien souvent certains pharaons à la fin de leur règne instituèrent la co-régence avec leur héritier, préparant celui-ci à ses futures responsabilités. Si son rôle consistait essentiellement à assumer la charge de chef du clergé et de célébrer en personne le culte des dieux, sa principale tâche terrestre était de diriger l'armée et la diplomatie de l'Egypte. Il devait également s'entourer de hauts fonctionnaires compétents et fidèles pour le bien-être de son peuple. Il tenait un conseil quotidien avec son vizir et son trésorier, écoutait les rapports et les réclamations des fonctionnaires, des gouverneurs des provinces, s'inquiétait des prévisions météorologiques pour prévoir les crues bienfaitrices du Nil, se renseignait sur l'avancée des grands travaux de l'Etat, adressait des messages diplomatiques aux ambassadeurs étrangers. Une des fonctions royales les plus importantes consistait à rendre la justice. C'était l'un de ses rôles fondamentaux que de maintenir l'ordre parfait de Maât, à la fois Equilibre, Vérité, Loyauté et Justice, personnifiés par la fille de Rê. Via son vizir, n'importe lequel de ses sujets pouvait lui réclamer justice et il était le seul à pouvoir prononcer la peine de mort ou la commuer.

Au bout de trente ans de règne, le pharaon fêtait le Sed, un jubilé qui se renouvelait ensuite tous les trois ans pour restaurer sa puissance divine. Le pharaon était considéré par les Egyptiens comme un dieu réincarné, descendant du premier dieu; il était «le dieu selon lequel les hommes règlent leur vie». Il s'identifiait avec la plupart des dieux égyptiens suivant l'endroit ou les circonstances. S'il prenait part à une fête religieuse régionale, il représentait la divinité locale en plus des trois divinités nationales: Horus, Osiris et Rê. En tant que dieu vivant, il était Horus, le Faucon, fils d'Osiris et d'Isis, en lutte permanente contre le mal, personnifié par Seth, pour que puisse régner l'Harmonie. Souvent représenté sous les traits d'Osiris, il était celui qui préside au renouveau de la dynastie pharaonique, des hommes, des crues du Nil et des récoltes. Il était enfin le «Fils de Rê» la divinité suprême de l'Egypte.

Certains pharaons furent des conquérants, d'autres des bâtisseurs, d'autres encore de

CI-DESSUS : PÉPI 1er DANS LE COSTUME DU JUBILÉ, PROTÉGÉ PAR HORUS.

PAGE DE DROITE : VALLÉE DES REINES, TOMBE N°44, KWA-EM-OUASET.

LE FAUCON GEMÈHSOU, PORTANT LE FOUET ROYAL, EST ASSOCIÉ AU FAUCON SOPDOU POUR SYMBOLISER LA ROYAUTÉ.

paisibles monarques. Certains furent la cause du déclin de l'Egypte, d'autres celle de sa prospérité. Plus de trente dynasties racontent ainsi l'histoire prodigieuse de l'Egypte pharaonique, de la première d'entre elle, vers 2920 avant Jésus-Christ, à la dernière, malheureusement romaine, qui s'achève en 395 après Jésus-Christ. De 395 à 640 après Jésus-Christ, l'Egypte devient byzantine et copte, puis et définitivement musulmane.

Les Dynasties

LES PHARAONS DE L'ÉPOQUE ARCHAÏQUE Ière ET IIe DYNASTIES (VERS 3000 -2635 AVANT J.-C.)

Selon la tradition, l'époque dynastique commence avec le légendaire roi Ménès qui passe pour avoir détourné le Nil au sud de Memphis, créé cette capitale et inventé l'écriture. Selon les égyptologues, il pourrait être le roi Méni, cité comme l'unificateur du royaume, ou Horus-Aha, le fils de Narmer. Ce dernier passe pour avoir été un souverain d'Hiérakonpolis ayant réussi à conquérir la Basse-Egypte et réalisé ainsi l'union du Nord et du Sud sous la protection d'Horus, le dieu-faucon.

Durant la première dynastie qui dura cent cinquante ans, les deux centres de pouvoir étaient This et Memphis comme on peut le constater dans la nécropole d'Abydos, près de This. Hiérakonpolis, un très ancien site, possède aussi d'importants vestiges du début de l'époque pharaonique, comme Bouto dans le delta. Au début de la deuxième dynastie, la nécropole royale est déplacée à Saqqarah, près de Memphis où certains hauts fonctionnaires de la dynastie précédente s'étaient fait inhumer dans des tombeaux en briques crues de différentes formes. Comme lors de la première dynastie, la majorité des pharaons porte le nom d'Horus, symbole du pouvoir. Certains, comme Khasékhémoui, portent les noms d'Horus et de Seth, divinités pourtant ennemies, et seul Péribsen porte le nom de Seth. Cela semble indiquer des difficultés entre la Haute et la Basse-Egypte et des tentatives d'indépendance de cette dernière. Mais durant la IIe dynastie, Khasékhémoui mit un terme à ces conflits en réunifiant les deux pays et son nom était suivi de l'inscription «Les deux seigneurs résident en lui».

Désormais coiffé de la double couronne, le pschent, formée de la coiffe blanche de la Haute-Egypte et de la coiffe rouge de la Basse-Egypte, le pharaon dirigeait une armée de fonctionnaires administrant le pays en son nom. Lui-même perpétuait sur terre l'ordre divin, Maât, et repoussait le chaos. Dès lors, il pourra transmettre ses pouvoirs à son fils îné ou à son frère ou, à défaut, à une femme comme la célèbre Hatshepsout, Nitokris ou Taousert.

PAGE DE GAUCHE : LES DÉESSES NEKHBET ET OUADJET REMETTANT LA DOUBLE COURONNE AU PHARAON

CI-DESSOUS : PHARAON DE L'ÉPOQUE PRÉDYNASTIQUE REPRÉSENTÉ SOUS LA FORME D'UN TAUREAU. MUSÉE DU LOUVRE, PARIS.

LES PHARAONS DE L'ANCIEN EMPIRE DE LA IIIe À LA VIe DYNASTIE (2650 - 2150 AVANT J.-C.)

DJÉSER LE «MAGNIFIQUE»

La IIIe dynastie inaugura le règne des bâtisseurs de pyramides dans la paix. La capitale était Memphis, port florissant du sud du delta, où l'on célébrait le dieu Ptah, «celui qui a formé des dieux». Le deuxième pharaon de cette dynastie, Djéser, est surtout connu pour les talents de son architecte, Imhotep, lorsqu'il se fit construire un immense tombeau dans la nécropole de Saqqarah. Imhotep utilisa alors pour la première fois la pierre de taille à la place des briques crues pour construire ce complexe funéraire en forme de banc, d'où son nom de mastaba. La forme ascendante, hautement symbolique de cette «demeure d'éternité» démontrait la puissance du pharaon Djéser et sa volonté d'entrer dans la postérité. Djéser, «le Magnifique», fut le premier pharaon à porter le titre d'»Horus d'or», ce qui indiquait clairement que la chair des pharaons était en or comme celle des dieux. A l'origine, le roi seul accèdait à l'immortalité; à sa mort il était assimilé au dieu Osiris et continuait de protéger sa maison et ses sujets sur terre car la terre égyptienne lui appartenait en totalité. C'est pourquoi les tombeaux monumentaux capables de défier les siècles étaient des gages de l'immortalité du pharaon. C'est grâce à cette signature d'«Horus d'Or» que l'on put attribuer à Djéser la plupart de ses faits, gestes et constructions.

Parmi ses représentations, on trouve un certain nombre d'images triomphales le montrant auprès de son prédécesseur Nebka et de son successeur Sékhemket dominant des Bédouins, ce qui indique que des expéditions lointaines, entre autres jusqu'en Nubie et au Sinaï, étaient menées par le pouvoir. A ce moment, l'Egypte, grâce à la centralisation progressive du pouvoir, avait atteint au sud sa frontière traditionnelle, c'est-à-dire la première cataracte. Son écriture, son administration, ses techniques et son art étaient déjà ce qu'ils devaient être à l'époque classique.

CI-DESSUS
STATUE ASSISE DU PHARAON DJÉSER. MUSÉE DU CAIRE

PAGE DE DROITE : LE SCRIBE ACCROUPI, 4E DYNASTIE

LE NAIN SENEB ET SON ÉPOUSE SENETYOTES, ANCIEN EMPIRE

LE «BON ROI» SNÉFROU

Avec Snéfrou, le fondateur de la IVe dynastie, commence vraiment l'époque des grandes pyramides. Il fit construire les deux pyramides de Dahchour et fit achever celle de Meïdoum. Ces deux pyramides sont à faces triangulaires, l'une marquant une rupture de pente à mi-hauteur est appelée «rhomboïdale», l'autre, régulière dans son dessin, peut être considérée comme la première «vraie» pyramide.

Sous le règne de Snéfrou, les appareils de production de l'Etat sont étroitement contrôlés. Il est le premier pharaon à véritablement recenser les ressources du pays, en particulier le bétail tous les deux ans. Il institua également la charge de vizir, celui-ci administrant au nom du souverain en contact direct avec les responsables des régions administratives. En outre, il gérait l'armée, la justice et l'agriculture. La perception des impôts lui incombait également;

jusqu'à l'arrivée des Grecs et l'introduction de la monnaie, les taxes étaient payées en nature, avec des produits agricoles. Parfois, deux vizirs se partageaient la tâche, l'un pour la Haute-Egypte, l'autre pour la Basse-Egypte.

Snéfrou fut très actif dans le domaine militaire en fixant les fontières nubiennes et libyennes et en installant des colonies en Nubie, au Sinaï et au Liban pour en rapporter le produit des mines et des bois de charpente navale.

Ce fut un pharaon très populaire si l'on en juge par son surnom de «bon roi», par le fait qu'il fut le sujet de divers contes et légendes, dont certains seront étudiés en tant qu'œuvres classiques dans les dynasties beaucoup plus tardives, et par les nombreux cultes locaux qui lui sont rendus, jusqu'au Sinaï.

LES BÂTISSEURS DE PYRAMIDES

Khéops, fils de Snéfrou, fit construire la seule des «sept merveilles du monde» qui reste aujourd'hui, la Grande Pyramide de Guizeh, mais on sait très peu de choses sur lui. Seuls des contes, comme celui du Papyrus Westcar ou le «Conte des Rameuses», le mettent en scène avec son père Snéfrou. Khéphren, le frère de Khéops et Mykérinos, le fils de Khéphren n'ont guère laissé de traces hormis leurs pyramides qui jouxtent celle de Khéops. On sait seulement, d'après Hérodote, que la vie de Mykérinos est une légende bien malheureuse.

LES PHARAONS, «FILS DE RÉ»

Sous la Ve dynastie, le culte solaire s'affirma et Héliopolis supplanta Memphis au nom de Rê. De nombreux temples solaires furent construits, différents des habituels temples divins, et tous les pharaons se firent baptiser «Fils de Rê». Désormais, ils n'étaient plus seulement d'essence divine, mais bien les fils du Soleil. Ces pharaons se firent inhumer à Abousir et à Saqqarah dans des tombeaux plus modestes que ceux de leurs prédécesseurs.

Ouserkaf, le premier roi de la Ve dynastie, monta sur le trône vers 2450 avant J.-C. Désormais «Fils de Rê», son pouvoir n'était plus seulement social, mais cosmique. Ainsi, le roi était l'interprète et l'agent de la force vitale qui animait le monde; de lui dépendait le maintien de l'ordre universel car il était «celui qui préside aux provisions élémentaires de tous les vivants». Il devenait garant de l'inondation du Nil, de la qualité des récoltes, de la santé de son peuple et, tous les trente ans, lors du jubilé du hebsed, il devait restaurer sa force et sa vigueur et manifester ainsi symboliquement que le roi, même âgé, continuait à posséder ces deux qualités dont dépendait le bien-être de tout son peuple. Alors que certains de ses prédécesseurs, comme Chepseskaf, s'étaient fait inhumer dans des mastabas, Ouserkaf se fit construire une petite pyramide à Saqqarah, mais aussi un temple solaire près d'Abousir, une idée qui fut reprise par cinq de ses successeurs. Si ces temples étaient séparés des pyramides, ils avaient probablement une signification funéraire si l'on en juge par le soin apporté à leur édification par les pharaons eux-mêmes. La réduction de la taille des pyramides de cette époque est certainement la marque d'un affaiblissement du pouvoir ou d'un déclin économique, déclin qui fut manifeste à la fin de la VIe dynastie. Par contre la décoration et la richesse d'expression furent une des caractéristiques de la Ve dynastie, même dans les tombeaux privés des hauts dignitaires. Les dernier rois de cette dynastie n'ont pas construit de temple au Soleil, ce qui semble indiquer une désaffection vis-à-vis de la religion solaire.

DES PHARAONS SANS POUVOIR

La VIe dynastie, fondée par Téti, vit le pouvoir des pharaons diminuer au profit de celui des princes locaux et des hauts fonctionnaires. Pourtant, Pépi II régna longtemps, quatre-vingt-quatorze ans, et fit de nombreuses expéditions commerciales. Sous son règne, l'âge d'or de l'Ancien Empire connut une fin rapide; le pouvoir royal n'existait plus que de nom et l'appareil bureaucratique se sclérosa sous l'autorité faiblissante du nomarque. Les véritables maîtres de l'époque sont les «nomarques», fonctionnaires administrant une province, ou nome, qui bénéficièrent bientôt de l'usufruit de la terre et d'un pouvoir total sur les paysans qui

PAGE DE GAUCHE : DÉTAIL DE LA TRIADE MONTRANT LE PHARAON MYKÉRINOS ENTOURÉ DE LA DÉESSE HATHOR ET DE LA DÉESSE DU 17E NOME.

DÉTAIL DE LA STATUE DU PHARAON KHÉPHREN. MUSÉE DU CAIRE

y étaient attachés. Ces «princes du nome» se succédaient de père en fils, comme d'ailleurs les hauts dignitaires du clergé. Ils considéraient leur territoire comme leurs propres terres et se faisaient enterrer près du centre provincial et non plus dans la capitale. Les rois, quant à eux, avaient largement perdu leur influence, jusqu'au caractère symbolique de leur puissance. Leur déclin est également sensible dans leurs sépultures, où, comme dans les tombeaux privés, la décoration est plus modeste qu'avant. Ils durent même partager le privilège de l'immortalité avec les princes et leurs courtisans appelés à l'entourer dans l'au-delà comme pendant sa vie terrestre. Bientôt, le peuple voulut lui aussi bénéficier de l'immortalité de l'âme en pratiquant pour leurs funérailles les rites et les procédés magiques autrefois réservés aux puissants.

Le dernier pharaon de la VIe dynastie fut une femme, la reine Nitokris. Elle régna dans une ambiance d'anarchie et de déclin du pouvoir central. Les nombreux pharaons des vingt années suivantes régnèrent nominalement sur le pays, mais n'exercèrent pas réellement de souveraineté centrale. L'Ancien Empire céda la place à la Première Période Intermédiaire.

STÈLE DE LA PRINCESSE
NÉFERTIABET,
VERS 2575 AVANT J.-C.
MUSÉE DU LOUVRE, PARIS

LE PHARAON PÉPI II
DANS LES BRAS
DE SA MÈRE.
MUSÉE DE BROOKLYN

LES PHARAONS DE LA PREMIÈRE ÉPOQUE INTERMÉDIAIRE DE LA VIIe À LA XIe DYNASTIE (2154 - 2040 AVANT J.-C.)

Ce fut une période de grande instabilité politique, d'agitations sociales, d'invasions et de famines. Elle eut pour conséquence la rupture de la centralisation étatique, du système commercial et la faillite de la politique extérieure. Elle vit une succession de règnes éphémères dont ceux des IXe et X^{e} dynasties installées à Hérakléopolis, près de l'oasis du Fayoum, vers l'actuelle Ehnasiya el-Médineh. Ces dynasties septentrionales étaient issues de deux familles de nomarques qui avaient réussi à s'arroger le titre de roi. Au même moment, une autre dynastie avait choisi Thèbes comme capitale. C'est dans la dynastie thébaine qu'apparurent les refondateurs de l'Empire. Déjà avant 2100 avant J.-C., deux nomarques thébains, Antef Ier et Antef II, s'étaient emparé de la titulature royale. Antef II avait même conquis la Haute-Egypte; son œuvre sera poursuivie par Antef III.

LES PHARAONS DU MOYEN EMPIRE XIe ET XIIe DYNASTIES (2040 - 1785 AVANT J.-C.)

MONTOUHOTEP II, «UNIFICATEUR DES DEUX PAYS»

C'est dans la dynastie thébaine que figure le seul pharaon vraiment important de cette époque: Montouhotep II, fondateur de la XIe dynastie, et qui fut considéré dans les périodes suivantes comme l'un des fondateurs de l'Egypte en réunifiant le royaume. Les reliefs des chapelles que Montouhotep fonda à Gébelein et à Dendérah le représentent dans l'attitude classique du vainqueur foulant aux pieds ses ennemis; ceux-ci sont très clairement désignés: Egyptiens des provinces rebelles, Nubiens, Asiatiques et Libyens. Vers 2040 avant J.-C., il prend le contrôle de toute la vallée du Nil après avoir soumis progressivement la Moyenne-Egypte.

Le Nord et le Sud pacifiés, Montouhotep proclama officiellement sa victoire en prenant d'abord le nom d'Horus, «celui qui est épris des Deux Pays», puis celui de «Divinité de la Couronne Blanche», celle de la Haute-Egypte, puis enfin celui d'»Unificateur des Deux Pays». Il lui reste alors environ trente ans pour placer à la tête de l'administration des hommes de confiance, nouer des relations commerciales avec l'Asie antérieure, pénétrer en Basse-Nubie et envoyer des expéditions lointaines pour ramener de la pierre de construction afin d'embellir les lieux de culte de la Haute-Egypte.

Cette période très troublée fut à l'origine d'un profond bouleversement religieux. Sous l'influence du culte d'Osiris, la vie dans l'au-delà devint accessible à tous les Egyptiens. Déjà amorcée lors de la Première Période Intermédaire, la diffusion du culte d'Osiris rendait l'immortalité accessible à tous, mais au terme d'un jugement sur les actes commis durant la vie du défunt. Grâce à la morale religieuse et donc à la valeur personnelle qui en résultait, le peuple voyait s'ouvrir l'accès aux charges de l'Etat. Tout le Moyen Empire fut ainsi marqué par la

STATUETTE DE MONTOUHOTEP TENANT UN VASE À LIBATION

restauration de l'autorité centrale et par la mise en place d'une administration plus souple et compétente que celle de l'Ancien Empire. C'est également cette époque qui vit l'apogée de l'influence des scribes, qui constituaient alors une véritable classe moyenne entre le peuple et les dignitaires.

Montouhotep se fit construire un immense complexe funéraire devant le cirque montagneux de Deir-el-Bahari rompant radicalement avec le style thébain des pharaons précédents. La montée politique de Thèbes, promue nouvelle capitale de l'Egypte par Montouhotep, est parfaitement traduite par la puissance architecturale du complexe funéraire, émanation directe de la volonté royale qui exprime ainsi au peuple sa propre conception du monde.

PAGE DE GAUCHE :
OSIRIS

STELE PEINTE EN CALCAIRE D'AMNEMHET ET SA FEMME. XIIE DYNASTIE

CI-DESSOUS :
LE PHARAON AMENEMHAT II MARCHANT

LES SUCCESSEURS DE MONTOUHOTEP II

Son fils, également grand bâtisseur, eut un règne très court de douze années, mais il laissa à la postérité une stricte normalisation de l'art du bas-relief, en particulier dans le domaine des hiéroglyphes. Ainsi, l'art de Montouhotep III, insurpassé dans de nombreux reliefs quant à l'élégance stricte des corps, la retenue des mouvements, la finesse des filigranes et la clarté des contours, devint un modèle pour des siècles, voire des millénaires.

C'est également à cette période que le pharaon se donna les cinq noms traditionnels dont le premier est «Horus». Le second, «les Deux Maîtresses», indique qu'il se place sous la protection des divinités Nekhbet et Ouadjet, respectivement la déesse protectrice de la capitale et du roi de la Haute-Egypte figurée le plus souvent sous la forme d'un vautour et la déesse protectrice de la capitale et du roi de la Basse-Egypte figurée sous l'aspect d'un cobra se dressant et identifiée à l'œil du soleil, l'uraeus. Le troisième nom est le «Horus d'or» qui assimile Horus au disque solaire. Le quatrième est «Nésoutbiti», un symbole de la réunion des Deux Terres figuré à travers le jonc du Sud et l'abeille du Nord. Le cinquième nom, introduit par l'expression «Fils de Rê», était le vrai nom de naissance du pharaon. Il était toujours lié à une divinité particulière, comme Montou pour Montouhotep, «Montou est satisfait».

La XIe dynastie s'acheva avec Montouhotep IV dont le vizir Amenemhat prit le pouvoir et fonda la XIIe dynastie. Cette dynastie, celle des Amenemhat et des Sésostris, qui dura près de deux siècles, fut l'une des plus glorieuses de l'histoire égyptienne.

En tant que vizir de Montouhotep IV, Amenemhat commanda une expédition de dix mille hommes envoyés aux carrières de pierres du Ouadi Hammamat, sur le chemin entre la Haute-Egypte et le golfe de Suez, pour transporter jusqu'au Nil les matériaux de construction des monuments royaux et fournir le sarcophage du pharaon. Le premier acte royal d'Amenemhat Ier fut de déplacer la capitale à Licht au sud de Memphis. Sous son règne et celui de ses successeurs, la Nubie fut soumise jusqu'à la deuxième cataracte et les gisements aurifères exploités pour l'empire. Ainsi, on put consolider Bouhen qui avait été un centre d'activité égyptienne sous l'Ancien Empire. De nombreux forts furent construits sur toutes les frontières, les oasis libyennes contrôlées, le «mur du prince» construit au nord-est face aux Bédouins, la haute vallée du Nil annexée jusquà Semma. Des liens furent tissés avec les princes phéniciens. Le pharaon fixa à nouveau les limites des districts des fonctionnaires des nomes dont le pouvoir avait été réduit, mais ceux-ci ne tardèrent pas, grâce à une politique matrimoniale habile, à retrouver leur pouvoir d'antan.

L'administration fut réformée sous Sésostris II, et surtout sous Sésostris III, et les nomarques héréditaires remplacés par des gouverneurs réellement contrôlés par l'Etat. La région du Fayoum fut mise en exploitation grâce à d'énormes travaux d'assèchement des marécages, de construction de barrages et d'écluses. Le culte local du dieu-crocodile Sobek devint un culte national lié à celui de Rê, mais celui de Ptah, le dieu de Memphis resta encore très important, comme celui d'Osiris. Karnak devint le centre du culte d'Amon, une autre divinité locale bientôt assimilée à Rê pour devenir Amon-Rê, le premier des dieux. Pour éviter les troubles de succession, Amenemhat, comme les autres pharaons de la XIIe dynastie, assurèrent leur succession au trône en faisant couronner leur fils de leur vivant; ceux-ci étaient donc associés au pouvoir et se perfectionnaient ainsi dans l'art de gouverner.

PAGE DE GAUCHE :
LE SCRIBE NEBMERTOUF

TEMPLE
DE KARNAK

SÉSOSTRIS III, LE PACIFICATEUR DE LA NUBIE

Au bout de douze ans et en équipant pas moins de quatre expéditions militaires, Sésostris III, fils de Sésostris II, réussit à intégrer la Basse-Nubie à l'empire en reculant la frontière jusqu'au sud de la cataracte, près de Semma. Il acheva la mise en place des frontières par un certain nombre de forteresses ayant pour but le contrôle des populations nubiennes comme du commerce local. Cet acharnement était justifié, non seulement pour les nombreux gisements de diorite, d'améthyste et de cornaline, mais surtout pour les gisements d'or dans les ouadis orientaux de la Basse-Nubie. Mais il fut plus qu'un conquérant. Pour faciliter le passage des bateaux entre les rochers de la première cataracte, il fit creuser un canal à Sehel. Une fois la résistance nubienne jugulée, tout fut fait pour établir de bonnes relations avec les populations soumises et finalement, son œuvre fut telle dans cette région qu'il fut divinisé en Nubie, à Semma, où il fut l'objet d'un culte dans un temple bâti par Thoutmôsis III sous le Nouvel Empire.

A l'intérieur, il réalisa d'importantes réformes de l'administration, particulièrement dans les gouvernements provinciaux. Le pays fut divisé en quatre «régions», chacune correspondant approximativement et respectivement à la moitié de la vallée du Nil et du delta.

Sous le règne de Sésostris III, l'art abandonne le canon idéal fixé à l'Ancien Empire pour une représentation beaucoup plus réaliste du personnage royal. Celui-ci accuse dans ses traits la difficulté du pouvoir, les soucis de sa lourde responsabilité, mais en même temps, il se dégage de ces portraits de pierre, une incroyable énergie concentrée. Déjà sous Amenemhat Ier, les portraits du souverain tentaient d'exprimer le vrai caractère de son modèle: un sentiment de responsabilité et de sagesse, mais aussi un certain septicisme à l'égard du monde. L'évidente conscience de soi chez les rois de la XIIe dynastie s'exprimait aussi par un grand nombre de statues colossales érigées dans tous les temples importants de l'empire. Ces rois apparaissaient même souvent sous la forme d'un sphinx ce qui, outre des raisons

STATUE DU PHARAON SÉSOSTRIS III. MUSÉE DE BROOKLYN

PAGE DE DROITE : PORTRAIT DE SÉSOSTRIS III MONTRANT LE CHANGEMENT DE STYLE DANS LA STATUAIRE DE L'ÉPOQUE: LE RÉALISME REMPLACE L'IDÉALISME DE L'ANCIEN EMPIRE

religieuses anciennes, montre bien une volonté de puissance à l'égal du lion. Le roi se sert de la forme animale divinisée non seulement pour s'imprégner de sa force symbolique, mais apparaître au-delà de l'humain, aux franges du surnaturel. De fait, Sésostris III fut le pharaon de la XIIe dynastie dont la gloire se perpétua le plus longtemps.

AMENEMHAT III ET LE LABYRINTHE

Le successeur de Sésostris III, Amenemhat III, entretint avec la Nubie un commerce régulier et parfaitement contrôlé. Il resserra les liens de l'Egypte avec les cités phéniciennes, particulièrement avec Byblos, Tyr, Sidon et Ugarit. Ces petits Etats autonomes, dont les princes étaient entichés de culture égyptienne, fournissaient entre autres une grande quantité du bois libanais de construction navale.

Les souverains du Moyen Empire se firent inhumer à Licht comme Amenemhat Ier et Sésostris Ier, à Dahchour comme Amenemhat II et Sésostris III, à El-Lahoun comme Sésostris II ou dans le Fayoum à Haouara comme Amenemhat III. Amenemhat III s'était fait ériger une pyramide dite «Noire», construite avec des briques faites dans le limon du Nil, comme celle de Sésostris III, mais c'est dans sa pyramide de Haouara qu'il fut inhumé. Son temple funéraire, qui se dressait au sud de la pyramide, était le fameux Labyrinthe de la tradition grecque en raison des salles et des colonnades innombrables qui le composaient. A l'époque d'Hérodote, le Labyrinthe était l'un des bâtiments les plus célèbres d'Egypte. Amenemhat III

PAGE DE GAUCHE : LE PHARAON AMENEMHAT II EN SPHINX. MUSÉE DU LOUVRE

CI-CONTRE : OASIS AL FAYOUM

À DROITE : BYBLOS, LIBAN

commença également l'édification d'un petit temple dédié au dieu-crocodile Sobek, à Horus et à la déesse-serpent locale Renenoutet, protectrice des moissons. C'est son successeur, Amenemhat IV qui en acheva la construction. On lui doit encore d'autres monuments et surtout la mise en valeur des terres de la région du Fayoum où il fut d'ailleurs déifié.

Sous le règne d'Amenemhat III, l'art du portrait abandonne le réalisme forcé du règne précédent pour atteindre plus de plénitude par une attitude plus retenue et l'accent mis sur une vie plus intérieure et une dignité plus distanciée et inaccessible. Son règne fut apparemment paisible.

La XIIe dynastie s'acheva avec la reine Sébeknéfrouré, fille d'Amenemhat III et épouse d'Amenemhat IV. Le pays était prospère, mais la lignée pharaonique éteinte.

PAGE DE DROITE : STATUE-BLOC DE SÉNENMOUT AVEC LA PRINCESSE NÉFROURÉ, FILLE D'HATSHEPSOUT. MUSÉE ÉGYPTIEN DE BERLIN

CI-DESSOUS : LE DIEU CROCODILE REPRÉSENTÉ COMME UNITÉ DE TEMPS

LE DIEU CROCODILE SOBEK PORTANT LA COURONNE ATEF. ÉPOQUE PTOLÉMAÏQUE, TEMPLE DE KOM OMBO

LES PHARAONS DE LA DEUXIÈME PÉRIODE INTERMÉDIAIRE DE LA XIIIe À LA XVIIe DYNASTIE
(1750 - 1550 AVANT J.-C.)

Le pouvoir royal déclina progressivement durant la XIIIe dynastie qui vit une soixantaine de pharaons se succéder sans laisser de traces notables à la postérité. Le pouvoir était alors détenu par des lignées de vizirs comme celle des Ankhou. Malgré les efforts du vizirat, le pays se replia sur lui-même et la Nubie recouvra son indépendance. De petites cités-états indépendantes se créèrent à Xoïs, dans la partie nord-ouest du delta, et à Avaris, dans la partie nord-est. Les soixante-seize souverains d'Avaris, qui ne descendaient plus des rois thébains,

LES «TRIBUS DES PAYS ÉTRANGERS» APPORTÉS AU TEMPLE D'AMON À KARNAK

formèrent la XIVᵉ dynastie, contemporaine de la XIIIᵉ représentée par le pharaon Didoumès.

Cette dynastie fut supplantée par les Hyksôs qui s'installèrent pour un siècle à Avaris. Le nom de Hyksôs signifiant «princes des pays étrangers» désignait probablement des «Asiatiques». Le premier d'entre eux, Shalek (ou Salitis) se fit couronner à Memphis comme premier roi de la XVᵉ dynastie. Les Hyksôs régnèrent également lors de la XVIᵉ dynastie en s'appuyant sur les petits potentats locaux de Bassc-Egypte et sur une partie de la Moyenne-Egypte. Ils introduisirent une nouvelle et efficace arme de guerre, le char de combat tiré par des chevaux, ainsi que l'arc asiatique et des perfectionnements notables dans nombre d'artisanats et en particulier dans le travail du bronze. Ils introduisirent encore de meilleurs métiers à tisser et de nombreux instruments de musique comme la lyre, le luth, le hautbois et le tambourin. Les envahisseurs adoptèrent beaucoup d'usages égyptiens, dont l'écriture hiéroglyphique et le système de titulature pharaonique. Ils adoptèrent également le panthéon local en vénérant particulièrement Seth et Rê. A l'opposé, des divinités étrangères comme Astarté furent introduites en Egypte.

Parallèlement, une nouvelle dynastie thébaine régnait sur la Haute-Egypte et une partie de la Moyenne-Egypte, tout en étant tributaire des Hyksôs. L'un des souverains de cette XVIIᵉ dynastie, Sékenenrê Taa, puis ses deux fils, Kamosis et Ahmosis allaient mener la guerre de libération. Ce dernier fut le fondateur de la XVIIIᵉ dynastie, première dynastie du Nouvel Empire. On pense, que comme son père, Kamosis mourut au combat après un règne relativement court. La reine-mère Ah-Hotep désigna alors un autre fils royal, Ahmosis, et l'envoya chasser l'ennemi de son dernier bastion fortifié. La capitale, bien défendue par les Hyksôs, résista de nombreuses années aux assauts d'Ahmosis avant de tomber. Les Hyksôs furent chassés de leurs dernières possessions en Basse-Egypte et Ahmosis fut reconnu comme souverain incontesté du pays en 1570 avant J.-C..

PAGE DE GAUCHE :
TÊTE EN GRÈS PEINT
D'AMÉNOPHIS IER

CI-CONTRE :
LES PHARAONS
THOUTMÔSIS IER
ET AMÉNOPHIS IER

LES PHARAONS DU NOUVEL EMPIRE DE LA XVIIIe À LA XXe DYNASTIE (1550 - 1080 AVANT J.-C.)

AHMOSIS, «FILS D'AMON-RÊ»

Ahmosis entreprit une réorganisation administrative en mettant des gouverneurs de confiance, comme Tourê en Nubie, à la tête des nomes. Il relança l'économie en privilégiant la reprise du commerce, en rouvrant les mines et les carrières et en relançant de grands travaux somptuaires. Il partagea cette tâche avec son épouse Ahmès Néfertari qui faisait véritablement fonction de co-régente. Elle fut la première à être désignée du nom d'Epouse Divine et reçut même le titre de Second Serviteur d'Amon pourtant réservé aux hommes. Le règne d'Ahmosis est marqué par l'importance nouvelle du dieu Amon. Thèbes, embellie, redevint la capitale pour la plus

grande gloire d'Amon et le grand sanctuaire de Karnak lui fut dédié pour éblouir le monde antique. Le clergé d'Amon prit une importance considérable, tant du point de vue religieux que du point de vue temporel; certains grands prêtres exerçant de hautes charges en dehors du culte.

Le combat de libération d'Ahmosis se transforma vite en politique de conquête et les souverains du Nouvel Empire se lancèrent à l'assaut non seulement de l'Asie antérieure, jusqu'en Palestine et en Syrie, mais aussi de la Nubie et du «pays de Koush». Les cinq premiers pharaons de la XVIIIe dynastie édifièrent ainsi un empire qui s'étendait depuis l'Oronte en Syrie jusqu'à la quatrième cataracte du Nil en Nubie. Thoutmôsis Ier s'empara de la Haute-Nubie et Thoutmôsis III atteignit la cinquième cataracte. Tous ces hauts faits guerriers furent le prétexte à une nouvelle légitimité divine: désormais le pharaon était le vainqueur protégé et encouragé par Amon Rê devenu dieu-guerrier.

Ahmosis se fit construire un tombeau factice à Abydos. Son véritable tombeau reste inconnu, mais sa momie a été retrouvée dans une cachette de la nécropole de Deir-el-Bahari, en même temps que nombre d'autres momies du Nouvel Empire déplacées à l'abri des pilleurs de sépultures.

AMÉNOPHIS Ier ET LA VALLÉE DES ROIS

Le fils d'Ahmosis, Aménophis Ier, fut le premier à choisir la Vallée des Rois comme «demeure d'éternité». Il inaugura ce site extraordinaire en faisant bâtir son temple funéraire par son architecte Ineni à Drah-aboul'Neggah et fit creuser son tombeau dans la montagne proche. Cet hypogée a déjà le plan de tous les tombeaux des rois de la XVIIIe dynastie. Il fut divinisé comme patron de la nécropole et un culte particulier lui fut rendu par les ouvriers et les artisans de Deir-el-Medineh. Aménophis Ier et Ineni construisirent encore une chapelle-reposoir dans le temple de Karnak pour abriter la barque sacrée d'Amon et une grande porte de calcaire blanc au sud du temple d'Amon.

Il accéda au pouvoir vers 1557 avant J.-C. et poursuivit

TEMPLE DE LA REINE HATSHEPSOUT.

l'œuvre de son père. On le retrouve ainsi à la tête d'une expédition pour réprimer une révolte en Nubie. Il confirma les charges des hommes de confiance de son père comme le gouverneur Tourê qui reçut désormais le titre de vice-roi du Sud. Il institua aussi un gouvernement de l'Ouest pour prévenir les rebellions libyennes.

THOUTMÔSIS Ier ET KARNAK

Le fils d'Aménophis Ier, Thoutmôsis Ier, fut lui aussi un grand conquérant qui dut lutter avec le puissant royaume du Mitanni situé sur la rive ouest de l'Euphrate, à plus de deux mille kilomètres de la capitale égyptienne. Il atteignit également Kourgous au sud de la quatrième cataracte du Nil. Les petits Etats de Syrie et de Palestine, qui furent incorporés à l'empire égyptien, furent liés au pharaon par un serment d'allégeance et lui payèrent un tribut tout en conservant leur autonomie gouvernementale. La Nubie, au contraire, était considérée comme une colonie, et directement administrée par le pouvoir central jusqu'à la nomination du vice-roi Tourê, à cause de ses ressources en or. En raison de ces incessantes menées expansionnistes, l'Egypte dut se doter d'une armée permanente de grande importance et recruter des mercenaires dans tous les pays conquis.

Thoutmôsis Ier fut aussi un grand bâtisseur et avec l'architecte Ineni, déjà constructeur de l'hypogée d'Aménophis, il restaura et développa le temple de Karnak et se fit édifier un temple funéraire séparé de l'hypogée creusé dans la falaise de la Vallée des Rois.

A la mort de Thoutmôsis Ier, il y eut de nouveau un problème dynastique, les deux fils que le roi avait eu avec la Grande Epouse Royale Ahmès étant morts. Ce fut le fils d'une concubine ou d'une épouse secondaire, nommée Moutnefer, qui accéda au trône sous le nom de Thoutmôsis II. Pour légitimer sa place, il dut épouser sa demi-sœur Hatshepsout, fille de Thoutmôsis Ier et d'Ahmès. Thoutmôsis II mourut très jeune, entre vingt-cinq et trente ans, laissant un seul fils issu lui aussi d'une concubine. Il réussit à maintenir l'empire et fit réprimer une révolte soudanaise et mener une campagne en Palestine.

LA REINE HATSHEPSOUT

A sa mort, Thoutmôsis II ne laissa également aucune descendance mâle avec la Grande Epouse Hatshepsout, mais seulement deux filles, Néferourê et Hatshepsout-Méritrê, et un fils issu d'une épouse secondaire, Isit. Ce dernier fut intronisé pharaon sous le nom de Thoutmôsis III. Ne pouvant exercer ses fonctions en raison de son très jeune âge, c'est la reine Hatshepsout qui assura la Régence et qui finalement usurpa la titulature suprême à la majorité du pharaon, se proclamant fille du dieu Amon-Rê, sous l'apparence du roi Thoutmôsis Ier, et d'Ahmès. Pour être légitimé, Thoutmôsis III fut alors obligé d'épouser sa tante et partager la co-régence avec elle. Les scènes du couronnement d'Hatshepsout sont représentées sur les murs de la Chapelle Rouge de Karnak que la reine fit ériger pour abriter la Barque Sacrée d'Amon. On la voit recevoir les ornements du pouvoir: la Double Couronne et l'uraeus alors que sa fille Néferourê reçoit les attributs d'Epouse d'Amon.

Très intelligente, dotée d'un véritable sens politique,

TEMPLE DE LA REINE HATSHEPSOUT, DEIR-EL-BAHARI.

Hatshepsout apparaît tour à tour comme une ambitieuse soucieuse seulement de son pouvoir, ou comme un pharaon remarquable, diplomate et pacifique. Entourée de fonctionnaires efficaces et dévoués, elle fit de son règne une époque de prospérité et d'expansion commerciale. Elle encouragea le commerce avec l'Asie et les expéditions vers les mines du Sinaï, mais l'expédition la plus prestigieuse de son règne fut celle du pays de Pount dont les détails figurent sur le deuxième portique de Deir-el-Bahari. Les merveilles ramenées, encens, épices, or, animaux sauvages, ivoire, ébène, etc, furent offertes au temple de Karnak.

Thoutmôsis III se montra certainement faible vis-à-vis de son épouse, surtout du point de vue militaire. Durant les vingt années de la co-régence, l'Egypte semble avoir perdu beaucoup de terrain en Asie, si bien qu'à la mort de la reine, le pharaon dut entamer une longue suite de guerres au Proche-Orient pour reconquérir les territoires palestiniens qui venaient d'être perdus.

Le règne d'Hatshepsout fut marqué par l'un des plus grands commis de l'Etat, un roturier nomme Sénenmout, qui fut le tuteur et le régisseur de Néferourê, fille de Thoutmôsis II et d'Hatshepsout. Ce personnage important eut l'unique et insigne privilège de se faire représenter sur les bas-reliefs du temple de Deir-el-Bahari.

La reine fut aussi un grand constructeur. Outre son spectaculaire temple funéraire de Deir-el-Bahari, le chef-d'œuvre de Sénenmout, elle fit ériger de nombreuses chapelles, temples, obélisques, pylônes et fit restaurer de nombreux bâtiments détruits par les Hyksôs. Hatshepsout se fit construire deux tombes. La première fut creusée dans une falaise située entre la Vallée des Rois et la Vallée des Reines alors qu'elle était encore Grande Epouse Royale. Lorsqu'elle devint pharaon, elle laissa cette première sépulture inachevée et entreprit la construction de la seconde, cette fois située dans la Vallée des Rois, creusée de l'autre côté de la falaise qui surplombe son temple funéraire.

THOUTMÔSIS III, «LE SOLEIL DES NEUF ARCS»

Thoutmôsis III accéda enfin au pouvoir à la mort de son épouse. Agé d'une trentaine d'années, il allait devenir un très grand pharaon. Installé dans sa capitale de Thèbes, il était le maître d'un immense empire géré par une puissante administration. Comme Hatshepsout, il sut s'entourer de hauts fonctionnaires compétents. Parmi ceux-ci, le vizir Ouser et son neveu et successeur Rekhmirê nous ont laissé, sur les murs de leurs tombeaux, des textes relatant les joies et les difficultés de leur charge. De nombreuses peintures nous les montrent dans l'exercice de leurs fonctions comme dans leur vie privée.

Les hauts dignitaires du clergé étaient aussi très proches du pouvoir, principalement le Grand Prêtre d'Amon, Menkheperrêseneb; le deuxième Serviteur d'Amon, Pouyemrê, était aussi un architecte talentueux qui avait servi sous la co-régence; le Grand Prêtre d'Osiris et d'Onouris, Min, fut chancelier de Basse-Egypte et précepteur du futur Aménophis II. Thoutmôsis III fut l'un des pharaons-bâtisseurs qui contribuèrent le plus à la splendeur du grand temple d'Amon à Karnak. Il fit élever, entre autres, le sixième et le septième pylônes, une porte, deux statues royales colossales, deux obélisques et six colosses; il acheva la salle hypostyle de Thoutmôsis Ier et fit construire à côté un sanctuaire où avaient lieu les rites de régénération. Il fit bâtir aussi un autre sanctuaire en dehors du temple d'Amon, restaurer le temple de Ptah. Il fit encore édifier notamment une chapelle d'Amon à Eléphantine et des temples en Nubie dédiés à d'autres divinités.

Thoutmôsis III est surtout célèbre pour ses conquêtes, largement illustrées dans les bas-reliefs des pylônes de Karnak. Aidé de son ami et chef des archers Amenemheb, du général Tjanouni, scribe des campagnes royales, et du général Djehouty, il mena campagne en Asie, menant son armée de victoire en victoire. L'un de ses exploits fut de mater une coalition de princes syriens groupés autour du prince de Kadesh, une ville située sur l'Oronte, dans le nord du

DOUBLE PRÉCÉDENTE : KARNAK, LAC SACRÉ

PAGE DE DROITE : LE PHARAON THOUTMÔSIS III

Retenou, entre Damas et Alep. Cette région syro-palestinienne était composée de principautés tampons entre l'Egypte et le récent Etat du Mitanni, sur le Haut-Euphrate. Malgré ses talents de tacticien, il lui fallut quatre ans pour pratiquement rétablir la frontière de Thoutmôsis Ier. La prise de la ville de Meggido, en Palestine, lui ouvrit la route du nord et permit la conquête de tout le Retenou et des ports phéniciens. Cependant, habile politique, il prit soin de conserver les gouvernements locaux, leur adjoignant simplement un chef égyptien. Il s'attaqua alors à Kadesh, qui tomba, et finalement le «Soleil des Neuf Arcs», comme on appelait le pharaon victorieux, put battre les Mitanniens et fixer la frontière sur l'Euphrate.

Les butins ramenés et les tributs imposés permirent de doter très richement le domaine d'Amon à Karnak et l'Egypte put disposer, outre de prisonniers de guerre, de femmes et d'enfants, de céréales, d'huile, de vins, de fruits, de miel, de bovins, de chevaux, d'ânes, d'ivoire, d'ébène, de cuivre, d'or, d'argent, d'étain, de lapis-lazuli, de pierres précieuses, d'encens et de myrrhe. De plus, les pays soumis étaient tenus de fournir un contingent qui servait sur place sous le commandement d'officiers égyptiens.

Cette politique eut également pour conséquences de stimuler les échanges dans toute cette partie du monde. C'est à cette fin, que Thoutmôsis III entreprit la création d'un port maritime au sud de l'île de Pharos pour être en relation constante avec ses alliés phéniciens non eulement pour commercer, mais aussi pour pouvoir disposer plus aisément de leur flotte en cas de conflit en Méditerranée.

Thoutmôsis III eut deux Grandes Epouses Royales, la première étant Hatshepsout et la seconde, la fille de cette dernière et de Thoutmôsis II. Nommée Hatshepsout-Meritrê, elle avait donné, comme sa mère, la légitimité dynastique au pharaon. L'héritier du trône, Aménophis II, fut associé au pouvoir par son père, en devenant co-régent pendant trois ans, avant de lui succéder.

AMÉNOPHIS II S'ENTRAÎNANT AU TIR À L'ARC

PAGE SUIVANTE : LE PHARAON THOUTMOSIS IER

AMÉNOPHIS II, LE CRUEL

A la mort de Thoutmôsis III, les princes étrangers tentèrent de remettre en question leur allégeance au pharaon. Celle-ci en effet s'adressait plus au pharaon lui-même qu'à l'Egypte en tant que nation. Aménophis II devait donc affirmer son propre pouvoir et briller par ses faits d'armes pour justifier son aura de surhomme quasi divin. Agé de dix-huit ans lorsqu'il monta sur le trône, il sut utiliser sa puissance physique et sa fougue pour devenir un véritable héros capable de maintenir les conquêtes de son père dans le Retenou et jusqu'aux rives de l'Euphrate. Il y battit à deux reprises en une coalition de princes syriens et se montra particulièrement cruel en tuant lui-même à coup de massue, avant de les pendre au mur de Thèbes, sept chefs captifs de la première expédition et en faisant jeter les prisonniers de la deuxième expédition dans un fossé avant d'y faire mettre le feu et de jouir du spectacle. Cette cruauté à l'encontre de l'ennemi est sans pareille dans l'histoire égyptienne, mais ce fut grâce à cette terrible réputation qu'Aménophis II put recevoir des présents des trois grandes nations du moment, le royaume Hittite,

PAGE DE GAUCHE:
AMÉNOPHIS II.

PAGE DE DROITE:
DE GAUCHE À DROITE,
ANÉNOPHIS II ET
ANÉNOPHIS III.

Babylone et le Mitanni au sommet de sa gloire.

Sa politique intérieure fut sage et comme à l'époque de son père, elle s'appuyait sur des fonctionnaires fidèles et compétents comme le gouverneur du Sud, Ousir-Satet; le maire de Thèbes et intendant du harem, Sennefer; le grand argentier du royaume, conducteur des fêtes et frère de lait du roi, Kenamon ou encore le Grand Prêtre d'Amon, Menkheperrêseneb, toujours en poste.

Comme son père encore, il fut également un bâtisseur. On lui doit une chapelle entre le neuvième et dixième pylône du temple d'Amon à Karnak, la colonnade de grès blanc et d'or dans la salle hypostyle entre le quatrième et cinquième pylônes, deux obélisques et l'achèvement de temples entrepris par son père à El-Kab. On le voit représenté massacrant ses ennemis sur le huitième pylône de Karnak. Sa tombe, dans la Vallée des Rois, comporte une grande salle aux murs verts symbolisant le cycle de la végétation et sur lesquels on peut lire le «Livre de l'Amdouat», le livre du «Ciel inférieur» où évolue le double du pharaon avant d'arriver au Jardin des Bienheureux. On a retrouvé sa momie couverte de fleurs dans son sarcophage.

THOUTMÔSIS IV ET AMÉNOPHIS III, LA PAIX AVEC LE MITANNI

Thoutmôsis IV était le fils d'Aménophis II et de Tiâa sa Grande Epouse. Son accession au trône lui avait été prédite par le Sphinx de Guizeh qui, très ensablé, lui apparut en songe sous la forme du Dieu-Soleil qui lui promit la titulature s'il consentait à le dégager du sable. Ce fut un paisible pharaon qui put maintenir la paix en faisant alliance avec Babylone et le Mitanni. L'Egypte perdit beaucoup de terrain au profit du Mitanni sous son règne, mais les deux Etats firent la paix avant sa mort, une paix scellée par son mariage avec une princesse mitannienne, Moutémouia. Il mourut dans la trentaine après un court règne de huit ans.

Son fils, Aménophis III, que les Grecs appellent Memnon, poursuivit cette œuvre. D'origine demi-mitannienne, il se proclama fils d'Amon-Rê et fit représenter sa divine conception sur les murs du temple de Louqsor. Son règne fut aussi une période de paix et de diplomatie. Les liens amicaux furent renforcés avec le Mitanni et en particulier avec son oncle Shouttarna II; il se maria avec Giloukhepa, une de ses cousines qui était la sœur du nouveau souverain mitannien Toushratta. Il épousa aussi la soeur, puis la fille du roi de Babylone. Parmi les nombreuses femmes de son harem, la favorite était Tiyi, fille de Youia et de Touia, un couple modeste issu du milieu sacerdotal. Tiyi, joua un rôle éminent dans les affaires du pays, particulièrement dans la diplomatie.

Sous le règne d'Aménophis III, Thèbes devint la fastueuse «ville aux cent portes» dont le temple de Louqsor marquait le haut degré de raffinement. Ce fut une époque d'évolution de la civilisation égyptienne, enrichie par l'apport asiatique. Tiyi lança la mode des vêtements plissés et des perruques nattées encadrant le buste si caractéristiques de l'art de cette époque. Dans le domaine des grands travaux, le règne d'Aménophis III ne peut être comparé qu'avec celui de Ramsès III. La plupart des œuvres sont de très haute qualité. De nouveaux plans furent dressés pour toute la région de

PAGE DE DROITE :
HAUT :
COLOSSES DE MEMNON

BAS :
SPHINX DE GUIZEH

CI-CONTRE :
AMÉNOPHIS III RECEVANT DE SOBEK LA CROIX DE VIE ANKH. MUSÉE DE LOUQSOR.

PAGE DE DROITE :
HAUT :
LA REINE TAÏA. PLANCHE DE L'HISTOIRE DE L'ART ÉGYPTIEN DE PRISSE D'AVENNES, 1878.

BAS :
AKHENATON AVEC NÉFERTITI ET LEURS ENFANTS

Thèbes avec des voies triomphales bordées de sphinx qui reliaient les principaux temples. Le personnage le plus important du règne fut Amenhotep qui dirigea la plupart des travaux et fut honoré par un temple funéraire personnel avant d'être déifié pour son œuvre. Sa renommée dépassait même celle du vizir, Ramose, dont la puissance politique et financière est visible dans sa magnifique tombe de la nécropole de Gournah.

Seul problème à ce règne fastueux et paisible, le Grand Prêtre d'Amon, Ptahmosé, cumulant sa charge religieuse avec celle de Vizir du Sud, était devenu le deuxième personnage de l'Etat et son ingérence n'allait pas tarder à susciter une réaction. Le Grand Prêtre d'Amon était ainsi reconnu comme le primat d'Egypte et son dieu surpassait la souveraineté antérieure de Rê à Héliopolis et de Ptah à Memphis. Des dizaines de milliers de prêtres et leurs assistants servaient alors Amon-Rê et le clergé disposait aussi d'un très important établissement séculier avec son premier intendant, ses inspecteurs de greniers, son

bétail, ses ouvriers, ses paysans, sa police, etc., rivalisant même directement avec la puissance royale. Pour contrer ce pouvoir, Aménophis III commença à élever des statues colossales le représentant et que l'on devait adorer comme sa «propre image vivante». Parmi ces statues, les deux colosses gigantesques, dits de Memnon, étaient admirés par toute l'Antiquité.

AMÉNOPHIS IV, LE SERVITEUR D'ATON

Aménophis IV monta sur le trône en se conférant à lui-même le titre de Grand Prêtre du Soleil, rôle qui était traditionnellement dévolu aux pharaons, mais que personne avant lui n'avait mentionné expressément dans ses titres. Puis il formula un nouveau nom du dieu solaire: «Rê-Horakhtê, qui porte à l'horizon le nom de Lumière (Chou), le Disque Solaire (Aton)». Ce nouveau nom correspondait à une nouvelle repésentation sous la forme d'un disque à rayons aboutissant à des mains qui présentent le hiéroglyphe «Vie» au roi et à la reine. Divinité unique, Rê-Horakhtê-

CI-CONTRE :
AKHENATON, NÉFERTITI
ET UNE DE LEURS FILLES
PRÉSENTANT L'OFFRANDE
À ATON.
MUSÉE DU CAIRE.

PAGE DE DROITE :
HAUT:
AKHENATON ET
NÉFERTITI

BAS :
FRAGMENT D'UNE
STATUE DE NÉFERTITI

Aton se présentait essentiellement comme une divinité diurne occultant ainsi la composante nocturne de Rê figurée par le dieu des morts, Osiris. L'instauration de ce culte ne laissait presque plus de place aux divinités traditionnelles, hormis le Soleil qui devenait la propre glorification du pharaon. C'est sans doute lors de la cinquième année de son règne qu'Aménophis IV changea son nom en celui d'Akhenaton, «serviteur du Disque Solaire» et qu'il fonda une nouvelle capitale, Akhétaton, «Horizon du Disque Solaire», pour vénérer ce dieu unique. Il s'y installa avec son épouse Néfertiti et son gouvernement groupé autour du vizir Ramosé puis de son successeur Nakht.

Cette ville, aujourd'hui Tell-el-Armana, abandonnée en moins de trente ans, fut complètement détruite au cours de la période suivante. Vers la neuvième année du règne, le nom du dieu fut changé pour celui de «Rê, seigneur de l'Horizon, qui porte à l'Horizon le nom de Rê le Père, lequel est retourné au Disque Solaire». C'est probablement à ce moment que le pharaon fit supprimer partout le nom d'Amon et interdire même l'usage du mot dieu au pluriel, mais la nouvelle religion ne semble pas avoir soulevé l'enthousiasme. C'est surtout cette intolérance vis-à-vis des autres divinités qui sera très vite la cause du rejet de l'idéal amarnien, plus que la vénération d'un dieu unique par Akhenaton.

Sa volonté d'exprimer la simplicité de la vie fut plus positive. Le naturel dans l'art devint une constante de l'épisode armanien, autant dans l'expression des corps que dans l'intimité des scènes familiales figurées. Les corps ne sont plus des corps conventionnels; basés probablement sur la morphologie androgyne du pharaon, ils montrent, voire même accentuent les cous tordus, les crânes étirés, les ventres rebondis, les cuisses épaisses et les mollets minces. Traditionnellement, les personnages et les scènes étaient montrés

LE GÉNÉRAL HOREMHEB RAMENANT DES CAPTIFS AFRICAINS.

de façon fixe et hors du temps, comme s'ils étaient figés dans l'éternité. Maintenant, il y a un rapport actif entre les personnages et les groupes; l'expression de la vie est intensivement mêlée à la sensualité du temps vécu dans l'immédiat. Néfertiti, «la belle est venue», joua un grand rôle dans ce changement. Le pharaon se fit représenter avec une morphologie androgyne outrancière symbolisant la dualité même de la lumière d'Aton. Il entreprit aussi un vaste programme de construction à Karnak et dans d'autres sites lors des six premières années de son règne. Tous ces édifices furent décorés de bas-reliefs dont le style et l'iconographie étaient radicalement nouveaux. Comme les souverains de la Ve dynastie qui vénéraient Rê, Akhenaton fit bâtir pour son dieu des temples à ciel ouvert.

Le mysticisme du pharaon lui fit malheureusement négliger ses devoirs terrestres et l'Empire se démantelait. Sous son règne, les Hittites et les Assyriens pillaient les capitales des alliés de l'Egypte, le Mitanni, Babylone et les ports phéniciens, sans que celle-ci ne songeât à intervenir. Les Hittites envahirent ainsi le Mitanni, pillèrent la capitale avant de s'emparer de la Syrie du Nord. Le roi d'Amourrou occupa les ports phéniciens et Babylone passa sous le contrôle assyrien à la suite d'une erreur politique du pharaon. L'Egypte dut alors partager son empire oriental entre les deux nouvelles puissances du moment, le Hatti et l'Assyrie.

Néfertiti avait donné naissance à six filles, mais à aucun garçon et le couple royal se querella et se sépara. A la fin de sa vie, Akhenaton prit son gendre Sémenkharê, l'époux de sa fille Meritaton, pour co-régent. Deux ans après, Akhenaton mourait et Sémenkharê lui succédait une année avant de mourir prématurément. Néfertiti et ses partisans, dont un vieux familier du pouvoir, Aï, voulurent asurer une succession légitime pour éviter les troubles car les fidèles d'Amon étaient restés nombreux et influents. Ils proclamèrent pharaon un jeune prince de sang royal, Toutankhaton, âgé de neuf ans, époux de la petite Ankhésenpaaton, héritière légitime, puisque fille d'Akhenaton et de Néfertiti.

PAGE DE GAUCHE : TOUTANKHAMON

TOUTANKHAMON, «AMON EST VIVANT»

Toutankhaton, pourtant couronné à Akhétaton, dut rapidement se réconcilier avec les prêtres d'Amon, regagner Thèbes et restaurer les traditions. Cela était principalement dû à Aï qui exerçait en fait le pouvoir. Celui-ci, bien qu'il ait été un adepte d'Aton, s'empressa de retourner à Thèbes et vers l'ancienne religion, emmenant avec lui le jeune roi et la reine. Toutankhaton changea alors son nom pour celui de Toutankhamon, «Amon est vivant», tandis que sa jeune épouse devenait Ankhésenamon, «elle vit pour Amon». Pour marquer le renouveau du grand dieu thébain, il dut se faire introniser à Karnak. A ses côtés se tenaient Aï devenu son vizir et le général Horemheb avec qui Aï avait su faire alliance. Tous deux allaient réellement exercer les pouvoirs administratifs et militaires. Toutankhamon établit un vaste programme de restauration des temples endommagés sous le règne précédent; il fit élever de nouveaux monuments et des statues en l'honneur d'Amon. Il se fit construire un temple funéraire à l'ouest de Thèbes, mais le temps lui manqua pour se faire édifier un tombeau grandiose car il mourut à l'âge de dix-neuf ans, ne laissant aucun héritier pour lui succéder. Il fut enterré dans une petite tombe de la Vallée des Rois, découverte en 1922 par Howard Carter et encore pleine de ses trésors.

TROISIÈME SARCOPHAGE DE TOUTANKHAMON, EN OR MASSIF. MUSÉE DU CAIRE

LES AUTRES PHARAONS DE LA RESTAURATION

Dès lors, Aï, vizir rusé et ambitieux, trouva facilement l'accès au trône qu'il contrôlait depuis une dizaine d'années, probablement en obligeant la jeune veuve de Thoutankhamon à l'épouser. Mais il était très âgé et ne régna que pendant quatre ans. Il fut enterré dans la Vallée des Singes.

Son successeur fut Horemheb, «Horus est en fête». Pour renforcer sa légitimité, il dut épouser la sœur de Néfertiti. Son régime fut efficace, autoritaire et semi-militaire. Pourtant ancien partisan d'Aton, il était devenu un traditionaliste strict, allié au clergé thébain. Il restaura des temples et y nomma des soldats comme prêtres principaux. Il prétendait être le successeur immédiat d'Aménophis III, effaçant le nom du pharaon «hérétique» de la liste des rois et abandonnant la ville d'Akhétaton à sa ruine dans le désert. Il fut aussi un grand bâtisseur et commença par démolir les monuments de Thèbes dédiés à Aton et en utilisa les pierres pour édifier ses deux pylônes à Karnak et bâtit une allée de sphinx reliant Karnak à Louqsor. Il s'annexa aussi la plupart des inscriptions de Toutankhamon et de Aï, peut-être parce qu'elles évoquaient ses propres exploits. Il fit cependant peu de campagnes militaires, s'attachant plus à stabiliser les affaires intérieures de l'Egypte, à réformer le gouvernement et la cour, en essayant de réprimer les abus dans le recouvrement des impôts et dans l'administration de la justice. Il mourut après vingt-huit ans d'un règne conservateur, le dernier de la XVIIIe dynastie. Comme il n'avait pas d'héritier, il désigna son général et vizir Ramsès pour lui succéder; ce dernier devint Ramsès Ier, le fondateur de la prodigieuse dynastie ramesside. C'était un homme âgé dont le règne ne dura que deux ans et qui associa tout de suite au trône, en tant que co-régent, son fils Séthi, prêtre de Steh et militaire.

SETHI Ier, LE GUERRIER

Séthi Ier fut le premier grand roi de la fabuleuse XIXe dynastie. Elevé dans la tradition militaire, Séthi Ier se considéra avant tout comme un soldat qui avait la charge et le devoir de restaurer l'empire et le prestige de l'Egypte vis-à-vis des pays étrangers.

BAS-RELIEF DU TEMPLE DE SÉTHI IER À ABYDOS REPRÉSENTANT LE PHARAON RENDANT HOMMAGE À MAÂT, LA DÉESSE DE LA VÉRITÉ, FILLE DE RÊ.

Poursuivant l'œuvre de son père, il développa et réorganisa l'armée afin de contrer les menaces du Hatti. L'infanterie fut divisée en trois grands corps d'armée mis chacun sous la tutelle d'une divinité: Amon, Rê et Ptah. A la tête de la charrerie, l'élite de l'armée, Séthi Ier pacifia d'abord les Bédouins de l'est puis prit Canaan avant de faire le siège de Kadesh et de battre le roi hittite Mouwatalli. Sur le front de l'ouest, il réduisit l'hostilité libyenne et, sur la frontière sud, il réprima une révolte nubienne. Ainsi, profitant d'une période de faiblesse des Hittites, l'Egypte put reconquérir temporairement ses anciennes possessions asiatiques et africaines. Ces campagnes sont célébrées sur les bas-reliefs de la salle hypostyle de Karnak.

Les frontières assurées, une politique intérieure stable permit un nouvel essor de l'Egypte. Le pharaon se préoccupa du sort de son peuple, en particulier des mineurs qui exploitaient l'or du désert nubien; il fit creuser des puits et des abris le long des routes, afin «que ces hommes restent vivants et bénissent ainsi mon nom dans les années à venir et que les générations futures puissent s'enorgueillir de mon énergie et de mes égards pour les voyageurs», et même une ville et un temple.

Séthi Ier mena une importante politique de construction, en particulier à Karnak où il termina la grande salle hypostyle entreprise par son père; il en commença la décoration dont l'achèvement sera le fait de son fils Ramsès II. Le plus grand monument de Séthi Ier est son «temple des millions d'années» qu'il fit construire à Abydos, au nord-ouest de Thèbes. C'est l'endroit où la tête d'Osiris, arrachée de son corps par Seth, était supposée avoir été enterrée. Abydos était donc un centre important de pélerinage. Ce temple fut construit comme un temple national avec des chapelles consacrées à Osiris, Isis et leur fils Horus ainsi qu'aux vieux dieux comme Amon, Rê, Ptah et au pharaon lui-même qui portait dans son propre nom sa déférence au sauvage et destructeur dieu Seth. C'est sur les murs d'un des couloirs de ce temple que figure la fameuse

PAGE DE DROITE : RELIEFS PEINTS DANS LE TEMPLE DE SÉTHI IER.

«liste royale d'Abydos» qui montre les soixante-seize cartouches de pharaons depuis Narmer jusqu'à Séthi Ier.

Dans une charte célèbre adressée à son temple, Séthi Ier rendit public le nombre de droits et de privilèges accordés aux prêtres et aux autres personnalités du temple, les protégeant des fonctionnaires locaux et leur accordant le droit de chasser, de pêcher et de cultiver la terre. En contrepartie, ils devaient faire respecter les lois et appliquer les sanctions aux contrevenants; à défaut ils étaient eux-mêmes soumis à ces punitions.

Séthi Ier régna un peu moins de quinze ans. Quand il mourut, Ramsès II partageait déjà depuis quelques années le pouvoir avec son père qui avait demandé: «Couronnez le roi de sorte que je puisse voir sa grandeur tant que je suis vivant». La tombe factice de Séthi Ier est adossée au temple funéraire d'Abydos, mais il fit construire son vrai tombeau dans la Vallée des Rois. Sa momie ne s'y trouvait pas; elle fut découverte dans la cachette de Deir-el-Bahari.

RAMSÈS II LE GRAND, «RÊ L'A CRÉÉ»

A la mort de son père, Ramsès II, alors âgé de vingt-cinq ans, avait déjà neuf ans de co-régence derrière lui. Il prit ainsi immédiatement sa succession. Initié très tôt à l'art de la guerre, il avait déjà accompagné Séthi Ier au combat à l'âge de dix ans, et se prépara dès le début à la guerre. Sa campagne asiatique se déroula de la même façon que deux siècles auparavant, sous Thoutmôsis III. Pendant quatre ans, il alla de succès en succès sur les mêmes routes qu'autrefois, traversant Canaan et la Phénicie sans encombres, mais lors de la huitième année de son règne, il se heurta à l'armée hittite de Mouwatalli, allié à des vassaux d'Asie Mineure et de Syrie du Nord ainsi qu'à une coalition d'une vingtaine de peuples locaux. La rencontre se fit devant la forteresse de Kadesh. La bataille fut indécise et la victoire

GAUCHE :
RAMSÈS II ENFANT REPRÉSENTÉ EN HARPOCRATE, FORME ENFANTINE D'HORUS.
IL EST SYMBOLIQUEMENT REPRÉSENTÉ PARTANT POUR LA CHASSE AU LION.

DROITE :
STÈLE DE RAMSÈS II EN HARPOCRATE, ASSIS SUR LE SIGNE DE L'HORIZON, UNE AUTRE SYMBOLIQUE D'HORUS

PAGE DE DROITE :
HAUT / DROITE :
LA REINE NÉFERTARI, ÉPOUSE DE RAMSÈS II, JOUANT AU JEU DE SENET, SYMBOLE DU VOYAGE DANS L'AU-DELÀ ET DE LA RÉSURRECTION.

BAS :
RAMSÈS II TUANT DES LYBIENS

revendiquée par les deux protagonistes, mais Ramsès en fit un triomphe personnel, gravé sur les murs de son temple funéraire au Ramesseum.

Peu après, Ramsès II dut se battre encore avec le roi du Hatti, qui déclenchait des révoltes dans le pays de Canaan, et surtout avec le roi assyrien Salmanasar qui envahit le Mitanni. Devant cette dernière menace, le nouveau roi du Hatti, Hattousil III, s'allia avec l'Egypte en 1275 avant J.-C. ce qui inaugura une période d'échanges commerciaux entre les deux pays. Après plusieurs années de luttes sans résultats, un traité de paix était signé par les deux partis en guerre qui se promettaient une assistance mutuelle en cas d'attaque. Douze ans plus tard, en 1257 avant J.-C., l'alliance fut de nouveau scellée par le mariage du pharaon avec l'une des filles du roi hittite, la princesse Maâtthornéferourê.

Grâce à ces conquêtes, l'Egypte vivait son âge d'or. Thèbes était une cité prospère où abondaient les produits les plus rares, mais Ramsès II voulut pour capitale une ville nouvelle dans

PAGE DE GAUCHE :
HAUT :
RAMESSEUM DE THÈBES

BAS :
RAMSÈS II ASSIS.

CI-CONTRE :
RAMSÈS-SIPTAH,
FILS DE SÉTHI II ET
D'UNE CONCUBINE,
LA REINE TAOUSERT
N'AYANT PAS EU DE FILS.

CI-DESSOUS :
LE PEUPLE DE LA MER
VAINCU PAR RAMSÈS III.
LES PRISONNIERS SONT
REPRÉSENTÉS LES BRAS
LIÉS, LES COUDES AU-
DESSUS DE LA TÊTE.

le delta oriental qu'il fit construire non loin de l'ancienne Tanis d'où était originaire Ramsès Ier. Il la nomma Pi-Ramsès, «le domaine de Ramsès». Alors que Thèbes restait la capitale religieuse et administrative, Pi-Ramsès se développait autour d'une ancienne résidence d'été de Ramsès Ier. La cour s'y installa pour y vivre dans le luxe et l'opulence, le pays étant en fin en paix pour de nombreuses années.

Reprenant des idées de Thoutmôsis III, Ramsès II comprit la nécessité de créer un grand port sur la Méditerrannée; il fit ainsi aménager un port maritime face à l'île de Pharos, au nord-ouest du delta, dans le site qui serait plus tard celui d'Alexandrie. Il développa aussi le port fluvial de Memphis. Il sut également s'entourer de grands commis de l'Etat. Les deux vizirs, celui de la Haute-Egypte et celui de la Basse-Egypte, étaient les dignitaires les plus importants. Trois d'entre eux marquèrent le règne: Paser, Nebneterou et Rêhotep. Khay, l'un des fils du pharaon fut aussi un vizir compétent et succéda à Paser dont le fils fut vice-roi de Koush.

Ramsès II fit construire de nombreux monuments. Outre sa capitale, il fit édifier à Memphis un grand temple orné de statues le représentant. Mais son œuvre la plus célèbre est la réalisation de la salle hypostyle dans le

temple d'Amon à Karnak. Dans cet immense ensemble, la salle de Séthi Ier et de Ramsès II est la plus grandiose; elle consiste en une aile centrale garnie de douze colonnes de vingt-cinq mètres de haut et si larges que douze hommes pourraient se cacher derrière chacune d'elles. Le pharaon fit représenter ses exploits sur les murs de cette salle gigantesque ainsi que deux colosses à son effigie à l'entrée du deuxième pylône. A Louqsor, il ajouta une grande cour au temple bâti par Aménophis III, dressa devant son pylône deux obélisques de granit rose et plaça à l'entrée six colosses le figurant. De l'autre côté du Nil, à l'ouest de Thèbes, il se fit construire un temple mortuaire, connu maintenant sous le nom de Ramesseum, qui comprenait le «temple de millions d'années», un petit temple dédié à Séthi, un palais royal et des bâtimenrs annexes. C'est là qu'il fit élever un colosse le figurant de dix-neuf mètres de haut. En Nubie, il fit ériger aussi un grand nombre de temples, dont l'ensemble le plus grandiose de son règne, les temples d'Abou Simbel. Son maître d'œuvre, Iouny, tailla dans les falaises de grès le grand temple au Sud consacré à Amon-Rê et au pharaon lui-même, représenté par les quatre colosses assis de l'entrée mesurant vingt mètres de haut. Le temple, profond de cinquante-cinq mètres comporte

PAGE DE GAUCHE : RAMSÈS III FAISANT DES OFFRANDES À PTAH-SOKAR ET À ISIS.

CI-CONTRE : RAMSÈS III COMBATTANT LES SYRIENS SOUS LA PROTECTION DE LA DÉESSE-VAUTOUR NEKHBET.

deux grandes salles à piliers dont la première relate encore la bataille de Kadesh. Au Nord, un temple plus petit, comportant six statues monumentales en façade, est dédié à la déesse Hathor et à Néfertari. La tombe de la reine se trouve dans la Vallée des Reines.

Néfertari était son épouse favorite, mais elle ne fut pas la seule. Ramsès eut cinq Grandes Epouses. Outre la princesse hittite Maâthornéferourê, il épousa Isis-Néfret, mère du futur pharaon, Hentmirê, sa propre soeur et Bent-Anta, sa propre fille. Il épousa aussi deux autres de ses filles durant un long règne de soixante-sept ans. Il eut une centaine d'enfants, peut être même cent cinquante, et parmi tous ses fils, le treizième, selon la liste du Ramesseum, fut choisi pour lui succéder. Ce fut Mérenptah, deuxième fils de Isis-Néfret, général en chef de l'armée et scribe royal, qui accéda au trône en 1237 avant J.-C.

Ramsès II mourut à l'âge de quatre-vingt-douze ans. Il fut enterré dans son hypogée de la Vallée des Rois, mais sa momie fut retrouvée dans la cachette de Deir-el-Bahari.

Mérenptah héritait d'un royaume prospère et pacifique, mais il allait devoir se mesurer à un nouvel et dangereux ennemi, le Peuple de la Mer, dirigé par un prince libyen. Une bataille eut lieu dans l'ouest du delta ; elle suffit pour battre cette coalition de peuplades fermement décidées à s'implanter en Egypte. Le sort des armes leur fut contraire et ils s'enfuirent, laissant derrière eux des prisonniers de guerre qui firent souche.

La mort de Mérenptah fut suivie par une période de luttes dynastiques qui s'achevèrent par le règne unique, mais bref, de la reine Touosrê, femme de Séthi II mort prématurément. Le premier roi de la XXe dynastie, Sethnakht, ne régna que deux ans. Les autres rois de cette dynastie furent tous appelés Ramsès. Ils ne cherchèrent à acquérir la grandeur que par leur nom et avec eux, la réputation et l'autorité du pharaon diminuèrent. Seul Ramsès III, qui hérita d'une situation relativement stable, mérite d'être cité car il en profita pour faire construire de nombreux édifices et réussit à chasser une autre tentative d'invasion du Peuple de la Mer. Sa nécropole

LA TOMBE DU PRINCE AMONHERKHEPECHEF, FILS DE RAMSÈS III

de Médinet-Habou est la copie fidèle du Ramesseum de Ramsès II. Son règne s'acheva dans les complots. La reine Tiy tenta de faire supprimer le roi pour le remplacer par son fils Pentaour. Ramsès III mourut peu de temps après et trois des fils, qu'il avait eus avec la Grande Epouse Royale Isis, devaient régner sous les noms de Ramsès IV, Ramsès VI, et Ramsès VIII. Avec Ramsès III s'éteignait la glorieuse histoire de l'Egypte antique. L'Egypte perdit ses territoires palestiniens, la Nubie recouvra son indépendance. Les mines du Sinaï cessèrent d'être exploitées.

Sous les Ramsès suivants, le pouvoir royal fut éclipsé par celui du clergé. A titre d'exemple, le Grand Prêtre, vizir, généralissime et vice-roi de Nubie, Hérihor, fut plus puissant que Ramsès XI et se fit représenter en Haute-Egypte comme l'égal des dieux avec la double couronne sur la tête. Le peuple connut la misère et la famine. L'anarchie et la corruption étaient la règle. Les tombes furent pillées.

Le royaume était divisé. A la mort de Ramsès XI, alors que Héridor fondait à Thèbes la dynastie théocratique de Grands Prêtres d'Amon tels que Pinedjem Ier et Pinedjem II, le prince de Tanis, Smendès, fonda la XXIe dynastie tanite, qui ne régna effectivement qu'en Basse-Egypte.

LES PHARAONS DE LA TROISIÈME PÉRIODE INTERMÉDIAIRE DE LA XXIe À LA XXIVe DYNASTIE (1076 - 712 AVANT J.-C.)

CI-DESSUS :
LE PHARAON CHECHONQ Ier ASSOMMANT RITUELLEMENT LES ENNEMIS DE L'EGYPTE, ICI LES HÉBREUX.

PAGE DE GAUCHE :
LES DÉESSES NEKHBET ET OUADJET COURONNANT LE PHARAON PTOLÉMÉE XIII. TEMPLE DE KÔM OMBO

La nouvelle dynastie tanite, illustrée par les Psousennès, ne put enrayer le déclin du pays, toujours divisé. Le pillage des tombes se poursuivit et l'on dut transférer les momies royales à Deir-el-Bahari. C'est finalement le premier roi de la XXIIe dynastie, Chéchonq Ier, qui parvint à réunifier le pays et à imposer son pouvoir au clergé de Thèbes. Chéchonq appartenait à une famille d'origine libyenne de Bubaste. Sous son règne et celui de ses successeurs, l'Egypte connut de nouveau la paix et la prospérité. Chéchonq prit même Jérusalem à la mort de Salomon et revint avec un somptueux butin. Mais après un siècle de paix, l'Egypte renoua avec les luttes intestines à partir du règne de Takelot II. Sous Chéchonq III, elle se morcela en petits états dont les rois régnaient en même temps que les pharaons de la XXIIIe dynastie. A la fin de cette période intermédiaire, les principales factions d'Egypte furent à l'origine de la XXIVe dynastie qui eut pour rois des souverains locaux de Saïs comme Tefnakht et Bocchoris. Finalement, un roi koushite, Pi-Ankhi, fut accepté comme souverain en Basse-Egypte et jusqu'à Thèbes, mais déjà les Assyriens menaçaient le pays.

PAGE DE DROITE : STATUE DE PSAMMÉTIQUE PRÉSENTANT OSIRIS

CI-DESSOUS : STATUE DU PHARAON TAHARQA PRÉSENTANT L'OFFRANDE DE VIN AU DIEU HÉMEN.

LES PHARAONS DE LA BASSE ÉPOQUE DE LA XXVe DYNASTIE À LA DOMINATION PERSE (712 - 332 AVANT J.-C.)

En dépit des guerres, la Basse-Epoque fut une période de prospérité et d'épanouissement, les souverains étrangers se déclarant héritiers du patrimoine culturel pharaonique. Après un conflit entre Saïs et le royaume éthiopien de Napata, Chabaka fut le premier roi de la XXVe dynastie à étendre son pouvoir sur toute l'Egypte. A partir de son règne, les rois nubiens comme Taharqa s'installèrent même à Memphis et ils dotèrent l'Egypte et la Nubie d'un grand nombre de bâtiments.

Ce grand pays unifié n'avait qu'un seul rival: l'Assyrie. Assarhaddon, puis son fils Assurbanipal tentèrent d'envahir le pays des pharaons. Assurbanipal y parvint en s'alliant avec Néchao Ier, souverain de Saïs, et Psammétique, son fils, pour combattre les rois nubiens et reconquérir Memphis. Devenu pharaon de la XXVIe dynastie, Psammétique Ier, profitant d'une rebellion à Babylone, parvint à chasser les Assyriens et à rendre l'Egypte indépendante. Il élimina ensuite tous les souverains locaux de Basse-Egypte et entreprit de nouer de sérieuses relations commerciales avec la Grèce. Ses successeurs tentèrent

de poursuivre son œuvre, mais Psammétique III fut battu par le roi perse Cambyse et l'Egypte devint une province du royaume achéménide.

La XXVIIe dynastie vit alors se succéder des pharaons perses: Darius Ier, Xerxès Ier, Artaxerxès Ier, Darius II, mais la défaite des Perses à Marathon marqua le début de la résistance égyptienne dans le delta. Amyrtée de Saïs libéra le delta et l'Egypte passa sous sa souveraineté. Népheritès Ier usurpa ensuite le pouvoir, fondant la XXIXe dynastie. Nectanébo Ier fit de même en fondant la XXXe dynastie. L'économie du pays redevint florissante et les pharaons de grands bâtisseurs. Nectanébo II ne put pourtant repousser les assauts de Artaxerxès III Ochos, l'Egypte subissant alors sa deuxième domination perse. Douze ans plus tard, en 332 avant J.-C., Alexandre le Grand libérait le pays, en chassant Darius III Codoman, pour lui imposer sa propre domination. Il se fit proclamer «fils d'Amon» et créa la ville d'Alexandrie où régnèrent ses successeurs.

LES PHARAONS DE LA PÉRIODE GRÉCO-ROMAINE, DYNASTIE MACÉDONIENNE - DYNASTIE PTOLÉMAÏQUE - EMPEREURS ROMAINS

(333 AVANT J.-C. - 395 APRÈS J.-C.)

Après la mort d'Alexandre, l'Egypte revient à l'un de ses lieutenants. Ce général macédonien, Ptolémée, règna donc en tant que gouverneur de l'Egypte, mais se proclama pharaon sous le nom de Ptolémée Ier Soter en 305 avant J.-C.

Pendant deux cent-cinquante ans l'Egypte fut ainsi gouvernée par les Grecs qui annexèrent la Palestine et établirent un protectorat sur l'Etat de Méroé en Basse-Nubie. Mais des révoltes éclatèrent en Haute-Egypte à partir du règne de Ptolémée IV Philopator et l'Egypte perdit une grande partie de ses possessions étrangères. Ces pharaons grecs mirent le Fayoum en exploitation, des terres furent gagnées sur le lac Moéris et les déserts irrigués. Ils construisirent également de nombreux temples, de type classique, comme Edfou, Denderah, Kôm Ombo, Esneh et Philae. C'est sous le règne des Ptolémées que l'on prit l'habitude de rédiger les textes officiels en trois langues: l'égyptien hiéroglyphique, le démotique et le grec. Une nouvelle civilisation était née qui perdura même lorsque les Romains commencèrent à établir leur domination sur le pays.

A la fin de la dynastie ptolémaïque, César débarqua sur les rives du Nil pour soutenir Cléopâtre VII, déposée par son frère Ptolémée XIII Philopator Philadelphe. En 31 avant J.-C. Octave vint en Egypte faire la guerre à Antoine, amant de Cléopâtre. Il l'écrasa à la bataille d'Actium et s'empara d'Alexandrie. La prospérité du pays s'accrut sous la domination romaine, mais les Romains ne purent vraiment rivaliser avec l'influence grecque. Seul le christianisme put venir à bout de l'Egypte, puis l'Islam.

PAGE DE GAUCHE :
HAUT :
BAS-RELIEF FIGURANT LA SORTIE DES BARQUES SOLAIRES LE JOUR DE LA FÊTE DE L'OPET. TEMPLE DE PHILIPPE ARRHIDÉE À KARNAK. 320 AV. J.-C.

BAS :
STÈLE D'ALEXANDRIE

On considère que la fin de l'Antiquité égyptienne date de 395 après Jésus-Christ, année de la division définitive de l'Empire romain christianisé en deux parties: l'Orient et l'Occident. L'Egypte échoua en partage à l'Empire romain d'Orient, c'est-à-dire à Constantinople. Elle sera désormais byzantine et copte avant de devenir musulmane à partir de 640.

PAGE DE GAUCHE :
COLONNE DE POMPÉE
À ALEXANDRIE

DOUBLE SUIVANTE :
CHAPITEAUX DU
GRAND TEMPLE D'ISIS
À PHILAE.

TEMPLE DE
KÔM OMBO

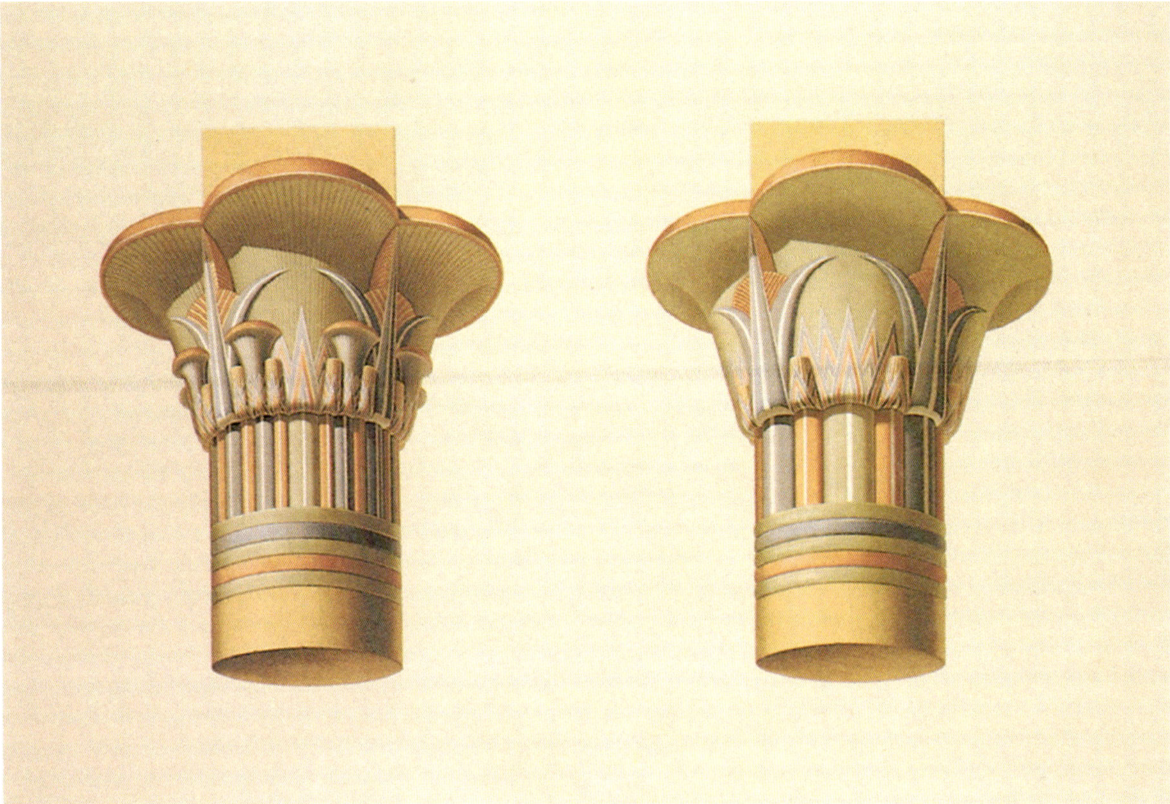

Les Grandes Destinées

AKHENATON

LES ORIGINES D'AKHENATON

C'est vraisemblablement à Thèbes qu'Akhenaton, alors encore appelé Aménophis IV, voit le jour. Son père, le pharaon Aménophis III, a pris pour épouse, une «roturière», Tiy, fille de Youya, un notable d'Akhmîm qui exerça la charge de maître des haras avant d'y installer son propre fils Ay. Le couple royal eut six enfants: probablement un Thoutmôsis qui décéda avant d'accéder au trône, Aménophis et quatre filles (Satamon, Isis, Hérouttaounébou et Nebetah). Les deux aînées, mariées à leur père, seront élevées au rang de reine.

Le règne d'Aménophis III, auquel son fils aurait peut-être été associé, fut très calme,

PAGE DE GAUCHE : PORTRAIT EN BOIS D'IF DE TIY, MÈRE D'AKHENATON, STAATLICHE MUSEEN, BERLIN

AMÉNOPHIS III, PÈRE D'AKHENATON, COIFFÉ DU KHEPRESH, MUSÉE DU LOUVRE, PARIS

LA REINE TIY, MUSÉE ÉGYPTIEN DU CAIRE

marqué par une paix durable. La corégence probable entre le père et le fils se situe, selon certains, pendant les années 28 et 29 du règne d'Aménophis III, selon d'autres historiens, elle débuterait dans les années 37-39. C'est d'ailleurs en l'an 39, soit vers 1378-1352 avant Jésus-Christ que le vieux pharaon meurt, laissant la place à Aménophis IV et à sa jeune épouse, fille de Ay et Tiy II, la fameuse Néfertiti qui serait alors sa cousine. Un doute demeure cependant sur les origines de Néfertiti. Il n'est pas exclu, en effet, que la célèbre reine soit étrangère, d'origine mitannienne probablement, ainsi que son nom (Néfertiti signifie «La belle est venue»), le laisse envisager.

Ainsi, grâce à ce nouveau lien avec la famille d'Akmîm, si Néfertiti en fait bien partie, la descendance féminine de Youya serait encore étroitement associée au pouvoir sous Aménophis III et Aménophis IV, a fortiori sous ce dernier puisque Tiy, la reine-mère ne mourra qu'en l'an 8 du règne de son fils.

PAGE DE GAUCHE : AMÉNOPHIS III ASSIS EN GRANIT, MUSÉE DU LOUVRE, PARIS.

CI-CONTRE : AKHENATON PRÉSENTE UNE OFFRANDE, STAATLICHE MUSEEN, BERLIN

LA RÉFORME RELIGIEUSE D'AMÉNOPHIS IV

L'histoire a surtout retenu d'Aménophis IV - Akhenaton son extraordinaire réforme religieuse qui bouleversa durablement l'Egypte tant sur le plan religieux que politique. Pourtant rien, du moins au début du règne d'Aménophis IV, ne laissait présager un tel bouleversement.

En effet, lors de son couronnement, le nouveau pharaon prend pour nom Néferkhépérouré, «Les Transformations de Ré sont parfaites», associé à Ouâenrê, l'«Unique de Ré». En outre, il se fait couronner à Karnak, ce qui prouve, qu'au départ, il était plutôt favorable au dieu Amon et son clergé. Un autre fait nous prouve cette bonne relation: en entamant la carrière de grès du Gebel el-Silsile, il est représenté faisant des offrandes à Amon.

Le virage idéologique s'amorce en l'an II de son règne: c'est la conception d'un culte solaire où le soleil ne serait pas considéré seulement comme le seigneur d'Héliopolis et de Thèbes, mais en tant que dieu universel, de tous les pays et de tous les hommes. Pour cela, on lui trouve un symbole et un nom compréhensibles dans toutes les régions orientales: le symbole sera un disque rayonnant, signe

PAGE DE GAUCHE :
LE PHARAON AKHENATON,
MUSÉE DU LOUVRE,
PARIS.

TELL EL-AMARNA,
VERS 1350 AV. J.-C.,
STAATLICHE MUSEEN,
BERLIN

pictographique que tout homme saura interpréter; le nom qui n'est pas spécial au dialecte égyptien sera Aton, dérivé du sémitique, Adon, Adonai, signifiant «seigneur». Le disque Aton personnifiera la lumière et la chaleur qui créent la vie matérielle, la bonté, la justice, la régularité suprême de la loi qui caractérise l'Ordonnateur de l'Univers.

Fait inouï, les pays étrangers, les Syriens et les Nubiens sont nommés avant les Nilotiques. C'est la première fois dans l'histoire, qu'un roi fait appel à l'ensemble des hommes pour adorer, aux côtés de son peuple, le Créateur universel.

Déjà, sous le règne d'Aménophis III se développait en Egypte la conception d'un culte solaire: les innombrables

dieux adorés depuis les temps les plus reculés commençaient à perdre du crédit auprès des croyants des classes cultivées, qui préféraient maintenant concentrer leur attention sur un seul grand dieu, créateur de toutes choses et dont la bonté assurait la subsistance et la sécurité de ses créatures.

Ce dieu unique n'avait pas encore de personnalité bien définie : à Thèbes, on l'adorait sous le nom d'Amon-Rê, à Memphis sous celui de Ptah. C'est ici qu'Aménophis IV intervient, mettant fin à toutes ces identités multiples pour ne plus appeler le dieu qu'Aton et instaurer son culte.

AKHENATON ET SA FAMILLE SACRIFIANT À ATON. TELL EL-AMARNA, MUSÉE ÉGYPTIEN DU CAIRE

CI-CONTRE : AKHENATON EN PRIÈRE, MUSÉE DU LOUVRE, PARIS

PAGE DE DROITE : VISAGE D'AKHENATON, TEMPLE D'AMON-RÊ, KARNAK, VERS 1348 AV. J.-C., MUSÉE DE LOUQSOR

AKHENATON PRÉSENTE UNE TABLE D'OFFRANDE, TELL EL-AMARNA, VERS 1365-1349 AV. J.-C., MUSÉE ÉGYPTIEN DU CAIRE.

«Ton apparition est belle à l'horizon du ciel, ô soleil vivant, qui as vécu le premier… Tes rayons embrassent les pays autant que tu en as créés. Tu es éloigné et pourtant tes rayons sont sur la terre.
«Lorsque tu te couches à l'horizon occidental, la terre est dans l'obscurité comme si elle était morte.
Ils dorment dans leur chambre la tête enveloppée, et aucun œil ne voit l'autre ; si on leur dérobait tous leurs biens qu'ils ont sous leur tête, ils ne le remarqueraient pas. Chaque lion sort de sa tanière et tous les reptiles mordent… la terre est dans le silence, car celui qui l'a créée repose dans son horizon.

«Quand tu te lèves, tu dissipes l'obscurité. Les hommes sont joyeux, ils s'éveillent et se tiennent sur leurs pieds quand tu les as fait lever. Ils lavent leurs corps et ils prennent leurs vêtements. Leurs mains saluent ton apparition et le pays tout entier se livre à son travail. Tous les troupeaux sont contents de leur herbage. Les arbres et les plantes verdissent. Les oiseaux s'envolent de leurs nids et leurs ailes te louent. Tous les animaux bondissent sur leurs pattes, tout ce qui vole et bat des ailes vit quand tu t'es levé pour eux.

«Les barques descendent et montent le fleuve et les poissons, dans la rivière, bondissent devant ta face ;
tes rayons pénètrent dans la mer.

«C'est toi qui crées l'enfant dans le sein maternel... quand il
sort du sein maternel au jour de sa naissance,
tu ouvres sa bouche à la parole et tu pourvois à ses besoins.
Le poussin dans l'œuf pépie déjà dans la coquille et là,
tu lui donnes le souffle afin qu'il reste en vie ; quand tu lui
as donné la force de la briser, il sort et court sur ses pattes.

«Combien multiples sont toutes tes œuvres...,
ô seul dieu, à côté de qui n'en existe point d'autre !
Tu as créé la terre suivant ton désir, toi seul,
avec ses hommes, ses troupeaux et tous ses animaux.

«Les territoires étrangers, la Syrie et la Nubie,
et le pays d'Égypte, – tu établis chacun à sa place et tu fais ce
qui leur est nécessaire ; chacun a sa nourriture et ses jours
sont calculés. Leurs langues parlent diversement comme est
divers leur aspect. Leur peau est différente,
car tu as distingué les peuples.
«Tu crées le Nil dans le monde inférieur et tu l'amènes
à ton gré pour nourrir les peuples.

«Tous les pays éloignés, tu prends soin d'eux.
Tu as placé le Nil (c'est-à-dire la pluie) dans le ciel
afin qu'il tombe pour eux. Il produit des vagues
sur les montagnes, pour arroser leur champs.
Que tes pensées sont excellentes, ô seigneur de l'éternité !
Le Nil du ciel, tu le donnes aux peuples étrangers,
mais le (vrai) Nil, il jaillit du monde inférieur pour l'Égypte.

«Tu as le ciel éloigné pour y monter
et pour contempler tout ce que tu as créé.
«Tu crées des millions d'êtres de toi seul.
«Villes, localités, champs, chemin et fleuve
– chaque œil te voit en face en tant que
soleil du jour sur la terre.»

Il est à noter que la langue utilisée dans les hymnes à la divinité est maintenant celle utilisée quotidiennement par les Egyptiens alors qu'auparavant, on s'était efforcé d'employer dans toutes les inscriptions la langue «sacrée», vieille de plusieurs siècles.

Malgré son caractère fondamentalement généreux, la croyance novatrice ne sut pas s'implanter dans une Egypte ancrée dans ses anciennes coutumes, ses vieilles traditions. Mais plus qu'à la résistance du peuple, la nouvelle religion se heurta à un véritable barrage formé par le clergé. Celui-ci tenait en effet à son culte avec ses temples, ses offrandes, ses domaines, et à son existence paisible que lui conférait son rôle de gardien et garant de la tradition. Ce sont les prêtres d'Amon qui manifestèrent le plus virilement leur farouche opposition à l'Aton, car c'était lui qui, en cas de réforme, avait le plus à perdre. C'est par conséquent sur lui que le jeune Aménophis IV retourna toute sa haine à l'encontre des opposants à la réforme. En se constituant le plus farouche défenseur du nouveau dieu, le

PAGE DE GAUCHE : AKHENATON, NÉFERTITI JOUENT AVEC LEURS TROIS FILLES SOUS LES RAYONS PROTECTEURS D'ATON. TELL EL-AMARNA, VERS 1340 AV. J.-C., STAATLICHE MUSEEN, BERLIN.

PAPYRUS ILLUSTRANT LES FORMULES POUR SE TRANSFORMER DE HÉRON EN PHÉNIX. LIVRE DES MORTS DE NEBQUED, VERS 1320 AV. J.-C., MUSÉE DU LOUVRE, PARIS

CI-DESSOUS : STATUE AGENOUILLÉE DE NÉFERRENPET, XVIIIE DYNASTIE, MUSÉE DU LOUVRE, PARIS

pharaon, a, par son zèle proche du fanatisme, mené la nouvelle doctrine à l'échec. Il manifesta effectivement son fanatisme religieux de manière insensée. En faisant marteler toutes les inscriptions portant les trois signes qui composaient le nom d'Amon. Il fit effacer les trois signes, même dans les mots où il n'était nullement question d'Amon. Il alla jusqu'à supprimer le signe qui composait le nom de la divinité Mout, femme du dieu Amon. On ne peut donc plus désormais écrire le mot «mère» de la même façon qu'autrefois sous peine d'encourir la colère du roi. Ainsi, il faudra désormais écrire «mère» au moyen des signes. Le fanatisme conduit donc à la réforme graphique.

Cependant, il fallait bien que le pharaon se rendît compte qu'il portait le nom du dieu haï. Il opéra donc un transfert d'un dieu à l'autre. Entre autres, son nom d'Horus d'or «Qui élève les couronnes dans l'Héliopolis du Sud» devint «Qui élève le nom d'Aton». Bien sûr, il troqua son nom d'Aménophis par trop «amonien» pour celui d'Akhenaton «Il plaît à Aton».

CARTOUCHE DE NÉFERTARI

MATÉRIEL DE SCRIBE SOUS LE NOUVEL EMPIRE, MUSÉE DE CLEVELAND, U.S.A.

Ce qui engendre l'animosité du clergé dans l'atonisme, c'est que le dieu étant appréhendable par tous, il est désormais inutile de passer par les prêtres pour interroger la divinité ou l'adorer. De fait, il y a une personne et une seule, qui assure l'«intérim» entre le Disque solaire et les hommes, c'est le pharaon. En effet, l'Aton lui a délégué tous ses aspects de créateur; le roi est donc son équivalent terrestre, même s'il reste son subalterne, fait qui s'observe notamment dans les scènes d'offrandes puisque c'est lui-même qui offre au dieu solaire, toujours accompagné de son épouse Néfertiti, véritable égérie de son règne. On peut penser que cette dernière le poussa fortement à opter pour le monothéisme si on retient l'hypothèse selon laquelle elle n'aurait pas été la cousine du pharaon mais une princesse mitannienne (or l'aristocratie du Mitanni était pour la majeure partie aryenne).

Qui ne voit pas là le côté politique de cette réforme religieuse ? Le pharaon d'El-Amarna propose le monothéisme solaire à l'intelligence des hautes classes et à l'adoration instinctive des

PAGE DE GAUCHE : AKHENATON PRÉSENTE UNE OFFRANDE À ATON. TELL EL-AMARNA, VERS 1350 AV. J.-C., STAATLICHE MUSEEN, BERLIN

SCRIBE PORTANT SON MATÉRIEL D'ÉCRITURE : L'ÉTUI À COLONNE, LA PALETTE POUR DÉLAYER LES ENCRES ROUGE ET NOIRE, LE ROSEAU ET LE COUTEAU POUR TAILLER LES COLONNES

CI-DESSUS : ATON OFFRE LA VIE À NÉFERTITI, TEMPLE D'ATON, KARNAK, VERS 1348 AV. J.-C., BROOKLYN MUSEUM, NEW YORK

peuples : en politique, monothéisme signifie impérialisme. Si le culte unique, ou même simplement prépondérant d'Aton, avait été adopté en Egypte et en Orient, quel triomphe pour l'impérialisme égyptien, pour la civilisation nilotique ! Car l'interprète qualifié du dieu unique, c'est comme nous l'avons dit, Pharaon. « Tu es dans mon cœur, dit Aménophis IV à Aton ; il n'existe nul autre qui te comprenne, excepté moi, ton fils… »

Dans cette tentative grandiose d'unification, nous pouvons soupçonner aussi l'influence des reines, mères et épouses mitanniennes appartenant au harem du pharaon, issues de ces Aryens pour qui le culte du Soleil représente la forme la plus pure du sentiment religieux. A tous égards, la réforme atonienne semble donc se rattacher, par son origine, comme par ses buts, à la politique internationale. Malgré son insuccès, elle reste une preuve qu'avant Alexandre le Grand, les Darius et les Césars, l'intelligence des problèmes de politique mondiale n'a pas échappé aux pharaons.

AKHETATON, LA NOUVELLE CAPITALE

L'adorateur acharné de l'Aton pouvait-il décemment habiter la cité de ses pères, Thèbes, où tout proclamait la gloire d'Amon, des grands temples de Louqsor et Karnak au riche sanctuaire élevé par le père d'Akhenaton, Aménophis III ? Afin d'y remédier, l'unique dieu d'Egypte révèle à Akhenaton le site de la nouvelle capitale en l'an IV de son règne. Le pharaon et son épouse Néfertiti se rendent sur le lieu révélé et baptisent la future capitale Akhetaton «l'Horizon d'Aton», marquant ainsi le point central du nouvel empire divin.

Si l'emplacement n'avait pas été désigné par le dieu lui-même, on aurait pu s'interroger sur le choix d'un tel site: une place vierge de toute habitation, donc non marquée par l'existence préalable d'un peuplement et de ses dieux, une sorte de désert entouré de montagnes, situé sur la rive orientale du Nil. Akhenaton ceint l'endroit, aujourd'hui Tell el-Armana, de quatorze stèles frontières, onze sur la rive orientale et trois sur la rive occidentale. Il commence l'édification d'une ville gigantesque avec ses temples, ses palais, ses jardins, son réseau de routes et ses tombeaux.

Aménophis IV (Akhenaton) adopte pour des raisons de rapidité d'exécution, pour réaliser son

SANCTUAIRE DU GRAND TEMPLE D'ATON, TELL EL-AMARNA, MUSEUM OF FINE ARTS, BOSTON

PAGE DE DROITE : LES FOUILLES DU TEMPLE D'AKHENATON OU (AMÉNOPHIS IV) EN 1925

temple, de petits blocs de grès de dimensions standardisées que l'on appelle aujourd'hui talatates. Chaque élément mesurait environ 50 par 60 centimètres, pour une épaisseur de 27 centimètres, et leur légèreté, 40 kilogrammes en moyenne, les rendait très maniables. Après cet immense chantier dédié au dieu Aton, on ne fabriqua plus de talatates. Sans que l'on sache vraiment pourquoi, le roi, devenu Akhenaton, quitta Thèbes pour fonder une nouvelle capitale à 350 kilomètres au nord, sur la rive droite du Nil en un lieu appelé aujourd'hui Tell el-Amarna. Ce n'est réellement qu'à partir de 1925 que furent entreprises les fouilles du temple d'Akhenaton à Karnak. L'année précédente, on avait découvert deux statues très importantes du roi «réformateur» qui s'avérèrent par la suite être une partie d'un ensemble de statues adossées à d'énormes piliers de grès, un dispositif de piliers osiriaques. Ces statues étaient très représentatives de l'art de cette époque avec les caractéristiques physiques du pharaon nettement accusées : profil très allongé, menton effilé, visage mince, joues creuses, yeux en amande, bras grêles, torse maigre, ventre

ballonné et hanches larges, presque féminines. D'autres statues découvertes plus tard révélèrent la disposition d'une partie du temple avec sa grande cour dont le péristyle serait supporté sans doute sur les quatre côtés par de grands piliers osiriaques, mais on ne put en déterminer davantage.

Comme la ville nouvelle devait égaler et même surpasser Thèbes en magnificence, Akhenaton y fit construire un temple dédié à Aton, le Per-Aton-em-Akhetaton, le temple d'Aton à Akhetaton, connu sous le nom de Grand Temple, afin de faire pendant à celui d'Amon.

Si l'idéologie était nouvelle, l'architecture du temple d'Aton présente des aspects assez classiques, comme la façade formée de pylônes avec d'immenses mâts à oriflammes, ou encore le vaste mur d'enceinte rectangulaire qui entourait le tout. Ce qui est neuf par contre, c'est le grand nombres d'hôtels couverts d'offrandes.

L'autel principal, sur lequel Akhenaton est représenté en train d'offrir des victuailles à son dieu, était situé dans la cour centrale. On pouvait le rejoindre par une rampe ascendante. Un vestibule contenait des statues du roi. A Tell el-Amarna, le Disque solaire

PAGES DE GAUCHE ET DE DROITE : TEMPLE DE KARNAK

PAGES SUIVANTES : AUGUSTE MARIETTE DANS LE JARDIN BOTANIQUE DE KARNAK EN 1893

AUTEL EN CALCAIRE PEINT, TELL EL-AMARNA, VERS 1365-1349 AV. J.-C., MUSÉE ÉGYPTIEN DU CAIRE.

possédait également un autre temple d'une taille plus petite offrant les mêmes aspects architecturaux.

Cependant, il ne faut pas penser qu'Akhenaton ne fit construire de temple en l'honneur de l'Aton, que dans la nouvelle capitale. Le premier temple dédié au dieu fut élevé à Karnak, dans des circonstances particulières. Aménophis III était, au moment de sa mort, en pleins préparatifs de sa quatrième fête Sed (jubilé célébré tous les trente ans du règne d'un pharaon, même si ce laps de temps n'était plus vraiment respecté). Le nouveau pharaon détourna ces préparatifs à l'avantage de l'Aton:

il décide qu'une fête Sed célèbrera désormais son règne. Sur le plan idéologique, la signification est très forte. Le dieu, déjà présenté comme pharaon, renforce son lien avec le jeune souverain au cours de la fête Sed, le désignant comme son fils. Akhenaton est donc divinisé.

Les apprêts de la fête furent achevés probablement en l'an II ou III du règne d'Aménophis IV: un temple solaire avait été créé à l'est du mur d'enceinte du temple de Karnak. Edifié à l'aide de petits blocs de calcaire, désignés sous le nom de talatates (caractéristiques de la période amarnienne), le temple, par la nouveauté de la conception divine, requerrait une architecture nouvelle. Le dieu solaire ne pouvait plus se permettre d'avoir un sanctuaire sombre, ni d'avoir son image conservée dans une boîte scellée. Le temple d'Aton était donc formé de cours dont les autels étaient chargés d'offrandes. Ces cours étaient découvertes afin que le dieu Soleil, du haut de son trône céleste puisse profiter de ses cadeaux.

Le jour solennel du triomphe d'un roi vainqueur n'était pas celui de son retour dans la capitale. Le souverain, après s'en être approché, monté sur son char, suivi des colonnes des prisonniers pris parmi les diverses peuplades vaincues, rentrait à pied dans la ville royale, et s'en allait d'abord au temple rendre grâces aux dieux et leur faire hommage de ses captifs. Le triomphe était l'objet d'une cérémonie ultérieure. Ce jour-là, le souverain se rendait de son palais au temple, assisté par tous les grands de l'État, un corps de musique ouvrait la marche ; les parents, les familiers du roi, les pontifes, les fonctionnaires publics de divers ordres, formaient la première partie du cortège; venait ensuite, seul, le fils aîné du roi, ou l'héritier présomptif de la couronne, brûlant de l'encens devant le vainqueur; celui-ci était porté dans un naos, ou châsse richement décorée, par douze chefs militaires dont la tête était ornée de plumes d'autruche. Le monarque, décoré de toutes les marques de son autorité supérieure, était assis dans la châsse, sur un trône élégant, que couvraient de leurs ailes des images d'or de la Justice et de la Vérité. Un sphinx à face humaine, symbole de la sagesse unie à la force, et un lion, emblème du courage, étaient figurés auprès du trône. Des officiers, à pied, élevaient autour de la châsse les flabella et les éventails ordinaires. De jeunes enfants de la caste sacerdotale marchaient auprès du roi, portant son sceptre, l'étui de son arc,

et ses autres armes et insignes. A la suite, venaient les autres princes de la famille royale, les hauts fonctionnaires du sacerdoce, et les principaux chefs militaires rangés sur deux lignes. Des militaires portaient les socles et les gradins de la châsse ; un peloton de soldats fermait la marche; la foule était partout.

BAS-RELIEF DU TEMPLE DE LA PROCESSION. LOUQSOR

BAS-RELIEF FIGURANT LA SORTIE DES BARQUES SOLAIRES LE JOUR DE LA FÊTE DE L'OPET. TEMPLE DE PHILIPPE ARRHIDÉE À KARNAK 320 AV. J.-C.

Nous réunissons ici trois exemples du palanquin royal (n°1, 5 et 6) ; l'un comporte le dais, le baldaquin, le naos ou petit temple ; un autre est surmonté de l'umbella, le parasol ; le troisième n'est qu'un plancher nu. C'est la chaise qui en était la partie la plus essentielle ; les dieux, les ancêtres, les rois, toutes les personnes vénérables, sont représentés assis: c'est leur figure hiéroglyphique.

Le siège surhaussé, le marche-pied, constituent le trône ; la chaise, portée à dos d'hommes en nombre défini, tient à la prérogative ; quant à la forme même du palanquin du triomphateur, on voit qu'elle n'avait rien de régulier. Ces palanquins ne se posaient pas à terre ; lorsque celui que l'on portait avait à en descendre, la chaise, avec ses brancards, était posée sur un socle dont étaient chargés les gens de la suite, comme. on l'a vu plus haut, ainsi que du gradin portatif que l'on mettait devant, entre les brancards.

La haute taille donnée aux souverains était le symbole de la puissance. Les trois souverains représentés portent le casque militaire ; les n° 1 et 6 avec le pschent, emblème du pouvoir royal ; le n° 1 tient d'une main le fouet dont le manche a la forme du pedum, houlette : c'est le double symbole de la direction et de la modération; de l'autre main, il tient la croix ansée, la clé du Nil, le signe idéographique de la vie. Le n° 5 a le pedum seul ; le n° 6, le sceptre simple. La justice, Tmei, la vérité, Saté, reconnaissables à la plume qui surmonte leur tête, marques de la prééminence dans le tribunal, étendent autour du souverain des bras protecteurs ; le vautour, dont ces bras figurent l'aile, était l'emblème de la protection divine, etc., etc, on appelait œris les officiers militaires qui portaient le palanquin royal.

L'amschir, l'encensoir en bronze dans lequel étaient brûlés les parfums offerts aux dieux et aux rois, était formé d'une tige de lotus ; une tête d'épervier, ou d'un autre animal sacré, terminait la poignée qui était quelquefois en bois sculpté. Les flabellifères marchaient à la droite et à la gauche du

souverain. L'appareil en forme de bouclier, appendu à la ceinture des porteurs du palanquin, n° 5, ne doit pas arrêter l'attention. C'est un cartouche dont usaient parfois les peintres égyptiens pour y inscrire le nom et la qualité des personnages.

Enfin, on remarque que dans le groupe n° 1, le souverain, ainsi que ses porteurs, sont chargés des tabtebs, la sandale à bout relevé en feuille de palmier, que ces porteurs ont de longues robes et une double plume sur la tête, tandis que ceux du roi Horus, n° 5, ont les pieds nus, comme ceux de leur chef, une seule plume sur leur tête, et ne sont vêtus que de la courte calasiris. Cette différence exprime-t-elle un cérémonial de moindre importance, ou n'est-ce qu'une question de temps, Horos appartenant aux âges légendaires ?

Le palanquin n° 2, de beaucoup moins d'apparat que ceux qu'on vient de voir, a un caractère usuel qui en rend le type au moins aussi intéressant que le grand naos. C'est une boîte peu profonde, affectant à son arrière la figure d'une chaise basse à dossier, ayant les bras d'un fauteuil. on y était assis, les jambes allongées, ce qui convient parfaitement au voyage ; quatre porteurs, dont l'agilité est indiquée, suffisaient pour ce siège suspendu ; les brancards courts en excluent un plus grand nombre. Un appareil d'assez grande dimension, ayant la forme d'un van à base horizontale, assurément léger, puisque d'une seule main un homme suffisait pour le maintenir, par sa traverse, à la hauteur nécessaire, mettait le chef assis dans sa chaise à l'abri des rayons du soleil.

Les n° 3 et 4 offrent des variétés du cange antique, conçu pour voguer avec la plus légère frise possible d'une eau si souvent ensablée, marchant, soit à l'aviron seul, soit avec la voile et les avirons ; l'un est une barque aménagée pour le transport des dames, que l'on voit regardant aux fenêtres ; l'autre est un bateau ponté, ayant la grande vergue conservée par la dabieh moderne ; son naos en fait une des variétés de la bari sacrée.

LE PALAIS ROYAL

Etant donné le rôle divin du roi, le palais royal d'Amarna nommé aussi Grand Palais, revêtit une importance spéciale. Il remplissait deux offices: il était à la fois bâtiment cérémoniel et lieu de vie de la famille royale. On y entrait par une vaste cour, au bout de laquelle se trouvait la fenêtre d'apparition. C'est à cette fenêtre que le roi et la reine apparaissaient, répandant des faveurs. Placée derrière des colonnes en forme de papyrus soutenant un avant-toit, elle était ornée des emblèmes royaux et divins : son linteau représentait Aton et ses noms royaux. Une rangée d'uraeus et de disques solaires surmontait ces montants qui avaient pour décors les hiéroglyphes signifiant «vie et prospérité», un sphinx piétinant un ennemi et les cartouches royaux. Se regroupaient autour de la cour, les appartements royaux, les quartiers des serviteurs, les réserves, les ateliers et même des boulangeries. Le toit était soutenu par des colonnes en bois en forme de plantes. De part et d'autre de la cour, se trouvaient les deux harems auxquels on accédait par un couloir. Le harem du nord avait l'aspect d'une maison traditionnelle dont le centre était un jardin agrémenté d'une pièce d'eau. Tout autour du jardin s'étalaient de petits appartements qu'une cour séparait du logement des servantes. La configuration du harem du sud était à peu près semblable. Chacun des deux était comme replié sur lui-même, afin de préserver l'intimité de ses habitants.

Non loin du grand palais, se trouvait le «service des archives». C'est ici qu'on retrouva en 1887 les fameuses lettres de Tell el-Amarna en caractères cunéiformes qui montraient très clairement les relations des pharaons Aménophis III, Akhenaton et Toutankhamon avec les souverains et vassaux de Palestine, de Syrie, de Mésopotamie et d'Asie Mineure. Les maisons des hauts dignitaires étaient construites sur un plan carré, souvent avec un étage. On trouvait parfois une loggia sur le toit. La salle centrale possédait un plafond plus élevé pour permettre à la lumière d'entrer par les fenêtres à claustra. Les maisons des ouvriers étaient similaires quant au plan intérieur, mais plus petites.

A l'extrémité méridionale de Tell el-Amarna se trouvait le Marou-Aton qui se composait d'un étang, d'un kiosque sur une île et de parterres de fleurs. Les Egyptiens avaient une passion pour les jardins, ils plantaient de nombreux arbres dans leur propriété. On dénombre même plus de soixante-dix espèces d'arbres dans un verger de Tell el-Amarna. Il arrivait parfois que ces jardins soient agrémentés d'une pièce d'eau sur laquelle flottaient nénuphars et lotus.

A l'extrémité septentrionale, s'élevait le palais du nord dans lequel se plaisait particulièrement la reine Néfertiti.

FÊTE DANS UNE VILLA DU NOUVEL EMPIRE À THÈBES

Malheureusement, la ville somptueuse fut abandonnée quinze ans après sa fondation, à la mort d'Akhenaton, et livrée au pillage : ses pierres servirent à l'édification des villages voisins.

Au bout de deux ans de travaux, Akhetaton fut pratiquement achevée et la cour s'y transporta, quittant définitivement Thèbes. C'est là que vivront désormais Akhenaton, sa femme Néfertiti, leurs six filles Méritaton, Ankhesenpaaton, Mékétaton, Néfernéferouaton, Tachéri, Néfernéferouré (dont les trois aînées deviendront ses épouses), la reine-mère Tiy et toute une multitude de courtisans, fonctionnaires, ouvriers et artisans.

CI-DESSOUS : FRAGMENTS DE CÉRAMIQUES TROUVÉS À TELL EL-ARMANA, VERS 1350 AV. J.-C.

CI-CONTRE :
MODÈLE POUR LA TÊTE SCULPTÉE DE NÉFERTITI EN CALCAIRE ET PLÂTRE PEINT DÛ AU SCULPTEUR THOUTMÔSIS DE TELL EL-AMARNA, STAATLICHE MUSEEN, BERLIN.

CI-DESSOUS :
AKHENATON ET SA FAMILLE OFFICIANT, TELL EL-AMARNA, 1365-1349 AV. J.-C., MUSÉE ÉGYPTIEN DU CAIRE.

Le plan d'ensemble et la vue pittoresque de la cour intérieure sont une restitution de l'habitation égyptienne, telle qu'elle nous apparaît au temps de Menéphtah (que l'on identifie quelquefois avec le Pharaon de la Bible), XIVe siècle avant l'ère chrétienne. Il ne reste en Égypte aucun vestige de l'habitation privée antique. Là où les fondations des nécropoles sont assises sous terre, sur le roc de granit ou d'albâtre, et restent intactes, tout ce qui fut construit sur le sable mobile du désert, détrempé par le limon du Nil, a totalement disparu. La vue de la cour intérieure est prise du côté de l'entrée, à l'angle des portiques de gauche et de droite ; celui de gauche, où sont suspendus les tapis, mène à la salle des ablutions ; derrière celui du fond, sont les pièces d'habitation usuelle. L'avant-corps, sans portique, est celui de la grande pièce d'honneur pour les festins, où aboutissent le portique du fond et celui de droite; enfin, ce dernier longe la salle de réception pour les étrangers (voir le plan annexé). Au premier étage, sont les chambres d'habitation et de travail des femmes mais occupant toujours avec leurs enfants des appartements séparés. Tout est disposé dans cette cour pour la soustraire aux ardeurs du soleil et lui procurer de l'ombre. Les encorbellements du premier étage sont placés aux expositions sud, est et ouest, en laissant libre l'accès du vent du nord ; ils rétrécissent l'ouverture supérieure du côté où l'on peut avoir à souffrir de la chaleur. Les poutres transversales, placées sur la terrasse et formant un plancher ajouré, sont destinées à recevoir des velums, des nattes, ou simplement des branches de palmier. Enfin, aux piliers sont fixés des crochets de bronze pour suspendre des tapis ou des étoffes de laine ou de poil de chameau. Un jardinet de trois ou quatre palmiers et de quelques fleurs, orné d'une statue, occupe le

milieu de cette cour. Le portique est dallé en grandes pierres blanches que dans le pays on nomme la balattte ; les piliers, comme toute la construction du rez-de-chaussée, sont en briques crues, recouvertes d'un enduit. Le bois ne fait son apparition qu'au premier étage; il sert aux planchers des portiques, aux encorbellements et au treillage supérieur qui tamise le jour. Le plafond des portiques est fait de caissons formés par deux pilastres d'albâtre en pierre, posés en fronton et s'appuyant sur des poutres en bois enduites de plâtre d'albâtre. Toute la décoration est peinte sur l'enduit.

La philosophie religieuse n'attribuant à l'habitation privée qu'un caractère éphémère, les matières précieuses n'entraient pas dans sa construction.

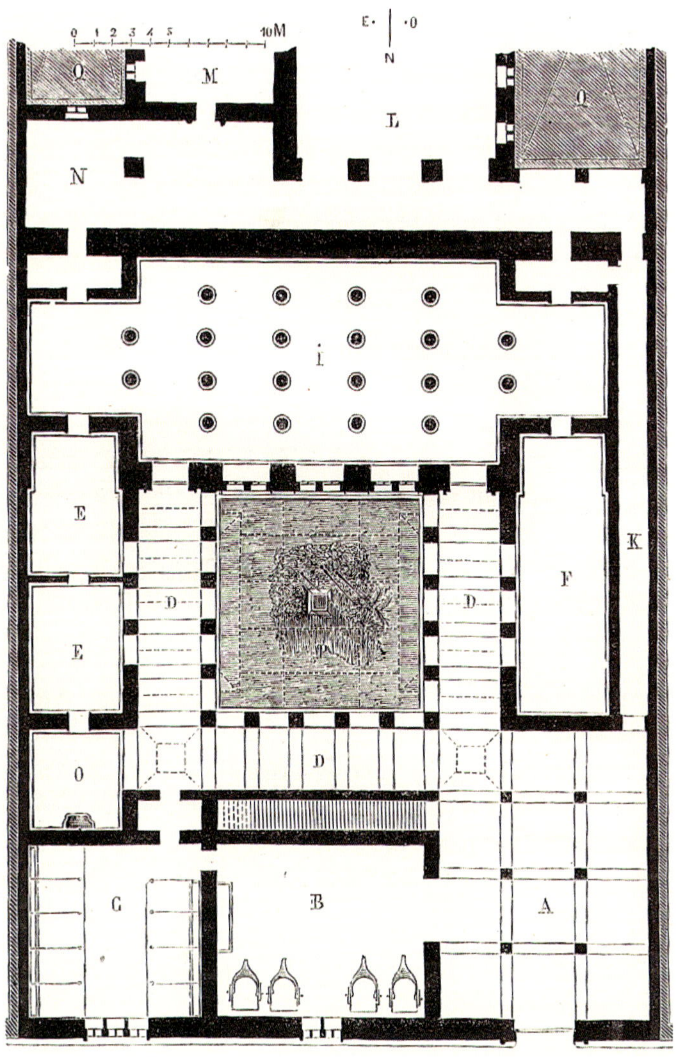

PAGE DE GAUCHE : DÉCORATION DE PLAFOND À MEMPHIS, XVIIIE DYNASTIE, PAR DAVID ROBERTS.

ET CI-CONTRE : INTÉRIEUR D'UNE RICHE HABITATION DE LA HAUTE ANTIQUITÉ.

CI-DESSUS :
ENFANTS SERVITEURS, ENDUISANT UNE JARRE POUR UNE MEILLEURE CONSERVATION DE LA BIÈRE.

BRASSEUSE AU TRAVAIL, MUSÉE ÉGYPTIEN DU CAIRE.

MEUNIÈRE AU TRAVAIL, STAATLICHE MUSEEN, BERLIN.

CI-CONTRE :
BOULANGERIE, SOUS L'ANCIEN EMPIRE, SAQQARA.

CI-DESSUS :
DAME TOUY, SUPÉRIEURE DES HAREM DE MIN À THÈBES. VERS 1400 AV. J.-C., MUSÉE DU LOUVRE, PARIS.

CI-CONTRE :
STÈLE DE CULTE DES ANCÊTRES TROUVÉE À TELL EL-AMARNA, VERS 1340 AV. J.-C., ALLARD PIERSON MUSEUM, AMSTERDAM.

PAGE SUIVANTE :
AKHENATON EN SPHINX, HONORE LE SOLEIL, ATON

LE DÉSASTRE POLITIQUE

Cependant, si le règne d'Akhenaton, obnubilé par l'Aton, est idéologiquement fort et nouveau, il se montre sur le plan économique et politique, une catastrophe. En fermant certains temples et en rattachant leurs biens à la couronne, le souverain a renforcé la centralisation administrative. La mise à l'écart des instances locales a rendu plus difficile l'action de l'administration et a permis la mise en place d'un réseau de corruption contre lequel les pharaons suivants auront à se battre avec acharnement.

Mais c'est surtout au niveau de la politique extérieure que les effets de l'insouciance du roi sont les plus désastreux. Les lettres d'Amarna retrouvées au bureau des archives ne parlent que d'insurrections et d'appels au secours désespérés. En effet, un groupe de Bédouins du désert syro-arabe, les

HAUT FONCTIONNAIRE, DIRECTEUR DES BIENS ET TRÉSORIER DE THOUTMOSIS IV.

BAS-RELIEF DE KARNAK, REPRÉSENTANT LE SYSTÈME DÉCIMAL ÉGYPTIEN.

PAGE DE DROITE : VUE DE BYBLOS

CHAÎNE DE MONTAGNES LIBYENNES EN FACE DU TEMPLE DE LOUQSOR PAR DAVID ROBERTS. VICTORIA AND ALBERT MUSEUM, LONDRES.

Khabiri, envahissent les terres fertiles d'Egypte. Ils avaient déjà tenté de les annexer auparavant, mais sans aucun succès. Pourtant, ils semblent cette fois-ci être organisés et mettent à mal les villes de Phénicie. Même la vieille Byblos est en état d'alerte et son prince Rib-Addi envoie des appels de détresse à Akhenaton :

«Le roi sait que Byblos, la fidèle servante du roi, se portait bien, mais à présent le roi a laissé échapper sa fidèle ville de sa main. Toutes mes villes situées dans la montagne et sur le rivage sont tombées aux mains des Khabiri. Mes champs restent incultes, car on n'a pas de quoi les labourer.» La misère est si grande à Byblos en ces années-là que les habitants vendent leurs enfants comme esclaves en échange de blé.

Mais le souverain reste sourd à ces demandes désespérées: tout ce qui ne concerne pas le culte d'Aton ne l'intéresse pas. Quant au gouvernement, il a bien changé depuis Aménophis III. Les conseillers d'Akhenaton n'ont plus pour souci d'aménager leurs somptueuses tombes dans les falaises de Tell el-Amarna.

LA COURONNE DITE DU «CERF» EST UN JOYAU HYKSOS EN ÉLECTRUM. LES HYKSOS ONT ENVAHI L'EGYPTE VERS 16 AV. J.-C. ET OCCUPÉ LE DELTA PENDANT PLUS DE DEUX SIÈCLES.
LA COURONNE EST FAITE D'UN BANDEAU SUR LEQUEL SONT MONTÉES CINQ TÊTES D'ANIMAUX : UN CERF ET QUATRE GAZELLES. LE MOTIF DES GAZELLES EST ÉGYPTIEN, MAIS LE CERF POURRAIT BIEN RAPPELER L'ORIGINE ASIATIQUE ET NOMADE DES HYKSOS. D'AILLEURS L'ALLURE GÉNÉRALE DE L'OBJET ET LE TRAVAIL SONT VERS 1650 AV. J.-C. METROPOLITAN MUSEUM OF ART, NEW YORK.

L'ARMÉE ÉGYPTIENNE RAMENANT LES TRIBUTS DU PAYS DE POUNT

CI-DESSUS :
LES LANCIERS, EN BOIS STUQUÉ ET PEINT, DE LA TOMBE DE MESEHTI À ASSIOUT, MOYEN EMPIRE. MUSÉE ÉGYPTIEN DU CAIRE

CI-CONTRE, DE GAUCHE À DROITE :
BOUCLIER TRADITIONNEL ÉGYPTIEN

DEUX FORMES DE HACHES DE COMBAT ÉGYPTIENNES

UN DES LANCIERS D'ASSIOUT

CI-CONTRE :
LES AMBASSADEURS ÉTRANGERS PRÉSENTENT LEURS HOMMAGES. KARNAK, TEMPLE D'ATON. VERS 1348 AV. J.-C., MUSÉE ÉGYPTIEN DU CAIRE.

C'EST SOUS LE RÈGNE D'AMOSIS, SOUS LE NOUVEL EMPIRE (1554-1529 AV. J.-C.) QUE DÉBUTENT LES CONQUÊTES TERRITORIALES. LES HYKSOS SONT EXPULSÉS,UN NOUVEL ÉTAT EST CRÉÉ AVEC LA FONDATION DE LA XVIIIE DYNASTIE À THÈBES.

LE GÉNÉRAL HOREMHEB RAMENANT DES CAPTIFS AFRICAINS.

CI-DESSOUS :
L'EXPÉDITION DU POUNT, VERS 1482 AV. J.-C., AVAIT POUR BUT D'ÉCHANGER DES MARCHANDISES ÉGYPTIENNES CONTRE LES PRODUITS DU POUNT, COMME L'OR, L'ÉBÈNE, L'IVOIRE OU L'ENCENS ET LE MYRRHE. TEMPLE D'HATCHEPSOUT, 1490-1470 AV. J.-C.

CI-DESSUS :
ARCHERS NUBIENS
D'ASSIOUT.

CI-DESSOUS :
DIFFÉRENTS
AMBASSADEURS DES PAYS
ÉTRANGERS :
UN ASIATIQUE AAMOU,
UN ASIATIQUE,
UN LYBIEN,
UN CRÉTOIS.

REPRÉSENTATION DE SEMELLES DE SANDALES SOUS LESQUELLES SONT PEINTS DES ENNEMIS ENCHAÎNÉS. L'IDÉE EST SIMILAIRE À CELLE DU FOULAGE AU PIED DES ENNEMIS

PAGE DE DROITE : HABITAT DU PAYS DE POUNT

LES «TRIBUTS DES PAYS ÉTRANGERS» APPORTÉS AU TEMPLE D'AMON À KARNAK.
LES ANNEAUX D'OR, À GAUCHE, SONT OFFERTS PAR TROIS SYRIENS ET UN CRÉTOIS À CHEVEUX LONGS

STÈLE D'AMÉNOPHIS III ILLUSTRANT SA VICTOIRE SUR L'ENNEMI.
LES CHEVAUX PIÉTINENT L'ENNEMI ASIATIQUE.
LE TEXTE DE LA STÈLE INDIQUE QUE «TOUS LES PAYS, TOUS LES ETATS, TOUTES LES POPULATIONS, LA MÉSOPOTAMIE, LE NIL PAYS DE KOUSH (L'ÉTHIOPIE), LE RETJENOU SUPÉRIEUR, LE RETJENOU INFÉRIEUR (SYRIE-PALESTINE) SONT SOUS LES PIEDS DE CE DIEU ACCOMPLI, COMME RÊ, À JAMAIS».
MUSÉE ÉGYPTIEN DU CAIRE.

Une nouvelle société s'était imposée, qui devait avant tout sa prépondérance à son exacte interprétation de la nouvelle doctrine. Car le roi s'élève contre celui qui ignore tout de sa doctrine, et il récompense celui qui la connaît. Aussi chacun se vante-t-il d'avoir entendu la «doctrine», la «belle doctrine de vie».

Il était donc très facile de monter en grade dans cette cour ; de mendiant, on pouvait devenir confident du roi.

On comprend donc que devant la menace étrangère, ces conseillers d'un genre spécial n'aient pu apporter aucune solution et qu'ils aient laissé l'Egypte se débattre seule et s'embourber dans les problèmes d'invasion et d'insurrection.

En outre, pour comble de malheur, les Hittites s'éveillèrent d'une torpeur prolongée pendant le seizième et le quinzième siècle.

Dès la fin du quinzième siècle, la dynastie hittite reconstitue en effet, sa force militaire et sa domination territoriale, de la mer Noire à la Méditerranée orientale. Doushratta écrivait à Aménophis III que son propre père, Shoutarna, fut assassiné par un usurpateur appuyé par les Hittites (vers 1390). L'alliance du Mitanni et de l'Égypte raffermit Doushratta sur son trône ; mais il avait affaire au roi hittite fort habile et dénué de scrupules, Shoubbilouliouma, qui nous apparaît comme la plus forte personnalité politique de cette époque dans tout l'Orient. Aux archives de Boghaz-Keui, on a retrouvé les traités que le Hittite conclut avec les chefs des pays du Naharina, Noukhousse, Nj, Carchemish, Sinzar, et les lettres d'el-Amarna nous montrent les villes de Tounep, Qatna, Qadesh, au pays d'Amourrou, ou en province égyptienne, assaillies tour à tour par les messagers et par les soldats de Shoubbilouliouma.

LES ENNEMIS DE L'ÉGYPTE
SOUS LE NOUVEL EMPIRE,
XXE DYNASTIE.
UN LYBIEN TATOUÉ, UN
NUBIEN, UN SYRIEN,
UN BÉDOUIN ET UN
HITTITE.
MUSÉE ÉGYPTIEN DU
CAIRE.

PRISONNIERS SYRIENS ET HITTITES, XVIIIe DYNASTIE. VERS 1325 AV. J.-C. TOMBE D'HOREMHEB. RIJKSMUSEUM, LEYDE.

PAGE DE DROITE : NUBIENS DÉBARQUANT POUR PAYER LEUR TRIBUT.

Bientôt, le khazani d'Amourrou, Azirou, traitc avec le Hittite, tout en correspondant avec son suzerain le pharaon ; il fait de sa ville, Simyra, le centre des intrigues contre l'influence égyptienne. Plus de cent lettres constituent le dossier de l'affaire Azirou : on y suit, pas à pas, la rivalité de Ribb-Addi «l'homme de Pharaon» à Byblos, resté fidèle à son maître, et d'Azirou, qui gagne à ses vues Arvad, Sidon et Tyr, pour encercler Byblos où Ribb-Addi court les plus graves dangers. Azirou utilise contre les Égyptiens les nomades, appelés Gashgash et Shoutou, et des Sémites en migration, les Khabiri, qui comme nous l'avons déjà vu, mettent à mal Byblos et les régions fertiles qui l'entourent. Damas, Qadesh, Qatna succombent l'une après l'autre ; les «gens du Pharaon» lui écrivent à vingt reprises : «Tout le pays du roi s'en va à la ruine.» Aménophis IV se décide, trop tard, à envoyer son ministre Yankhamou, avec une petite armée, pour rétablir l'ordre ; il cite Azirou à son tribunal en Égypte ; le rusé Syrien ne se dérobe pas, fait pour la forme sa soumission, et revient à Simyra

CI-CONTRE :
PRISONNIERS SÉMITES
EN TERRE CUITE ÉMAILLÉE
ET COLORIÉE,
DATANT DE
LA XIXe DYNASTIE.
MUSÉE DU LOUVRE, PARIS.

PAGE DE DROITE :
ARRIVÉE D'UNE PRINCESSE
ÉTHIOPIENNE, SOUS
LA XVIIIe DYNASTIE.

confirmé dans ses pouvoirs, au grand scandale des khazanou restés fidèles à Pharaon. Les archives de Bogahz-Keui attestent qu'Azirou signa un traité avec Shoubbiloulioума et s'engagea à lui verser un tribut annuel en talents d'or.

Quant au Mitanni, désormais coupé de sa liaison avec l'Égypte, il est encerclé par les Hittites. Durant quelques années, Shoubbiloulioума garde des apparences correctes : il échange même avec Aménophis IV lettres et cadeaux. En fait, Doushratta, vers 1355, subit une défaite décisive : sa capitale est détruite, rançonnée, lui-même est assassiné par des conjurés : «Mitanni est complètement abattu,» disent les textes hittites. Les Assyriens prêtent main-forte à Shoubbiloulioума ; mais celui-ci n'entend pas travailler avec eux. Il restaure sur le trône Mattiwazza, fils de Doushratta, lui fait épouser sa fille, et le tient complètement sous sa sujétion. Dès lors, la frontière du Mitanni est fixée à l'Euphrate : la Syrie et Canaan sont pour Shoubbiloulioума et ses alliés, dont le plus important est le roi

d'Amourrou ; Simyra et Byblos, Tyr et Sidon restent aux mains d'Azirou et de ses descendants. La dernière en date des lettres d'El-Amarna mentionne l'arrivée dans la Bekaa d'une armée de 9 000 hommes, sous les ordres du roi de Zida, allié des Hittites. Vers 1350, Shoubbilouliouma est le suzerain direct, ou indirect, des anciennes provinces égyptiennes.

Aucune réaction efficace ne vint plus d'Aménophis IV, ni de ses successeurs, avec lesquels disparaît la XVIIIe dynastie ; l'Égypte est profondément troublée et impuissante ; nous en trouvons l'aveu dans la stèle où Toutankhamon,

LA VILLE DE CANAAN.

LA PLUS ANCIENNE VILLE FORTIFIÉE DU PROCHE-ORIENT EST JERICHO ; ELLE TENAIT LE GUÉ DU JOURDAIN ET LE PASSAGE VERS CANAAN.

PAGE DE DROITE : LE DÉSERT DU SINAÏ, LE MONT MOÏSE.

LE GÉNÉRAL HOREMHEB RAMÈNE DES CAPTIFS AFRICAINS.

PAGE DE DROITE : LES PRISONNIERS, SONT RAMENÉS BRAS LIÉS ET COUDES AU-DESSUS DE LA TÊTE.

revenu à Thèbes pour mettre fin à la crise religieuse, déplore la ruine de toute autorité : «Si l'on envoyait quelque (messager) au Zahi pour élargir les frontières de l'Egypte, il n'en résulterait rien de durable.» Dans les textes de Boghaz-Keui, un document plus humiliant, et significatif a été retrouvé. Au cours d'une expédition de Shoubbiloulioma dans la vallée de l'Oronte, une reine d'Égypte, probablement la veuve de Toutankhamon, lui fait parvenir un message: «Son époux vient de mourir ; elle n'a pas de fils (pour prendre la succession du trône) ; mais lui, qui a tant de fils, pourrait lui en envoyer un, qui deviendrait son époux et roi d'Égypte.» Shoubbiloulioma tint conseil, en cette occasion vraiment inattendue, et il dépêcha un messager en Égypte pour se renseigner sur le sérieux de cette proposition. La reine lui adressa l'ambassadeur Khani, qui avait déjà rempli semblable mission au temps d'Aménophis IV. Shoubbiloulioma, convaincu, envoya un de ses fils, mais celui-ci disparut de façon mystérieuse.

Cet épisode si curieux reste mal éclairci dans ses détails ; n'importe ! Qu'une reine d'Égypte s'avise que son seul recours et moyen de salut était auprès de Shoubbiloulioma, cela suffit à démontrer l'anarchie de l'Egypte, la ruine de son empire syrien, et les vicissitudes imprévues de toute politique internationale.

L'ART

La révolution religieuse ne fut pourtant pas si néfaste qu'on pourrait le croire: elle amena de profonds changements dans le domaine de l'art. Place est faite dorénavant au réalisme, lequel réalisme a souvent tendance à se rapprocher de la caricature, du moins en ce qui concerne le roi: un long visage mince descendant jusqu'à un menton accusé, prolongé par une barbe postiche dont l'oblique évoque celle du nez. Des yeux en amande étirés et étroits donnent au roi un regard assez énigmatique et pénétrant. Tout ce visage fin et longiligne est contrebalancé par une bouche charnue et pulpeuse aussi bien sur les reliefs que sur les sculptures. Une grande ride sillonne la face du monarque, de l'aile du nez aux commissures des lèvres. Trois entailles dans la gorge marquent les plis du cou royal, lequel, long et maigre, rattache la tête au reste d'un corps tout en longueur: une poitrine pour le moins féminine, un ventre ballonnant et de larges cuisses lourdes et fermes. Il émane cependant de cet ensemble plutôt laid, une certaine séduction.

On pourrait être étonné de voir le roi tolérer de tels écarts de la part du sculpteur dans sa royale représentation. Les portraits du roi ne sont pas effectivement saisissants de beauté, ils n'ont rien de cette force calme, de cette pureté des formes, qui émanent de toutes les images de ses prédécesseurs. Mais selon Bak, principal sculpteur d'Akhenaton, c'est le pharaon lui-même qui a donné ses instructions en vue des changements des conventions déjà énoncés. On peut remarquer que Néfertiti, son épouse, ne semble pas avoir bénéficié de l'effet caricature bien que dans les premières années du règne de son époux, elle présente une apparence bien maigre et décharnée. Contrairement aux images d'Akhenaton, il émane des représentations de Néfertiti une impression de beauté parfaite parce que sans disproportions, et ce, notamment à partir des fameux bustes réalisés par Thoutmosis qui contribuèrent à placer Néfertiti au rang des plus belles femmes ayant existé. Un visage aux formes pures comprenant de doux yeux en amande dont les paupières s'abaissent mollement, expression qui confère au regard un charme indicible. Les sourcils épais à la ligne cependant fine, prolongent à leur naissance un nez droit. La bouche, petite et sensuelle, dont la moue charmante ne doit pas laisser indifférent, surplombe un menton rond et décidé. Si le buste de la reine est mince et ses seins petits, son ventre arrondi prometteur de fécondité, et ses larges cuisses, rappellent, à tous ceux qui contemplent son effigie qu'elle donna à son époux six filles. Rien à voir donc, avec les représentations d'Akhenaton: les unes mettent mal à l'aise par leur laideur attirante, les autres ravissent par leur beauté rayonnante.

Cependant, il existe un point commun entre les deux époux, un aspect de leur personne qui, s'il semble naturel chez la reine, prête à question chez le roi: les hanches du souverain sont aussi arrondies que celles d'une femme, sa poitrine pointe de manière féminine... Cet ensemble trace le portrait d'un Akhenaton androgyne.

Pourquoi une telle représentation? C'est que l'art et l'individu sont au service de l'idéologie: Akhenaton porte en lui les principes mâle et femelle qui le rendent omnipotent. Manifestation terrestre de l'Aton, il doit, comme lui, être un créateur, le Créateur. Pour ce faire, il lui faut être homme et femme à la fois.

CI-DESSOUS : STATUE COLOSSALE D'AKHENATON TROUVÉE À KARNAK MUSÉE ÉGYPTIEN DU CAIRE.

PAGE DE DROITE : BUSTE D'AMÉNOPHIS IV. AKHENATON, TROUVÉ DANS LE TEMPLE D'ATON À KARNAK. VERS 1365-1360 AV. J.-C. MUSÉE ÉGYPTIEN DU CAIRE.

Si le monarque est androgyne, la tendance est, en ce qui concerne le peuple «unisexe»: les artistes ont tendance à gommer les différences entre hommes et femmes, en particulier au niveau des couleurs. Auparavant, les hommes étaient peints en rouge, les femmes en jaune. Dorénavant, les femmes ont la peau rouge. En outre, dès la fin du règne d'Aménophis III, la mode fit que les hommes portaient les mêmes riches vêtements que les femmes.

Mais c'est surtout dans le choix des sujets à représenter que l'art est novateur: les scènes figurant le pharaon sont plus humaines, car elles y montrent Akhenaton en famille! Ainsi, la foule des croyants peut admirer dans les temples, le roi offrant un fruit à une de ses filles, tandis que, face à lui, Néfertiti tient deux princesses sur ses genoux, le tout sur fond de propagande religieuse puisque le Disque solaire sur la famille royale darde ses rayons. Ailleurs, le couple royal offre un déjeuner à la reine-mère Tiy, les petites princesses, assises à leurs pieds dévorant des canards. Si les six fillettes sont si souvent représentées sur les

PAGE DE GAUCHE :
AKHENATON ET NÉFERTITI
VERS 1350 AV. J.-C.,
MUSÉE DU LOUVRE, PARIS

CI-CONTRE :
NÉFERTITI

EN HAUT : EN GRANIT
TELL EL-AMARNA, MUSÉE
ÉGYPTIEN DU CAIRE.

EN BAS : EN QUARTZITE

reliefs, c'est sans doute pour prouver la vigueur du pouvoir de procréation du roi.

D'autres scènes encore, plus intimes, sont exposées à la vue de tous. Akhenaton et Néfertiti enlacés sur un char que conduit le roi, s'embrassent amoureusement, ou encore, une statuette montre le pharaon assis sur le trône tenant sur les genoux soit son épouse soit une de ses filles, à laquelle il donne un baiser bien charnel. Un détail plus inhabituel sculpté sur un talatate figure une femme de qualité dont le nom a été effacé, embrassant sur les lèvres une des princesses.

Bien sûr, la famille royale n'est pas le sujet unique pris en compte par les artistes, la vie quotidienne fut elle aussi décrite par les sculpteurs et les peintres. A Karnak, par exemple, des serviteurs s'occupent dans le temple et les palais: ils cuisinent, cuisent le pain, préparent la bière, soignent le bétail avant de le faire abattre, tandis que dans le palais, on se restaure tout en écoutant des groupes de musiciens. Dans la tombe d'Horemheb, des fragments de reliefs montrent des hommes s'occupant de chevaux: l'un en tient deux par la bride, un autre est assis sur un char. Un cheval seul devant deux sacs de grains semble faire bombance, tandis que dans la maison du maître au décor soigné, deux hommes, le crâne rasé, discutent.

La nature est aussi très présente, c'est l'un des sujets préférés des artistes qui décorent les murs des palais et des temples. Souvent, des scènes de marais y sont figurées, comme ces canards émergeant ailes déployées des hautes touffes de papyrus bleutés dont certaines têtes se hissent orgueilleusement vers les oiseaux, dont d'autres, vaincues, ploient mollement vers le sol. Sur certaines fresques, des poissons du Nil aux écailles argentées passent sans se presser entre des plantes aquatiques échevelées. Ailleurs, des veaux beuglent et jouent devant un champ de blé dont les épis dorés se dressent jusqu'au soleil. Les animaux du désert sont eux aussi représentés et également une hyène femelle, la gueule ouverte figurée en plein bond sur un bloc de Karnak.

PAGE DE GAUCHE :
VISAGE D'AKHENATON PROVENANT D'UNE STATUE DE TELL EL-AMARNA, METROPOLITAN MUSEUM OF ART, NEW YORK

CI-CONTRE :
BAS-RELIEF REPRÉSENTANT AKHENATON, TELL EL-AMARNA, STAATLICHE MUSEEN, BERLIN

Qui dit nouvelle forme d'art sous-entend évidemment nouvelle technique: afin de sculpter le grès en vue d'exécuter des reliefs, et comme on manque de temps, les artistes procèdent de la façon suivante : les contours des blocs sont incisés et les zones internes ourlés en bas-reliefs. Une couche de gypse, sur laquelle on ajoutait des détails en même temps que la peinture, recouvre les murs des temples.

Puisqu'on en est à évoquer les peintures, il faut remarquer que les peintres d'Akhetaton travaillent désormais à main levée, ce qui permet d'user de couleurs plus riches et plus variées; les papyrus par exemple, peuvent maintenant être de couleurs légèrement différentes, simplement nuancées, et se plier, se tordre dans des sens contraires sans pour autant choquer l'œil... Autant dire que la peinture y gagne beaucoup.

Mais la maîtrise également. C'est à partir de la période amarnienne que les artistes montrent qu'ils savent différencier un pied droit d'un pied gauche et poussent même le raffinement jusqu'à figurer orteils et ongles de doigts de pied.

LA FAMILLE ROYALE RÉUNIE SUR LES RAYONS D'ATON. ENTRE AKHENATON ET NÉFERTITI SE TROUVENT LEURS FILLES, MERYTATON, DEBOUT, MEKETATON ET ANKSENPAATON (LA FUTURE ÉPOUSE DE TOUTANKHAMON), SUR LES GENOUX DE LEUR MÈRE. TELL EL-AMARNA, VERS 1365-1349 AV. J.-C. MUSÉE ÉGYPTIEN DU CAIRE

PAGE DE DROITE : AKHENATON EMBRASSE UNE DE SES FILLES. TELL EL-AMARNA, VERS 1365-1369 AV. J.-C. MUSÉE ÉGYPTIEN DU CAIRE

LA FIN D'UN RÊVE

Cependant, Akhenaton savait bien qu'il était mortel et que le fait de se faire représenter, figé dans la pierre pour un bout d'éternité, ne le délivrerait pas pour autant de la mort. C'est la raison pour laquelle il se fit construire, comme tous ses prédécesseurs pharaons, un tombeau magnifique.

Alors que la plupart des fonctionnaires et hauts dignitaires d'Akhetaton firent creuser leurs tombeaux dans les falaises entourant la plaine, le pharaon fit installer son monument funéraire dans une vallée éloignée du désert, à l'est de sa capitale. Il y procéda à l'une des rares innovations qui survécut à son règne: au lieu de faire un tombeau à axe tournant en angle tournant, à l'instar de ses prédécesseurs, il choisit un axe droit qui devait permettre à la lumière de se répandre jusqu'aux lieux les plus reculés du monument. Le seul inconvénient venait du rocher de mauvaise qualité qu'on ne pouvait revêtir d'aucune décoration. Afin d'y remédier, les artistes en étaient réduits à recouvrir le mur de plâtre, et de tailler le dessin à même celui-ci, avant qu'il ne sèche.

UNE FILLE D'AKHENATON
VERS 1360.
MUSÉE DU LOUVRE, PARIS

PAGE DE DROITE :
STÈLE D'AKHENATON
ET DE SMENKHKARÉ.
TELL EL-AMARNA.
VERS 1350 AV. J.-C.
STAATLICHE MUSEEN,
BERLIN

BUSTE DE NÉFERTITI
SCULPTÉ DANS L'ATELIER
DE THOUTMÔSIS.
TELL EL-AMARNA,
VERS 1340 AV. J.-C.
STAATLICHE MUSEEN,
BERLIN

Comme il n'existe à Akhetaton qu'une seule tombe royale, on pense qu'une place devait y être réservée à Néfertiti ainsi qu'à Méritaton, l'aînée des six princesses.

Les sujets décorant les murs du tombeau prouvent bien que le pharaon «hérétique» ne croyait qu'en l'Aton et excluait toute autre divinité. On ne sait donc pas à quoi s'attendait Akhenaton, une fois dans l'autre monde.

Outre les scènes représentant la famille royale en adoration devant le Disque solaire, une scène reproduite trois fois montre le lit de parade d'une princesse certainement celui de Mékétaton, la seconde fille du couple royal à qui on pense qu'une place avait été gardée dans cette tombe aux côtés de son père, sa mère et sa sœur.

Le décor mural laisse présager qu'elle mourut en couches, car on peut voir un bébé emporté par une femme tandis qu'une autre se retient à une de ses compagnes afin de ne pas tomber et que, le roi et la reine se frappent la tête en signe d'affliction devant le corps sans vie de leur enfant.

Malgré tout le faste déployé à l'édification de cette tombe, il ne semble pas qu'Akhenaton s'y soit fait transporter à sa mort, ou du moins il en a été déplacé puisque sa momie ne s'y trouve plus.

La fin de la vie du pharaon, reste assez obscure. Il pourrait s'être séparé de son épouse Néfertiti en l'an 14 de son règne et celle-ci serait partie vivre au palais du nord. Akhenaton aurait alors pris pour corégent un certain Smenkhkaré, époux de sa fille Méritaton. Smenkhkaré reste lui aussi un personnage assez flou; il aurait été soit un fils tardif d'Aménophis III soit un enfant d'Akhenaton et d'une concubine, et/ou encore le frère de Toutankhamon. Lorsque le pharaon «hérétique» mourut au bout de dix-sept ans de règne, Smenkhkaré lui succéda pour un an avant de s'éteindre à son tour. Cependant, certains tendent à penser que c'est Néfertiti qui gouverna pendant ce laps de temps sous le nom de Smenkhkaré. Quoi qu'il en soit, comme Akhenaton n'avait aucun héritier mâle, on propulsa un enfant d'environ cinq ans au pouvoir, le jeune Toutankhaton, marié à la fille du défunt roi, Ankhesenpaaton.

Mais les hommes qui placèrent le jeune prince sur le trône, se rendirent nettement compte que la cause de la nouvelle croyance instaurée par Akhenaton était perdue. Il ne restait plus aussi qu'à revenir vers Amon et les anciennes divinités, il ne restait plus qu'à retourner vivre à Thèbes.

Afin de bien montrer que la paix était conclue avec Amon, Toutankhaton changea son nom en Toutankhamon, «L'image vivante d'Amon» et son épouse en Ankesenamon «Sa vie et celle d'Amon». Sitôt effectué le retour aux anciennes croyances, le clergé et le peuple donnèrent libre cours à leur haine et à leur fureur. La ville du roi «hérétique» fut rasée jusqu'au sol et ses temples et ses palais détruits de façon systématique. Leurs pierres servirent à l'édification de nouveaux monuments, notamment sous Ramsès II. Le rêve d'Akhenaton ne dura que le temps de son règne et ne fut plus jamais repris par la suite. Aton mourut avec Akhenaton.

RAMSÈS II

INTERIEUR DU TEMPLE
D'ABOU SIMBEL

L'AVÈNEMENT DE RAMSÈS II

Comme le trentième anniversaire de sa désignation en tant que prince héritier approchait, Séthi Ier commença à préparer les obélisques commémoratifs d'usage. Vers la même époque, son fils aîné dont le nom ne nous est pas connu, fut proclamé à son tour héritier présomptif du trône. Cependant, un autre fils de Séthi, nommé Ramsès, qu'il avait eu de la reine Touya, cherchait à supplanter son aîné et, durant les derniers jours de leur père, il avait si habilement combiné ses intrigues que ses chances de succès ne laissèrent plus de doute à la mort du vieux roi. Peu de temps avant la date anniversaire, alors que les obélisques jubilaires n'étaient pas encore achevés, Séthi Ier mourut (vers 1292 av. J.-C.) ayant occupé le trône depuis plus de vingt ans depuis la mort de son propre père. Il fut couché en un somptueux sarcophage d'albâtre dans la superbe sépulture qu'il avait fait creuser dans la vallée occidentale. Ramsès n'hésita pas une seconde à écarter son frère aîné et à s'approprier la

PAGE DE GAUCHE : TEMPLE D'ABOU SIMBEL

CI-CONTRE : EN ACCÉDANT AU TRÔNE, LE SOUVERAIN SE CONSTITUE UN ENSEMBLE DE NOMS, ALLANT JUSQU'À EN COMPORTER CINQ SOUS LE NOUVEL EMPIRE. CELUI DE RAMSÈS II EST UN NOM DE «FILS DE RÉ», «LE DIEU RÊ LUI A DONNÉ NAISSANCE. L'AÎMÉ D'AMON».

couronne. L'unique attestation publique des droits légitimes de son frère, à savoir son image placée à côté de celle de Séthi dans la représentation du combat contre les Lybiens, fut immédiatement grattée, ainsi que les inscriptions énumérant ses noms et titres. A leur place, les artistes de Ramsès firent insérer la figure du nouveau maître avec l'indication du titre de "prince héritier" qu'il n'avait cependant jamais porté. Tel fut l'avènement au trône de Ramsès II, alors âgé de vingt-cinq ans. Son règne durera soixante-sept ans, de 1279 à 1212 avant Jésus-Christ.

LES ÉPOUSES ROYALES

L'histoire de Ramsès II n'apparaît qu'au travers des récits des prêtres, et, dans ceux-ci, l'adulation sacerdotale, les redites interminables de la flatterie officielle prévalent si largement, nous pouvons même dire souvent si exclusivement, que rien de sa personnalité ne se fait jour dans ce fatras de verbiage.

Sa personnalité physique, au moins, nous est connue, par la superbe statue qui est à Turin et qui, ainsi qu'on peut le contrôler par le corps lui-même qui a été retrouvé, donne de lui une image fidèle. Il était de haute stature, avec des traits d'une beauté idéale et presque efféminée, nullement suggestifs des qualités viriles qu'il devait certainement posséder. Car l'épisode de Qadesh prouve surabondamment qu'il était un homme d'une grande vaillance et capable de se tirer avec honneur

PAGE DE GAUCHE : BAS-RELIEF DE SETHI 1ER REPRÉSENTANT LE PHARAON AVEC LA DÉESSE HATHOR, RAMENÉ PAR CHAMPOLLION POUR LE MUSÉE DU LOUVRE

TEMPLE DE SETHI IER À ABYDOS

CI-DESSUS : RAMSÈS II ENFANT REPRÉSENTÉ EN HARPOCRATE FORME ENFANTINE D'HORUS. IL EST SYMBOLIQUEMENT REPRÉSENTÉ PARTANT POUR LA CHASSE AU LION

EN BAS : SCÈNE DE CHASSE DANS LA TOMBE DE NAKHT (THÈBES) XVIIIE DYNASTIE. METROPOLITAN MUSEUM OF ART, NEW YORK

d'un mauvais pas; il continua à manifester cette indomptable énergie dans la guerre contre le puissant empire hittite et poursuivit ses conquêtes, encore qu'elles aient été éphémères, très loin dans la Syrie septentrionale.

Après une quinzaine d'années de campagnes, dont le succès compensa largement le résultat indécis de ses opérations autour de Qadesh, il était en situation de jouir d'une paix bien gagnée.

D'une vanité peu ordinaire, il fit sur ses monuments un plus pompeux étalage de ses campagnes que Thoutmôsis III. Il aimait le faste et le plaisir et il s'abandonna sans contrainte à la volupté. Il possédait un harem très nombreux et d'année en année, sa descendance s'augmentait rapidement.

Ramsès a eu deux épouses principales, Néfertari et Isisnéfret, au moins dix ans avant la mort de Séthi. Le vieux roi a donc été entouré de petits-enfants, au moins cinq garçons et deux filles, auxquels s'ajoutent une dizaine ou une quinzaine d'enfants engendrés par les femmes du harem. Il n'est pas surprenant que, plusieurs années

SCÈNE DE CHASSE, TOMBE DES ARTISANS

STÈLE DE RAMSÈS II EN HARPOCRATE, ASSIS SUR L'HORIZON, UNE SYMBOLIQUE D'HORUS. MUSÉE DU LOUVRE, PARIS

PAGE DE DROITE : TÊTE EN GRANIT NOIR DE RAMSÈS SE TROUVANT DANS LE RAMESSEUM

NEFERTARI JOUE AU SENET, SYMBOLE DE VOYAGE DANS L'AU-DELÀ ET DE LA RÉSURRECTION

et quelques mariages plus tard, Ramsès se vante d'avoir plus d'une centaine de fils et de filles qui n'ont pu être dénombrés de manière exacte.

Les vies de Néfertari et d'Isisnéfret ne sont pas connues. On sait simplement que Néfertari est restée la Grande Epouse royale jusqu'à sa mort, en l'an 24 du règne. Sa tombe de la Vallée des Reines (tombe 66), récemment restaurée, est l'une des merveilles de l'ancienne Thèbes. Isisnéfret a remplacé Néfertari avant de disparaître à son tour dix ans plus tard, vers l'an 34. Néfertari a donné naissance au premier fils de Ramsès, le prince héritier Amon-her-Khepechef, ainsi qu'à trois autres garçons au moins et à deux filles. Isisnéfret a engendré trois fils, Ramsès, Khâemouaset et Merenptah, le successeur de Ramsès II. Khâemouaset est devenu un magicien réputé; il est aujourd'hui considéré comme le premier archéologue, très intéressé par les monuments et leur conservation. Son nom est ainsi gravé sur la partie supérieure de la face sud de la pyramide d'Ounas (Vème dynastie) à Saqqara.

Suivant la coutume royale, Ramsès a choisi la plupart de ses femmes dans son entourage familial. Il a épousé sa jeune sœur Hénoutmirê et trois de ses filles, Méritamon, Bint-Anath (nom syrien signifiant «Fille d'Anath», ce qui est curieux pour la fille d'Isisnéfret) et Nebettaouy. Après la signature du traité de paix avec les Hittites, Ramsès a épousé une princesse hittite qui a reçu le nom égyptien de Maâthornéférourê. Sept ans après ce mariage, une seconde princesse hittite a rejoint la cour égyptienne. Le harem du vieux Ramsès est très cosmopolite: il compte une autre princesse hittite, ainsi que des femmes issues des familles royales syrienne et babylonienne.

Sa famille s'accroît ainsi dans de telles proportions qu'elle arriva à constituer une tribu noble de Ramessides que nous retrouvons encore quatre cents ans plus tard; ils continuaient de faire figurer parmi leurs titres le nom de Ramsès, qui n'était pas chez eux un nom patronymique, mais une désignation de castre et une indication de leur rang. Il est probable que Ramsès ne trouva pas, pour son armée de

PAGE DE GAUCHE :
NEFERTARI COIFFÉE
DE LA DÉPOUILLE
DE NEKHBET

CI-DESSUS :
VALLÉE DES REINES.
TOMBE DE NEFERTARI

ENFANT NÉ AVANT TERME,
DÉCOUVERT DANS LA
TOMBE D'AMON-HER-
KHEPECHEF, FILS DE
RAMSÈS III.
VALLÉE DES REINES

fils, assez d'alliances unissant à un degré suffisant la noblesse et la fortune, puisque, ainsi que nous l'avons vu, l'un d'eux épousa la fille d'un simple capitaine de vaisseau syrien.

Ramsès était très fier de sa nombreuse progéniture et il donna bien des fois à ses sculpteurs l'ordre de représenter, en longues files, ses fils et ses filles sur les murailles des temples. Les fils de ses années de jeunesse l'accompagnaient à la guerre, et, selon Diodore, chacune des divisions de son armée était commandée par l'un d'eux. Son fils préféré Khamwese fut fait grand-prêtre de Ptah à Memphis. Tous, d'ailleurs, avaient part à son affection, et ses épouses et ses filles favorites figurent très fréquemment sur ses monuments.

MERIT-AMON, FILLE DE RAMSÈS II, ÉLEVÉE AU RANG DE GRANDE ÉPOUSE ROYALE, APRÈS LE DÉCÈS DE SA MÈRE NEFERTARI. MUSÉE ÉGYPTIEN DU CAIRE

NEFERTARI ET RAMSÈS II. TOMBEAU DE NEFERTARI

PAGE DE DROITE : TEMPLE D'ABOU SIMBEL

RAMSÈS LE BÂTISSEUR

L'ingérence de l'Egypte dans les affaires d'Asie, avait eu pour conséquence de déplacer le siège du pouvoir central sur le Nil, de Thèbes vers le Delta.

Akhenaton avait délibérément rompu avec la tradition qui voulait que le pharaon réside à Thèbes. Horemheb y revint, mais après l'avènement de la XIXe dynastie. Séthi Ier, fut obligé de passer les premiers temps de son règne dans le nord, et nous le trouvons installé pendant de longs mois dans le Delta. Les projets de conquête de Ramsès II sur l'Asie entraînèrent l'abandon définitif de Thèbes en tant que résidence royale. Elle demeura toutefois la capitale religieuse de l'État, et aux fêtes principales marquées au calendrier sacré, le pharaon s'y rendait souvent, mais sa résidence permanente était dans le nord. Son séjour à demeure dans les villes du Delta oriental fit que celles-ci prirent un développement qu'elles n'avaient jamais connu jusque-là. Tanis devint une cité vaste et florissante avec un temple splendide, qui était l'œuvre des architectes de Ramsès. Dominant les pylônes massifs qui l'encadraient, une statue colossale de Ramsès, taillée dans un seul bloc de granit, se dressait à 90 pieds de terre. Elle pesait 900 tonnes et on l'apercevait à plusieurs kilomètres à la ronde dans toute la plaine environnante du Delta. Le Wadi Tumilat, à travers lequel courait probablement déjà le canal du Nil aux lacs salés orientaux, et qui constituait une voie d'accès naturelle de l'Asie vers l'Égypte, fut aussi l'objet de soins attentifs de la part de Ramsès. A mi-chemin de l'isthme de Suez, il éleva une «station magasin» qu'il appela Pithom ou «Maison d'Atum». A l'extrémité occidentale, juste au nord d'Héliopolis, Séthi et lui fondèrent une ville qui est connue aujourd'hui sous le nom de Tell el-Yehudiyeh. Quelque part dans le Delta oriental, il bâtit une ville de résidence qu'il baptisa Per Ramsès ou «Maison de Ramsès». On n'a pas de données exactes sur son emplacement, et l'on a souvent pensé que ce pouvait être la ville de Tanis même; elle devait, en tout cas, être située tout près de la frontière orientale, car un poète du temps, chantant ses

PAGE DE GAUCHE :
STATUE COLOSSALE DE RAMSÈS II EN GRANIT ROUGE RESTAURÉE, DÉCOUVERTE À MEMPHIS

DÉTAILS DU VISAGE

CI-CONTRE :
CETTE SCÈNE SYMBOLISE L'UNIFICATION DE LA BASSE ET DE LA HAUTE ÉGYPTE. RELIEF D'UNE STATUE COLOSSALE DE RAMSÈS II. TEMPLE DE LOUQSOR

PAGE DE DROITE :
LE RAMESSEUM DE RAMSÈS II À THÈBES OUEST

beautés, en parle comme se trouvant entre l'Égypte et la Syrie. Elle était également ouverte au trafic maritime.

«Per Ramsès» devint le siège du gouvernement et c'est là que l'on conservait les archives de l'État. Le vizir, toutefois, résidait à Héliopolis; Ramsès lui-même figurait au nombre des dieux de la cité.

La fondation de ces villes nouvelles, ainsi que des autres grandes entreprises de Ramsès dans la région, valut à la partie centrale du Delta oriental le nom de «pays de Ramsès», et ce nom s'attacha si étroitement à cette contrée, que la tradition hébraïque l'emploie rétrospectivement en l'appliquant à l'époque de Joseph et de ses frères, c'est-à-dire à un temps où aucun Ramsès ne s'était encore assis sur le trône d'Égypte.

Si le prodigieux développement dont le Delta bénéficia alors fut une conséquence en

LE RAMESSEUM
DE THÈBES

quelque sorte inséparable des projets de Ramsès sur l'Asie, les autres parties du royaume où n'existait aucune raison de ce genre, n'en ressentirent pas moins les effets de son énergique activité. De ses constructions à Héliopolis, il ne reste rien, et de ses temples de Memphis, que quelques vestiges. Il ne se contenta pas de terminer le temple magnifique commencé par son père à Abydos; il fit élever son temple mortuaire personnel non loin de celui de Séthi. A Thèbes, il consacra des sommes énormes et une main-d'œuvre considérable à l'achèvement du temple mortuaire de son père et à l'érection d'un autre superbe sanctuaire destiné à son propre service funéraire, le Ramesseum. Il agrandit le temple de Louqsor d'une vaste cour et d'un pylône; enfin ses architectes terminèrent la colonnade colossale du temple de Karnak, déjà commencée sous le premier Ramsès, son aïeul, et qui, en dimensions, surpasse tous les monuments des temps anciens et modernes.

Parmi les grands sanctuaires de l'Égypte, il n'en est guère où l'on ne rencontre une

PAGE DE GAUCHE : A KARNAK, SE TROUVE LE LAC SACRÉ QUI MESURAIT 120 M SUR 77, INDISPENSABLE AUX NAVIGATIONS RITUELLES

CI-CONTRE : PLUSIEURS STATUES COLOSSALES DOMINAIENT L'ENTRÉE DU TEMPLE D'AMON-RÊ, À KARNAK THOUTMÔSIS III FIT ÉRIGER LE COLOSSE DEBOUT À GAUCHE DE L'ENTRÉE, QUI, SOUS LA XIXE DYNASTIE FUT USURPÉE PAR RAMSÈS II

STATUE D'AMÉNOPHIS II USURPÉE PAR RAMSÈS II

salle, un vestibule, une colonnade ou un pylône portant le nom du souverain et destiné à perpétuer son souvenir. Pour cela d'ailleurs, il n'hésita pas un seul instant à profaner et à détruire les monuments les plus vénérables du pays. C'est une construction du roi Téti de la VIème dynastie, qui fournit de quoi bâtir le temple des Ramsès à Memphis; pour se procurer les matériaux de son sanctuaire à Héracléopolis, Ramsès détruisit la pyramide de Sésostris II à Illahun, éventra le pavement tout autour et démolit ses plus belles constructions. Il utilisa sans plus de scrupules les monuments du Moyen Empire dans le Delta; pour faire de la place, autour du temple de Louqsor qu'il projetait d'agrandir, il rasa une exquise chapelle de granit de Thoutmôsis III et à nouveau utilisa les matériaux en tournant vers l'intérieur le côté où le nom de Thoutmôsis était inscrit. Les édifices de ses ancêtres sur lesquels il fit figurer son nom sont innombrables. Quoi qu'il en soit, l'ensemble des constructions dont il peut légitimement revendiquer l'initiative surpasse en dimensions et en étendue tout ce que ses ancêtres ont jamais réalisé. On rencontre dans les édifices qu'il éleva un nombre incalculable de constructions annexes, en particulier des obélisques et des statues colossales de lui-même; celles-ci sont les plus énormes

statues monolithes que l'on ait jamais exécutées. La plus haute se trouvait dans le temple de Tanis.

Un autre monolithe de granit dominait les pylônes du Ramesseum à Thèbes; bien que moins élevé que celui de Tanis, il pesait environ un millier de tonnes. A mesure que les années se passaient et qu'il célébrait jubilé sur jubilé, les obélisques qu'il érigeait pour commémorer ces anniversaires se multipliaient rapidement parmi ses temples. Rien qu'à Tanis, il n'en éleva pas moins de quatorze. Tous sont aujourd'hui abattus; trois au moins sont à Rome et des deux qu'il érigea à Louqsor, l'un se dresse à Paris sur la place de la Concorde.

Outre le capital nécessaire à son édification, chacun de ces temples requérait une riche dotation. Après avoir expliqué que son temple d'Abydos était bâti de calcaire fin avec des pilastres de granit et des portes de cuivre garnies d'ornements d'un alliage d'or et d'argent, Ramsès parle de sa dotation: «*Des offrandes journalières furent instituées pour lui (le dieu) au commencement des saisons et à l'occasion de toutes les*

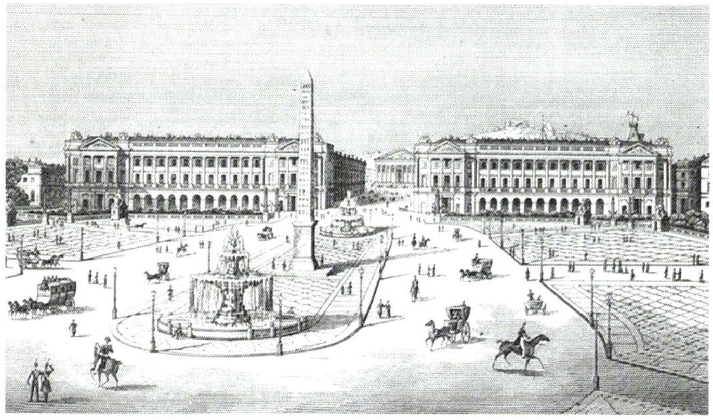

PAGE DE GAUCHE : LE PYLÔNE ET LES COLOSSES DE RAMSÈS II À LOUQSOR

CI-DESSUS : DESSINÉS PAR DAVID ROBERTS

EN HAUT : OBÉLISQUE DE LOUQSOR SUR LA PLACE DE LA CONCORDE À PARIS

fêtes. Il (Ramsès) le combla de toutes espèces de choses, de nourriture et de provisions en abondance; il lui attribua des taureaux, des veaux, des bœufs, des oies, du pain, du vin, des fruits. Une multitude d'esclaves-paysans que son épée victorieuse avait réduits au sevrage, étaient attachés à ses champs et à ses troupeaux. Ses greniers regorgeaient; les tas de blé montaient jusqu'au ciel. Son trésor était plein de pierres précieuses de toutes sortes, or et argent en lingots; ses magasins étaient remplis des produits du tribut de toutes les nations. Il planta plusieurs jardins où se rencontraient toutes les essences d'arbres, les bois odorants et embaumés, les plantes du pays de Pount.»

Si l'on considère que tout ceci ne concerne qu'un seul temple, on comprend que ce devait engendrer de nombreux problèmes économiques.

De ce déplacement vers le nord du centre de gravité de l'Empire, il ne faudrait pas conclure que le sud était négligé. Ramsès était devenu le dieu tutélaire de la Nubie; on ne vit pas s'élever dans ce pays moins de six temples nouveaux consacrés aux grandes divinités d'Égypte: Amon, Rê et Ptah ; dans tous, toutefois, on vénérait particulièrement Ramsès et, dans l'un d'eux, le culte de la reine Néfertari avait la priorité. De ces sanctuaires nubiens, le grand spéos d'Abou Simbel est le plus beau.

La Nubie «s'égyptianisa» de plus en plus et la région comprise entre la première et la seconde cataracte avait reçu une empreinte indélébile de civilisation pharaonique. Là, l'autorité des anciens chefs pratiquement n'existait plus; l'administration était entièrement aux mains des fonctionnaires du pharaon, et il y avait même une cour de justice avec le vice-roi comme grand juge.

STATUE DE RAMSÈS II QUI SERA USURPÉE PAR PINEDJEM 1ER, PHARAON DE LA XXIE DYNASTIE

PAGE DE DROITE : RAMSÈS II ASSIS ENTRE AMON ET MOUT. PROBABLEMENT DE KARNAK. MUSÉE DE TURIN

PAGES SUIVANTES : LE TEMPLE D'ABOU SIMBEL

LE TEMPLE D'ABOU SIMBEL EST ENTIÈREMENT DÉDIÉ À LA REINE NÉFERTARI, PERSONNIFICATION DE LA DÉESSE HATHOR XIXE DYNASTIE, VERS 1260 AV. J.-C.

PAGE DE DROITE : DANS LE PRONAOS D'ABOU SIMBEL, SE DRESSENT HUIT PILIERS OÙ S'ADOSSENT DES STATUES DU DIEU DES MORTS, OSIRIS

LE RECRUTEMENT DE LA MAIN-D'ŒUVRE

ILLUSTRATIONS TIRÉES DE L'ALBUM DE PRISSE D'AVENNES, 1878

EN HAUT : REPRÉSENTATION D'UN ATELIER DE SCULPTURE

EN BAS : CAPTIFS EMPLOYÉS À LA CONSTRUCTION D'UN TEMPLE D'AMON

Pour mener à bien ses vastes entreprises, il fallait à Ramsès d'immenses ressources, particulièrement en main-d'œuvre. Bien qu'il n'eût pas la possibilité d'utiliser celle des prisonniers asiatiques dans la même mesure que ses prédécesseurs, les grands rois de la XVIIIe dynastie, il n'est pas douteux qu'il y eut largement recours pour ses constructions.

Est-il nécessaire de beaucoup approfondir la tradition hébraïque d'après laquelle une tribu des anciens d'Israël aurait été réduite en servage par le

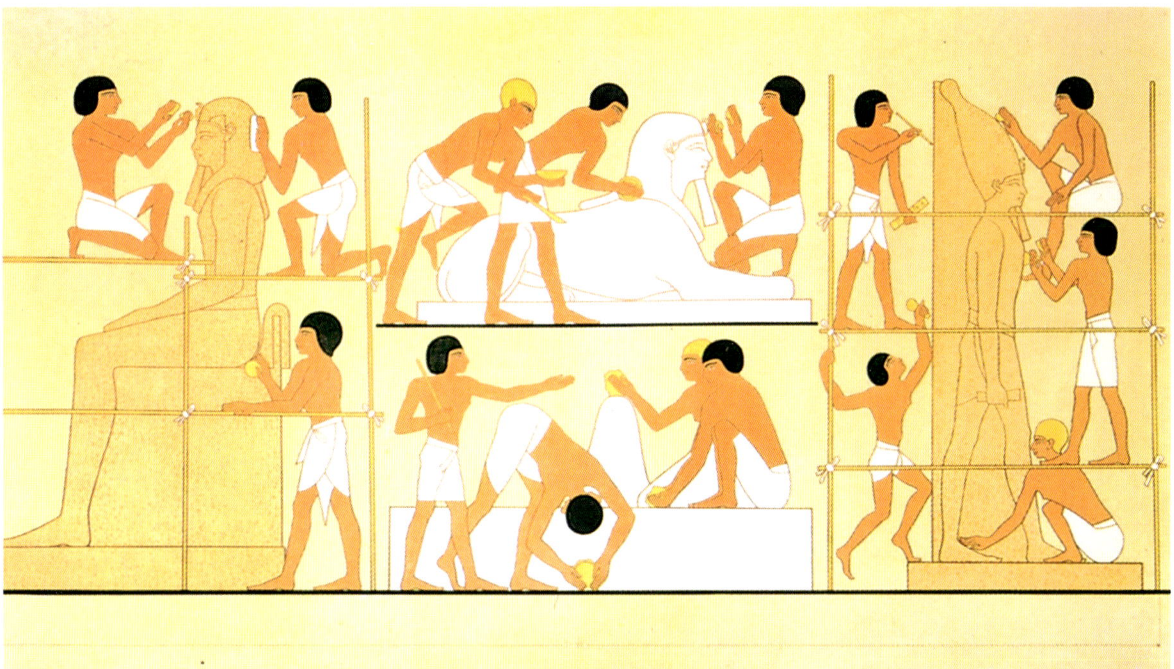

ARTISANS TRAVAILLANT À LA DÉCORATION D'UNE TOMBE. TOMBE DE IPY, DEIR EL-MÉDINEH

bâtisseur de Pithom et de Per Ramsès? Il est parfaitement conforme à ce que nous savons de ces temps-là, qu'une tribu ait dû fuir le pays pour se soustraire à de telles exigences. Les relations avec la Palestine et la Syrie étaient maintenant plus actives que jamais.

Le flot du commerce qui montait et descendait à travers l'isthme était plus intense encore qu'au temps des souverains de

la XVIIIe dynastie, et la Méditerranée était blanche de voiles égyptiennes. Sur la table du pharaon, paraissaient les produits rares et délicats de Chypre, du pays des Hittites et des Amorites, de Babylone et du Naharin. Des chars travaillés avec art, des armes, des fouets, des hampes garnies d'or venues des villes de Palestine et de Syrie emplissaient ses magasins et ses écuries, et ses étables abritaient les magnifiques chevaux de Babylone et le bétail du pays des Hittites. Le train de maison d'un riche propriétaire de ce temps-là comportait une galère qui faisait la navette entre l'Egypte et la côte de Syrie pour amener à l'Egyptien favorisé par la fortune, tous les luxes de l'Asie. Même le temple funéraire de Séthi Ier à Abydos, possédait ses vaisseaux propres, cadeaux de Ramsès, qui ne servaient qu'à aller chercher en Orient les offrandes destinées au temple. Dans les demeures des riches, on trouvait en abondance les œuvres les plus exquises des artisans et des artistes asiatiques, dont les productions eurent en Egypte une grande influence sur l'art du temps. Le pays était peuplé d'esclaves sémites et autres de toutes les parties de l'Asie. Quant aux marchands de Phénicie et d'autres contrées éloignées, ils étaient tellement nombreux qu'il s'était créé à Memphis tout un quartier étranger avec des temples de Baal et d'Astarté, et que ces dieux et d'autres encore de l'Olympe sémitique avaient leur place dans le Panthéon égyptien.

Les dialectes de Palestine et des pays avoisinants, dont l'hébreu, firent passer dans le langage courant de l'époque une quantité de mots sémitiques et, dans la langue littéraire aussi, plus d'un terme choisi dont les scribes cultivés affectaient de se servir dans leurs écrits. C'est ainsi que nous rencontrons fréquemment certaines expressions dans les papyrus de la XIXe dynastie, quatre ou cinq siècles avant qu'elles apparaissent dans les récits hébraïques de l'Ancien Testament. La famille royale n'échappait pas à cette influence; la fille favorite de Ramsès s'appelait «Bint Anath», nom sémitique qui veut dire «fille d'Anath» (une déesse de Syrie), et un des coursiers royaux portait le nom de «Anath-herte», c'est-à-dire «Anath est satisfaite». Les effets de cette infiltration constante de vie asiatique, qui se manifestaient déjà sous la XVIIIe dynastie, étaient maintenant fort apparents, et plus d'un étranger de sang sémitique avait acquis à la cour ou dans le gouvernement la faveur et les plus hautes situations: Un Syrien du nom de Ben-'Ozen exerça l'office de chef des hérauts ou de maréchal à la cour de Mérenptah ; il ne fut, toutefois, jamais régent, ainsi qu'on l'a prétendu quelquefois. Le remarquable essor du commerce procurait à ces étrangers mille occasions de s'enrichir et de s'élever. Un capitaine de

EILAT, SUR LES BORDS DE LA MER ROUGE

PAGE DE DROITE : AMBASSADEURS LYBIENS ET ASIATIQUES REPRODUITS PAR BERTIN, DANS LA TOMBE DE RAMSÈS III

FRAGMENT DE CALCAIRE PEINT REPRÉSENTANT L'EXPÉDITION AU PAYS DE POUNT, XVIIIE DYNASTIE, MUSÉE ÉGYPTIEN DU CAIRE.

L'ARMÉE ÉGYPTIENNE RAMÈNE LES TRIBUTS DU PAYS DE POUNT. TEMPLE DE DEIR EL-BAHARI

CARQUOIS

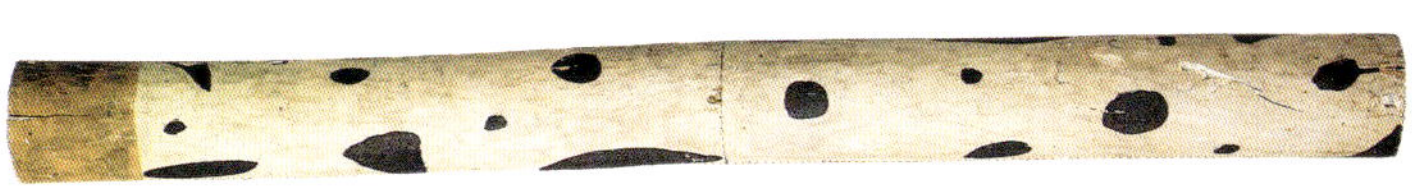

navire syrien du nom de Ben Anath put prétendre pour sa fille à l'alliance d'un fils du pharaon. Bien que le recrutement de la troupe se fit parmi les tribus de l'ouest et du sud plutôt qu'en Asie, l'armée leur offrait de superbes carrières. Dans tout un corps de cinq mille hommes envoyé par Ramsès au Wadi Hammamat pour le service des carrières, on ne comptait pas un seul soldat de race égyptienne; quatre mille étaient Libyens ou Sardes; le reste était des Noirs tels que nous en avons déjà vus dans les rangs égyptiens à l'époque reculée de la VIème dynastie. Les périlleux effets d'un tel système s'étaient déjà montrés; la maison royale ne devait pas tarder à les éprouver, mais elle n'était pas en condition d'y échapper.

LA BATAILLE DE QADESH

Les relations égypto-hittites à la frontière syrienne étaient déjà tendues dans les premières années du règne de Ramsès II. A l'époque de Séthi Ier, l'Égypte avait conservé son influence sur les ports situés au sud de la côte phénicienne tandis que la domination hittite s'étendait, au nord, jusqu'à la cité de Qadesh.

En l'an 4 de Ramsès, une révolte éclate au Levant et oblige le roi à intervenir militairement en l'an 5 (1275 av. J.-C.). Le pharaon rassemble l'une des plus importantes armées jamais mobilisées en Egypte. Elle compte vingt mille hommes, répartis en quatre divisions de cinq mille soldats. Ces unités portent les noms des dieux Amon, Rê, Ptah et Seth.

Empruntant la même route que Thoutmôsis III deux cents ans plus tôt, Ramsès traverse la bande de Gaza et arrive à 16 kilomètres de Qadesh au début du mois de mai. Avec une armée aussi nombreuse, à laquelle s'ajoute tout un train de serviteurs et de bagages, la progression est lente et s'étire sur une distance considérable. Deux espions ennemis capturés aux abords de Qadesh apprennent aux Egyptiens que les troupes hittites se trouvent à 160 kilomètres au nord de la cité. Cette bonne nouvelle décide Ramsès à poursuivre sa route avec la division d'Amon. Il traverse l'Oronte et établit son camp à l'ouest de Qadesh, cité protégée par les eaux de l'Oronte et par celles d'un canal. La satisfaction du roi est de courte durée.

L'armée égyptienne se révèle beaucoup moins nombreuse que celle du roi hittite Mouwatalli. Elle comprend en effet deux corps de dix-huit ou dix-neuf mille

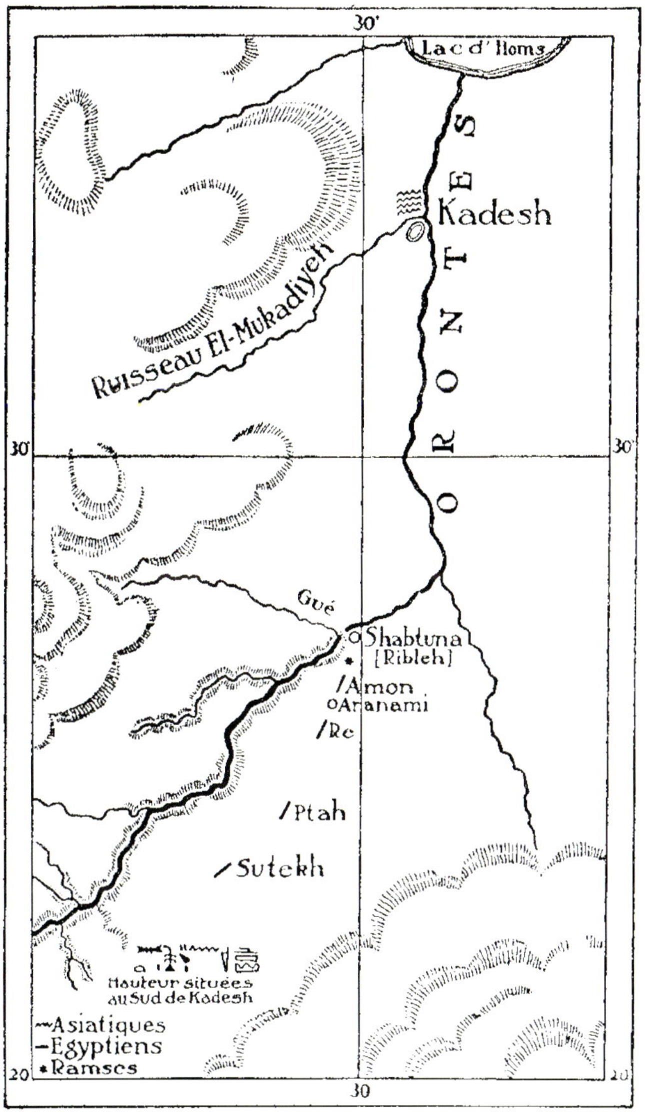

PAGE DE GAUCHE : SOLDATS DE LA BATAILLE DE QADESH. LES AILLIÉS ÉTRANGERS SONT RECONNAISSABLES À LEURS BOUCLIERS RONDS

HÂCHE DE COMBAT ÉGYPTIENNE

CI-DESSOUS : SCÈNE DE LA BATAILLE DE QADESH, FRAGMENT DES GRANDS BAS-RELIEFS DE RAMSÈS II SUR LES MURS DU RAMESSEUM. ON Y VOIT RAMSÈS SEUL (ÉVIDEMMENT IL AURAIT DÛ ÊTRE ACCOMPAGNÉ DE SA MAISON MILITAIRE), ENTOURÉ DE GUERRIERS ASIATIQUES EN CHARS DE GUERRE (AU-DESSUS ET EN-DESSOUS). DEVANT LUI, SONT COUCHÉS LES CHEFS TOMBÉS DE L'ARMÉE HITTITE, À CÔTÉ DE CHACUN D'EUX SONT GRAVÉS SES NOM ET TITRES. LA SCÈNE DÉCRIT LE MOMENT OÙ LE PHARAON CHARGE, LORSQU'IL REFOULE L'AILE EST DE L'ENNEMI DANS LA RIVIÈRE. LES FUYARDS TRAVERSENT LA RIVIÈRE À LA NAGE ET SONT ACCUEILLIS PAR LEURS COMPAGNONS SUR L'AUTRE RIVE. A LA MAIN DROITE DU CHEF D'ALEP, LÀ OÙ LE MUR EST PARTIELLEMENT DÉMOLI, SE TROUVE LE ROI HITTITE, DEBOUT DANS SON CHAR, ENTOURÉ DE HUIT MILLE HOMMES D'INFANTERIE ASIATIQUE. DANS LE COIN SUPÉRIEUR À DROITE SE TROUVE LA VILLE DE QADESH, ENTOURÉE DE DEUX FOSSÉS

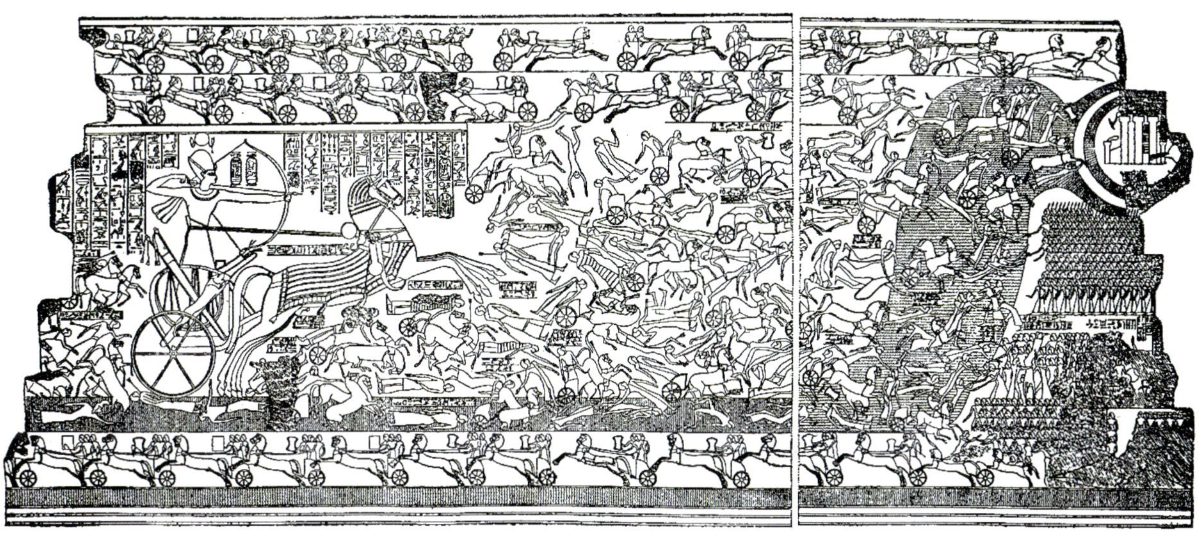

PAGE DE GAUCHE :
LES ROIS GUERRIERS COMMANDAIENT EUX-MÊMES LES EXPÉDITIONS. ICI, RAMSÈS II SUR SON CHAR

SCÈNE DES BAS-RELIEFS SE RAPPORTANT À LA BATAILLE DE QADESH. LES ASIATIQUES EN FUITE TRAVERSENT L'ORONTE, ET SONT RETIRÉS DE L'EAU PAR LEURS COMPAGNONS QUI SE TROUVENT SUR L'AUTRE RIVE. LE CHEF D'ALEP EST MAINTENU LA TÊTE EN BAS PAR SES SOLDATS AFIN DE LUI FAIRE RENDRE L'EAU QU'IL A AVALÉE

CI-CONTRE ET CI-DESSOUS :
LA BATAILLE DE QADESH, GRAND TEMPLE DE RAMSÈS II ABOU SIMBEL

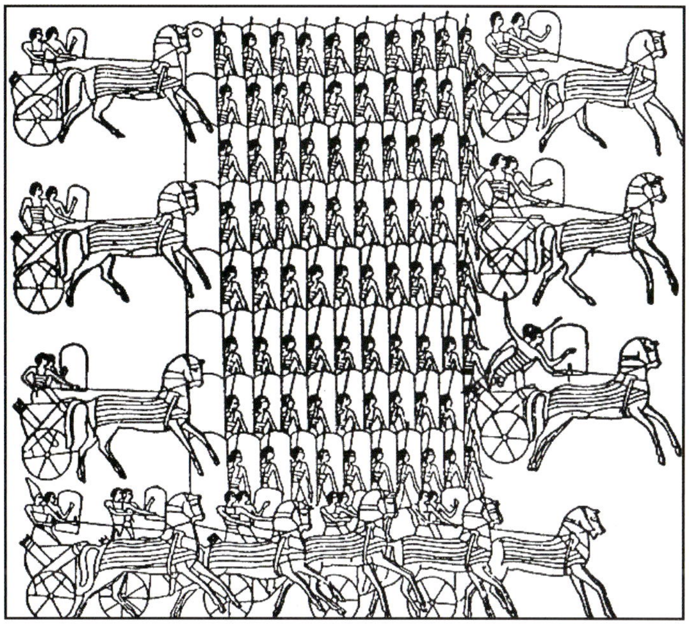

"J'ai vaincu (Ramsès II) tous les pays, alors que j'étais tout seul alors que mes fantassins et mes chars m'avaient abandonné. Pas un parmi eux ne se retournait. Je le jure, aussi vrai que Râ m'aime et que mon père Atoum me favorise, tout ce que ma Majesté dit là-dessus, je l'ai fait, en vérité, en présence de mon infanterie et de mes chars."

hommes et de plus de deux mille cinq cents chars. L'armée égyptienne est prise en embuscade. Le désastre paraît total pour l'Égypte, mais l'autorité de Ramsès II et l'arrivée inespérée de renforts lui permettent de sortir de ce guêpier où l'ennemi perd finalement plusieurs de ses chefs.

En 1278, Hittites et Egyptiens concluent un traité de paix et d'assistance mutuelle renforcée quelques années plus tard, par le mariage de Ramsès II avec une princesse hittite. Les deux peuples vont alors connaître près d'un demi-siècle de tranquillité.

RAMSÈS II TUE DES LYBIENS, TYPIQUE DE LA LOGIQUE FIGURATIVE ÉGYPTIENNE, LA LANCE PASSE DERRIÈRE LA TÊTE ET LE BRAS DU PHARAON POUR NE PAS CACHER UNE PARTIE DE SON CORPS. TEMPLE D'ABOU SIMBEL

PAGE DE DROITE : ENTRE LES JAMBES DE RAMSÈS II SE TIENT SA FILLE, BINT-ANATH. ENGENDRÉE PAR ISISNÉFRET. TEMPLE DE KARNAK

PRISONNIERS

PAGE DE DROITE : REPRÉSENTATION DES PIEDS DE RAMSÈS ÉCRASANT LES NEUF ARCS, SYMBOLES DES ENNEMIS HÉRÉDITAIRES DE L'EGYPTE. MUSÉE EGYPTIEN DE TURIN

LA MÉMOIRE GRAVÉE

Si l'humble version hittite a été incisée dans l'argile fraîche d'une tablette cunéiforme, le texte égyptien fut sculpté sur un mur de près de 4 mètres de haut, dans le temple de Karnak, rendant grâce aux dieux pour leurs interventions bienveillantes.

Ce n'est pas uniquement dans les arts graphiques que nous retrouvons l'obsession de l'épisode de Qadesh; il inspira également les poètes de cour, et l'un deux composa sur la bataille un poème en prose qui ne manque pas d'habileté littéraire et qui demeure l'expression la plus approximative du genre épique dans la littérature égyptienne. Nous y voyons comment l'ennemi, tel une nuée de sauterelles, couvrait les collines; les incidents qui conduisirent à la catastrophe, sont racontés avec précision et clarté; puis, quand le pharaon se trouve tout seul au milieu des ennemis, le poète le montre invoquant l'assistance de son père Amon.

De sa lointaine ville de Thèbes le dieu entend l'appel de son fils ; il y répond et affermit son bras par une harangue où l'on reconnaît le souffle héroïque de la pure épopée. L'auteur utilise remarquablement l'art des contrastes dramatiques. Quand il dépeint l'effroi du conducteur du char royal, c'est pour l'opposer à l'indomptable intrépidité de Ramsès et mettre dans la bouche du pharaon des exhortations enflammées. Quand tout est terminé et que le moment critique est passé, le poète, parmi d'autres incidents, introduit ce joli épisode de Ramsès faisant vœu de nourrir à jamais de sa propre main les vaillants coursiers qui l'ont porté hors de la mêlée.

Une copie de cette composition fut transcrite sur papyrus par un scribe du nom de Pentewere (Pentaour), lequel fut ainsi considéré à tort comme l'auteur lui-même, par les premiers qui interprétèrent le document. L'œuvre est communément attribuée à ce "Pentaour", mais le véritable auteur demeure inconnu. Comme manière, ce poème héroïque est quelque chose de tout à fait neuf; toutefois, il vient trop tard dans l'histoire de la nation pour donner l'élan à une véritable grande épopée. L'âge des inspirations guerrières et du souffle créateur est passé pour l'Égypte.

LA RELIGION ET L'ÉTAT

Depuis la chute d'Akhenaton et le retour aux dogmes de jadis, la religion d'État n'avait plus aucune vitalité et, aux mains d'un clergé d'une orthodoxie rigoriste, elle avait perdu toute faculté créatrice. A cette époque cependant, une évolution s'y manifeste, ou tout au moins un progrès dans un certain sens, et ce, très rapidement. L'Etat, qui s'était toujours étroitement rattaché à la religion, tend de plus en plus à n'être avant tout qu'un organisme religieux dont le rôle essentiel consiste à exalter et à honorer les dieux par l'organe de son chef, le pharaon. Les noms donnés aux temples constituent, parmi d'autres, des indices révélateurs de cette tendance. Des sanctuaires qui, jadis, portaient des noms tels que: «Splendeur des Splendeurs»; «Splendide en monuments»; «Don de vie» et d'autres semblables, s'appellent maintenant: «Demeure de Séthi dans le temple d'Amon» ou «Demeure de Ramsès dans le temple de Ptah».

PAGE DE GAUCHE :
RAMSÈS II ASSIS.
MUSÉE DE TURIN

CI-DESSOUS :
PENDENTIF DE RAMSÈS II.
VERS 1260 AV. J.-C. MUSÉE
DU LOUVRE, PARIS

Déjà pratiquée sous le Moyen Empire, cette coutume s'est généralisée et chaque temple est, aujourd'hui, désigné comme un sanctuaire du pharaon régnant. Ce qui n'avait été longtemps qu'une doctrine sacerdotale et qu'une fiction politique, était en train de devenir une réalité de fait; bientôt l'Empire ne sera plus que le domaine des dieux et le pharaon n'aura plus d'autres devoirs que ceux d'un grand-prêtre universel. Les dotations des temples étaient exemptes d'impôts. Il en résultait qu'elles influaient considérablement sur l'équilibre économique de l'Etat, et nous avons vu Séthi Ier et Ramsès obligés

de chercher de nouvelles sources de revenus pour faire face aux exigences grandissantes du clergé. Pour assurer une seule fonction au détriment de tout le reste, la direction normale du gouvernement se voyait faussée petit à petit; la richesse et les ressources économiques de l'État se trouvaient lentement absorbées et le développement de l'industrie ne présentait plus d'intérêt qu'en tant que facteur économique au service de l'entretien des dieux.

A mesure que grandissaient la richesse et la puissance d'Amon en particulier, son grand-prêtre acquérait à Thèbes une importance politique de plus en plus considérable.

BUSTE DE RAMSÈS II

LE DIEU AMON ET RAMSÈS II S'EMBRASSANT. BAS-RELIEF PROVENANT DU TEMPLE DE KARNAK. MUSÉE DU LOUVRE, PARIS

Rappelons-nous qu'il était à la tête d'une organisation sacerdotale englobant tous les clergés du pays. Il dominait ainsi une faction politique extrêmement influente. C'est ainsi que, sous Merenptah (fils et successeur de Ramsès II) et peut-être même déjà sous Ramsès lui-même, le grand-prêtre d'Amon était arrivé à faire reconnaître son propre fils comme successeur de sa charge, installant ainsi solidement sa famille à la tête de la plus puissante hiérarchie d'Égypte. Pas plus qu'une dynastie royale, elle n'était assurée de s'y maintenir éternellement. C'était, il est vrai, un dangereux précédent et qui devait, en fin de compte, aboutir à l'abdication de l'autorité du pharaon entre les mains des prêtres. Cette échéance était, sans doute, encore éloignée de quelque cent cinquante ans. En attendant, le grand-prêtre mettait à profit son pouvoir et son influence sur le pharaon pour rançonner plus que jamais son trésor ; au point qu'à la fin de la XIXe dynastie, Amon s'était vu attribuer la propriété de toute une région de mine d'or en Nubie.

CHEVALIÈRE TRÈS À LA MODE SOUS LE RÈGNE DE RAMSÈS II. METROPOLITAN MUSEUM OF ART, NEW YORK

BAGUE EN OR DATANT DU RÈGNE DE RAMSÈS II TROUVÉE À SAQQARAH VERS 1304-1237 AV. J.-C. MUSÉE DU LOUVRE, PARIS

C'était le vice-roi du Koush qui l'administrait et il avait, à cette occasion, ajouté à ses titres celui de «Gouverneur du pays de l'or d'Amon». C'est ainsi que, petit à petit, se constituait l'Etat sacerdotal décrit par Diodore et que les prêtres égyptiens de la période grecque évoquaient comme un âge d'or.

Après avoir, depuis longtemps déjà, fait prévaloir sa doctrine sur toutes les autres, le clergé triomphant avait maintenant fixé les rites extérieurs de la religion d'après des règles uniformes et inflexibles, et la popularité dont chaque pharaon jouissait parmi les prêtres dépendait de sa docilité à accomplir leurs désirs.

A travers les conventions où les enserrent les règles de la religion d'État, les pharaons ne sont pas sans manifester parfois des qualités morales personnelles qui ne sont pas toujours de vaines apparences. Nous avons assisté aux efforts d'Horemheb pour introduire l'honnêteté dans les rapports entre l'autorité et le peuple; Thoutmôsis III avait un grand respect de la vérité.

PAGE DE GAUCHE : LE DIEU PTAH-TATENEN ET RAMSÈS II. TEMPLE DE PTAH. MEMPHIS. CARLSBERG, GLYPTOTHEK, COPENHAGUE

BUSTE EN GRANIT DE MERENPTAH, TREIZIÈME FILS DE RAMSÈS II, TROUVÉ À THÈBES VERS 1260 AV. J-C. MUSÉE ÉGYPTIEN DU CAIRE

Dans l'inscription dédicatoire de son temple mortuaire de Thèbes, Ramsès III proclame que, pour s'assurer l'emplacement nécessaire à l'érection de son monument, il n'a fait disparaître aucune tombe ancienne et il désire aussi que l'on sache que, pour atteindre à sa haute situation, il n'a évincé personne du trône. Nous avons fait voir, en revanche, le dédain brutal de Ramsès II pour la sainteté des monuments de ses ancêtres. Ce que les rois demandaient dans leurs prières, ce n'était ni la beauté morale ni une vie sans tache; ce qu'ils souhaitaient, ce sont des choses matérielles. Ramsès IV prie Osiris: «*Donne-moi la santé, la vie, une longue vie et un long règne, la vigueur à chacun de mes membres, la vue à mes yeux, l'ouïe à mes oreilles et la joie à mon cœur chaque jour. Donne-moi à manger jusqu'à ce que je sois rassasié et à boire jusqu'à ce que je sois ivre. Et fais que ceux de ma progéniture occupent le trône à tout jamais après moi. Accorde-moi le contentement de chaque jour, entends ma voix dans chaque parole que je t'adresse et exauce-moi d'un cœur affectueux. Donne-moi des crues du Nil abondantes et fécondes qui fassent pousser tes offrandes divines et celles de tous les dieux et déesses du Sud et du Nord, qui nourrissent les taureaux divins qui, conservent la vie aux gens de tous tes domaines, à leurs*

SPHINX À L'EFFIGIE DE RAMSÈS II OFFRANT UN VASE ORNÉ DE LA TÊTE DU DIEU AMON, VERS 1260 V. J.-C. MUSÉE ÉGYPTIEN DU CAIRE

PAGE DE DROITE : LE SPHINX DE MEMPHIS, DATANT PEUT-ÊTRE DE L'ÉPOQUE D'AMÉNOPHIS III ET QUI DEVAIT FLANQUER L'ENTRÉE SUD DU TEMPLE DE PTAH

troupeaux et à leurs bocages que tes mains ont créés. Car c'est à toi que tous doivent l'existence et tu ne peux pas les abandonner à d'autres destins, car cela n'est pas juste.»

La bonne société cependant pratiquait un idéal religieux plus élevé que le matérialisme sensuel qui s'étale dans cette prière royale. Un bel hymne à Amon, populaire en ce temps-là, reprend maintes vieilles idées fondamentales du culte d'Aton, et d'autres poèmes religieux montrent que petit à petit s'établit une communion personnelle entre la créature et la divinité, celle-là reconnaissant dans celle-ci, l'ami et le protecteur des hommes. Le premier de ces chants dit: *«Amon-Rê, je t'aime et je t'ai enfermé dans les replis de mon cœur... Je n'ai pas de soucis dans mon cœur; car ce qu'Amon a décidé réussit»*, ou bien *«Amon, écoute celui qui est tout seul devant les juges»*; lorsque ceux-ci ont été achetés par de riches présents, Amon devient le vizir du misérable. L'homme a acquis également le sens du péché et il s'écrie: *«Ne me punis pas pour mes nombreux péchés»*. La sagesse des proverbes du

PAGE DE GAUCHE :
ALLÉE DE SPHINX DONT
LES TÊTES DE BÉLIER
RENVOIENT AU DIEU
AMON.
TEMPLE DE LOUQSOR

CI-DESSUS : RAMSÈS II
TRÔNANT DANS SA
BARQUE DE PROCESSION.
TEMPLE D'ABYDOS

CI-CONTRE : LE DIEU
HITTITE SARUMA

temps apparaît souvent pénétrée du même esprit. Alors que jadis, elle se bornait à recommander une conduite correcte, elle enseigne aujourd'hui à haïr le mal et à réprouver ce que les dieux réprouvent. La prière est le truchement silencieux qui transmet les aspirations du cœur et le sage dit à Thoth: «*O toi, source de douceur placée dans le désert pour ceux qui souffrent de la soif, tu es fermée à celui qui parle, mais tu jaillis pour celui qui se tait. Lorsque paraît celui qui se tait, il trouve la source*». Mais la puissance vénéneuse de la littérature magique partout répandue par les prêtres, étouffe peu à peu ces aspirations de la classe moyenne, et nous assistons à la disparition graduelle de ces derniers vestiges d'une conception morale dans la religion d'Égypte. En ce qui concerne le bas peuple, cette période est la seule où nous puissions nous rendre compte de l'état de ses sentiments religieux. La mainmise de l'État sur les temples, l'avait depuis longtemps chassé de ses anciens autels. Dans tout ce faste, le pauvre se sentait déplacé et ses offrandes étaient indignes d'une divinité si magnifique. Le culte des grands dieux avait perdu depuis bien longtemps son antique caractère de simplicité, et le pauvre ne pouvait guère avoir recours qu'à la foule des génies inférieurs de la danse et de la musique, les demi-dieux familiers de telle ou telle région dont c'était la mission d'assister les humbles dans leurs soucis et leurs besoins journaliers. N'importe quoi devenait ainsi le dieu du pauvre monde.

Dans une lettre écrite de Thèbes, un homme appelle sur son ami la protection d'Amon, de Mout et de Khonsou, les grandes divinités de la

LE DIEU BAAL (UGARIT, SYRIE). VERS 1300 AV. J.-C. MUSÉE DU LOUVRE, PARIS

cité, mais il les recommande en outre à «la grand'porte de Beki, aux huit singes qui sont dans l'avant-cour» et à deux arbres.

Amenhotep et la reine Néfertari sont devenus les divinités locales favorites de la nécropole thébaine ; un individu qui, ayant par mégarde mis la main dans un trou où un énorme serpent était couché, n'ayant pas été piqué, s'empressa d'élever une tablette commémorative de l'événement pour exprimer sa gratitude envers Amenhotep dont la puissance l'avait préservé. Un autre avait offensé une déesse qui, suivant la croyance populaire, habitait une éminence dans cette même nécropole; lorsque la déesse apaisée l'eut délivré du mal dont elle l'avait affligé pour le punir, il éleva un monument analogue en son honneur.

On attribuait aux morts le même pouvoir de faire souffrir les vivants, et un officier, tourmenté par sa défunte épouse, lui écrivit une lettre de reproches, et il la mit dans la main d'une autre morte pour qu'elle fût dûment remise à sa femme dans l'au-delà.

Outre les dieux locaux : demi-dieu ou ancien roi, une multitude de dieux étrangers de Syrie, introduits par les bandes d'esclaves asiatiques, prirent également place dans l'Olympe populaire: Baal, Kedesh, Astarté, Reshep, Anath et Sutekh sont des noms qui reviennent assez fréquemment sur les tablettes votives du temps, et Sutekh, une forme de Seth qui, d'Égypte, avait émigré en Syrie et était revenue avec les Hyksos, devint même la déesse tutélaire favorite de la cité royale de Ramsès II. Le culte des animaux apparaît aussi à ce moment dans le peuple ainsi que dans les milieux officiels.

RAMSÈS SIPTAH.
MUSÉE DU LOUVRE, PARIS

LE BILAN

Quand Ramsès atteignit la trentième année de son règne, il célébra son premier jubilé et il confia l'ordonnance des cérémonies à son fils préféré Khamwese, le célèbre magicien, grand-prêtre de Ptah, dont le souvenir vivait encore un millier d'années plus tard dans les récits populaires de l'Égypte. Vingt ans passèrent encore, pendant lesquels Ramsès célébra un jubilé en moyenne tous les trois ans, en sorte qu'il n'y eut pas moins de neuf de ces fêtes, c'est-à-dire bien plus que nous n'en trouvons dans le règne de n'importe lequel de ses prédécesseurs. Des obélisques furent érigés dans ces occasions. Tout le long du Nil, depuis les marais du Delta, septentrional jusqu'à la quatrième cataracte, s'échelonnaient de vastes monuments chargés de transmettre son nom à la postérité, et Ramsès vivait dans une magnificence qui dépassait même celle d'Amenhotep III. Son règne était l'apothéose finale de la dynastie vénérable qu'il représentait. A mesure que les années s'écoulaient, les fils de sa jeunesse lui avaient été ravis et

PAGE DE GAUCHE : NAOS DE RAMSÈS II PROVENANT DE TANIS. MUSÉE ÉGYPTIEN DU CAIRE

MOMIE DE RAMSÈS II NOUVEL EMPIRE, XIXE DYNASTIE. LE CERCUEIL DE RAMSÈS FUT DÉCOUVERT DANS LA CACHETTE DE DEIR EL-BAHARI CAR LES TOMBES ÉTAIENT LA PROIE DES VOLEURS. À LA XXIE DYNASTIE, LES PRÊTRES AVAIENT RÉUSSI À SAUVER LES MOMIES ROYALES DÉPOUILLÉES ET LES AVAIENT ENSEVELIES DANS DEUX CACHETTES DONT CELLE DE DEIR EL-BAHARI. SON CERCUEIL EN BOIS PEINT REPRÉSENTAIT LE SOUVERAIN JEUNE DANS LES PREMIÈRES ANNÉES DE SON RÈGNE

Khamwese n'était plus là pour conduire la célébration des jubilés du vieux souverain. L'un après l'autre, les douze premiers étaient morts et le treizième demeurait l'aîné et l'héritier du trône. Le vieux roi vivait encore, mais il avait perdu l'énergie de ses facultés dominatrices. Les Libyens et leurs alliés maritimes: Lyciens, Sardes et Égéens, qu'il avait jadis chassés des côtes égyptiennes et auxquels il avait imposé le service militaire dans ses armées, pénétraient impunément dans le Delta occidental. Les Libyens, peu à peu avancés, s'étaient établis aux portes mêmes de Memphis et ils traversaient le sommet du Delta sous l'ombre des murailles d'Héliopolis où vivait le vizir. La décrépitude de la vieillesse rendait le roi sourd aux appels et aux cris d'alarme qui, au temps de sa vigoureuse jeunesse, auraient amené le prompt châtiment des envahisseurs. Dans le luxe de sa fastueuse demeure du Delta oriental, les conditions précaires qui

NAOS DU TEMPLE D'ABOU SIMBEL AVEC SES DIVINITÉS: PTAH, AMON-RÊ, RAMSÈS II ET RÊ-HORAKHTY

CI-CONTRE : DESSINÉ PAR DAVID ROBERTS EN 1838

PAGE DE DROITE : COUVERCLE DU CERCUEIL DE RAMSÈS II PROVENANT DE DEIR EL-BAHARI. MUSÉE ÉGYPTIEN DU CAIRE

prévalaient à l'autre extrémité de son empire, ne le tiraient pas de la léthargie dans laquelle il était tombé. Enfin, après un règne de soixante-sept ans, âgé de quatre-vingt douze ans, il mourut (1212 av. J.-C.) pas trop tôt pour le salut de son empire. La face desséchée de la momie que les siècles nous ont conservée ne diffère certainement pas beaucoup des traits émaciés du nonagénaire tel qu'il était en ses derniers jours de splendeur dans la cité de Ramsès et sa ressemblance avec la figure de jeune homme de la noble statue de Turin est encore frappante.

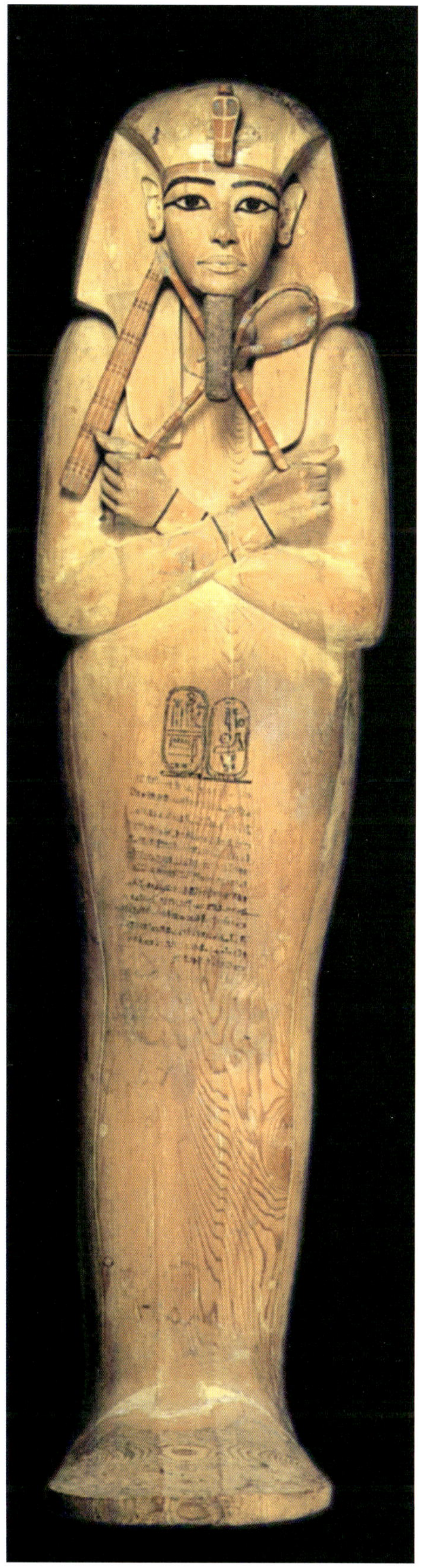

Il est probable qu'aucun pharaon ne laissa jamais une plus profonde impression sur son époque. Un quart de siècle plus tard commença une dynastie de dix rois qui portèrent son nom. L'un d'eux demanda aux dieux de lui accorder un règne de soixante-sept années, comme celui de son grand ancêtre, et tous, avec plus ou moins de succès, essayèrent d'égaler sa gloire. Sur tous, pendant un siècle et demi, il avait imprimé son empreinte, et il semblait impossible d'être un pharaon, sans être un Ramsès. S'ils avaient tous possédé la valeur combative de Ramsès en sa jeunesse, cette influence eût été loin d'être néfaste, mais dans un temps où l'Égypte avait totalement perdu sa force d'expansion, le souvenir de Ramsès ne pouvait servir qu'à favoriser les entreprises du clergé, qui dominait maintenant dans l'État. Ce fut donc le Ramsès de la seconde moitié du règne dont l'influence fut surtout effective; et, au moment où l'Égypte aurait dû s'armer et ménager ses ressources en vue d'une lutte qui intéressait son existence même, elle abandonnait sa défense à des mercenaires étrangers et dilapidait ses trésors au bénéfice de temples qui n'étaient déjà que trop richement pourvus pour la sûreté économique de l'État.

TAILLÉ DANS UN BLOC
DE CALCAIRE SILICEUX
AU GRAIN TRÈS FIN,
LE COLOSSE DE RAMSÈS II
MESURE 10,30M DE
HAUTEUR. IL PORTE SON
NOM GRAVÉ SUR L'ÉPAULE
DROITE, SUR LA BOUCLE
ET SUR LE CEINTURON.
MEMPHIS

CLÉOPÂTRE

CLÉOPÂTRE VII PHILOPATOR

CLÉOPÂTRE

Quand on parle de la beauté irrésistible de Cléopâtre, on est plus impressionné par l'histoire de sa vie que fidèle au témoignage de l'Antiquité. Selon Plutarque, ceux qui les avaient vues toutes les deux, trouvaient qu'Octavie, la seconde femme d'Antoine, la sœur d'Octavien César, était loin de le céder à la reine d'Égypte, et il affirme qu'en elle-même la beauté de Cléopâtre n'avait rien d'incomparable ni de nature à éblouir. L'archéologie confirme ce jugement. Nous n'irons pas demander aux bas-reliefs des temples égyptiens de nous rendre la vraie figure de Cléopâtre: ces sculptures sont conventionnelles; mais les monnaies, quoique assez négligemment gravées, sont probablement exactes. On peut y deviner une certaine vivacité du regard; elles prêtent d'ailleurs des traits anguleux qui ne pouvaient guère prendre quelque charme que s'ils étaient animés par le sourire et l'éclat des yeux: il ne leur convient pas d'être figés dans le bronze d'une médaille. Aussi bien était-ce dans la conversation que sa grâce était invincible; elle y apportait une douceur persuasive, dont la puissance était accrue par la souplesse de la diction et le timbre câlin de la voix. On a remarqué que sa grand-mère, la maîtresse de Ptolémée Sôter II, devait être une de ces courtisanes raffinées, comme on en avait souvent vu à la cour d'Alexandrie. Cléopâtre aurait pu tenir d'elle cette science du plaisir et cette facilité à s'adapter si bien au tempérament de ceux qu'elle voulait gagner, qu'on la vit rivaliser d'audace avec Marc-Antoine dans ses plaisanteries de soudard. A la différence de ses ancêtres, qui ne semblent même pas avoir appris le langage de leurs sujets, elle avait rarement besoin d'interprètes: elle était capable de converser avec les "Éthiopiens, les Troglodytes, les Juifs, les Arabes, les Syriens, les Mèdes et les Parthes". Bien qu'elle ne fût nullement Égyptienne, mais Macédonienne hellénisée, elle a certainement subi l'influence enveloppante de l'Orient. Dévote d'Isis, peut-être d'ailleurs par politique, elle en portait souvent le costume et les insignes: les poètes latins ont quelque raison de la représenter agitant le sistre

PAGE DE GAUCHE : BUSTE DE CLÉOPÂTRE EN MARBRE, DE PROVENANCE INCONNUE, 50-11 AVANT J.-C., STAATLICHE MUSEEN, PREUSSISCHER, BERLIN

DYNASTIE DES LAGIDES

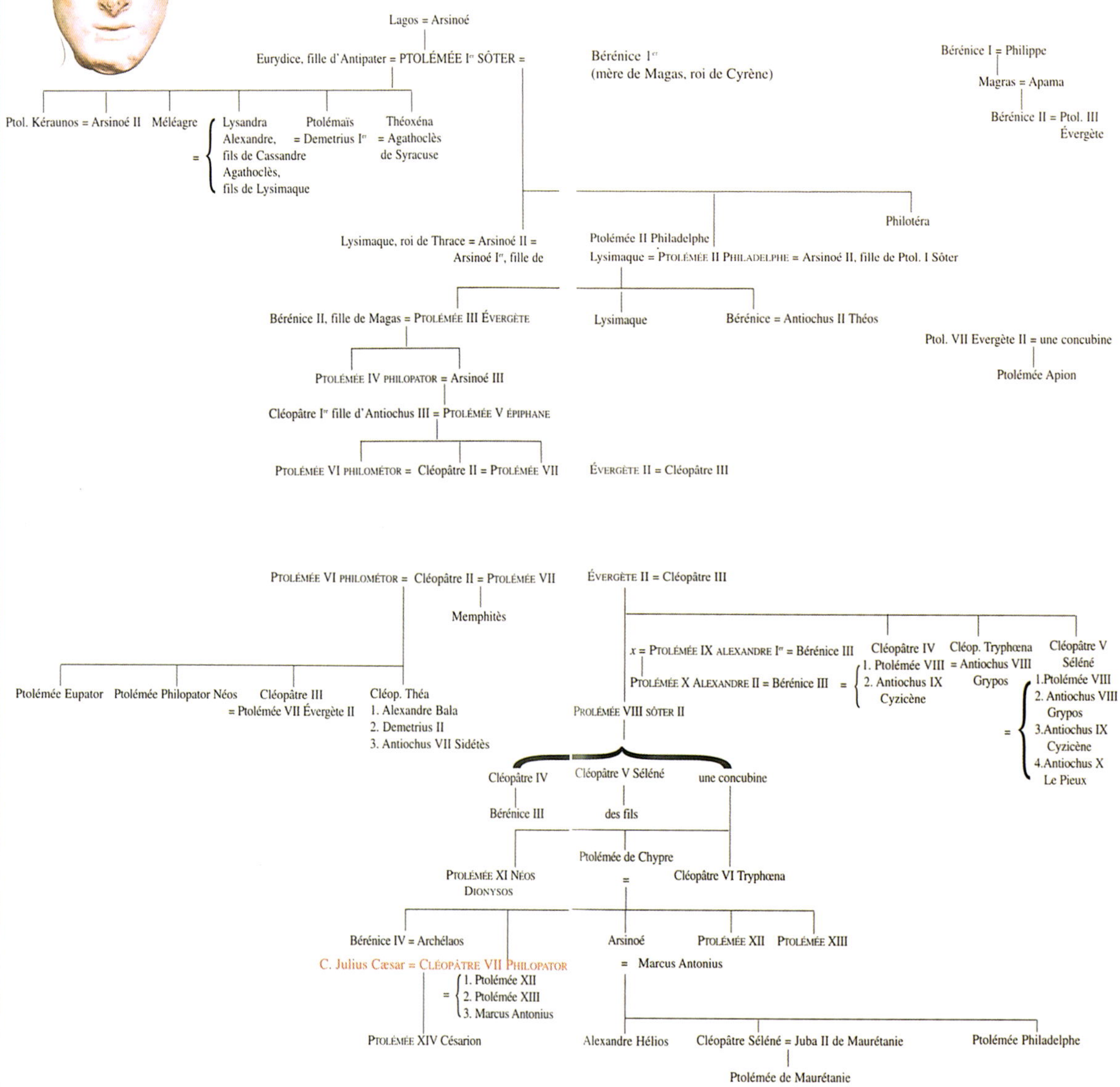

e présent tableau ne tient pas compte de quelques personnages qui n'ont joué aucun rôle historique.

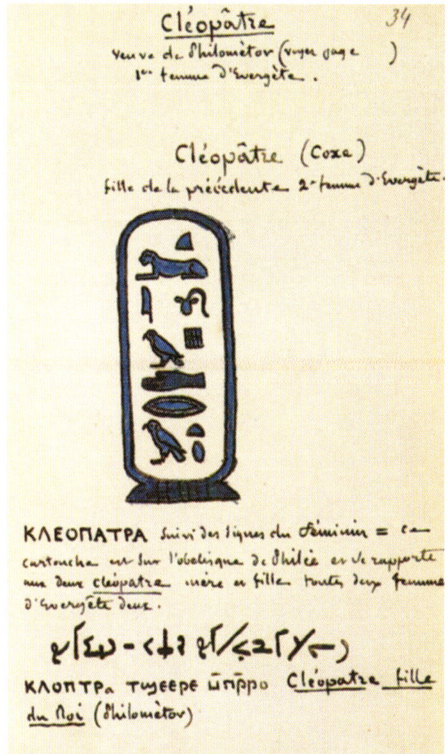

ISIS RANIMANT OSIRIS, À L'AIDE DU SOUFFLE DONNÉ PAR SES AILES. MUSÉE DU LOUVRE, PARIS

MANUSCRIT DE CHAMPOLLION SUR LE CARTOUCHE DE CLÉOPÂTRE D'APRÈS UNE INSCRIPI10N DE PHILAE

rituel. Il y avait dans son entourage des devins et des magiciens d'Égypte. Mais si elle dut beaucoup à l'Égypte, l'Égypte semble lui avoir dû bien peu. Sa politique est plus inquiète de sa propre gloire que du bonheur de ses peuples et elle n'a pas été sans doute aimée de ses sujets. On ne peut demander à la fille d'Aulète, qui ne s'est jamais vraiment préoccupé du destin de la terre des pharaons, une noblesse d'âme: elle eut avant tout la soif de régner, un indomptable orgueil, qui ne reculait ni devant la bassesse ni devant le crime, mais qui lui a parfois inspiré une fierté non sans grandeur. Les Romains l'ont haïe, mais s'ils ont affecté le mépris pour l'«Égyptienne», «la courtisane reine» comme l'appelle Properce, l'admiration transparaît dans leurs invectives même, non humilis mulier, dit Horace. Et de bonne heure sa renommée refoule dans l'ombre, très injustement d'ailleurs, celle de tous les rois et de toutes les reines de la dynastie. Dès le quatrième siècle Ammien Marcellin, attribue le Phare, l'Heptastade, tous les monuments d'Alexandrie à cette nouvelle Sémiramis.

ISIS PLEURE LA MORT
D'OSIRIS, SON FRÉRE
ET SON ÉPOUX,
IIe SIÉCLE AVANT J.-C..
MUSÉE DU LOUVRE, PARIS

PAGE DE DROITE :
SITUÉE EN AMONT DE LA
PREMIÈRE CATARACTE,
PHILAE ÉTAIT L'ÉPOQUE
PTOLÉMAÏQUE,
L'UN DES SANCTUAIRES
LES PLUS IMPORTANTS
D'ÉGYTE ET DE NUBIE.
ON Y RÉUNISSAIT ISIS,
HORUS, ET HATHOR,
ICI REPRÉSENTÉS

LES GABINIENS

A son avènement, Cléopâtre et ses conseillers eurent fort à faire pour maintenir la paix dans la population d'Alexandrie. A tous les éléments de désordre venaient s'ajouter alors les Gabiniens. C'était ce corps de mercenaires - la plupart Germains ou Gaulois - laissés par Gabinius pour protéger Aulète lorsque celui-ci, renversé par sa propre fille Bérénice, avait demandé l'aide de Rome. Ils s'étaient installés dans le pays et y avaient pris femme, ce qui n'était pas contraire aux usages de l'armée ptolémaïque. Ces garnisaires n'étaient pas toujours en bons termes avec les habitants; ils avaient soutenu l'odieux Rabirius Postumus, le triste client de Cicéron, et il semble même qu'ils aient fait la guerre aux Égyptiens révoltés sous le poids des impôts. Dans la ville, ils étaient mêlés à toute une soldatesque, qui formera bientôt l'armée d'Achillas, l'un des conseillers de Ptolémée XII, le frère et l'époux de Cléopâtre, et où l'on verra des brigands, des esclaves fugitifs venus d'Italie et qui trouvaient tous accueil en Égypte. Toujours prêts à se mutiner, à accuser les ministres,

CI-DESSUS : SCULPTURES DU MUSÉE GRÉCO-ROMAIN D'ALEXANDRIE

PAGE DE DROITE : PANÉMÉRIT, GOUVERNEUR DE TANIS. 80-51 AV. J.-C. MUSÉE DU LOUVRE, PARIS

à demander des augmentations de solde, cette tourbe, et en particulier les Gabiniens, causèrent au gouvernement égyptien le plus grand embarras. M. Calpurnius Bibulus était alors proconsul de Syrie. On était au lendemain de la désastreuse expédition de M. Licinius Crassus, tué chez les Parthes (53). La Syrie était attaquée. En 52, le questeur de Crassus, C. Cassius Longinus, avait repoussé une incursion. En 51 les Parthes arrivaient jusque sous les murs d'Antioche et dévastaient le pays. Bibulus qui avait besoin de troupes fit appel aux Gabiniens. Il envoya ses deux fils avec mission de les lui conduire dans sa province ; mais les soldats ne se souciaient pas de quitter l'Égypte. Qui était d'ailleurs ce Bibulus ? L'ennemi de Gabinius, et qui s'était opposé au retour d'Aulète. Les Gabiniens se mutinèrent et assassinèrent les deux jeunes gens. Cléopâtre se saisit des coupables et les fit livrer à Bibulus, qui répondit que le châtiment regardait le Sénat. Il est probable que la reine n'y gagna aucune popularité auprès des Alexandrins, très inquiets de tout ce qui pouvait paraître une marque de servilité à l'égard de Rome.

SCULPTURES DU MUSÉE GRÉCO-ROMAIN D'ALEXANDRIE

PAGE DE DROITE : BUSTE DE CÉSAR, MUSÉE NATIONAL DE NAPLES

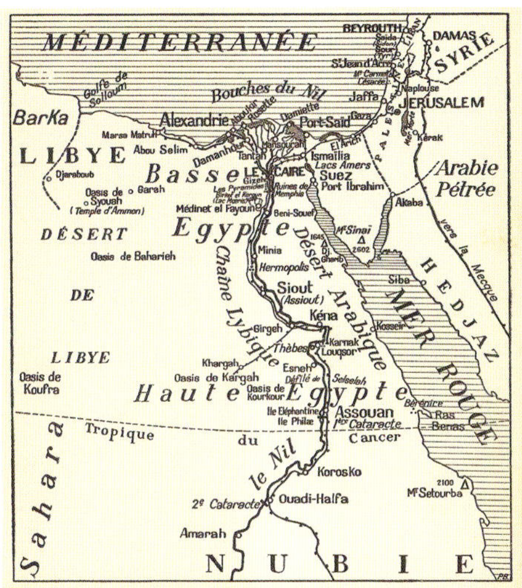

LA FUITE DE CLÉOPÂTRE

A Rome on ne se préoccupait guère de l'Egypte. Pompée n'avait que trois légions à opposer à l'armée de César. Comment le protecteur Gabinius, le véritable auteur de la restauration d'Aulète, n'aurait-il pas eu l'idée de demander l'aide de l'Égypte? Son fils Cnaeus Pompée vint solliciter des vaisseaux. On raconta que Cléopâtre lui aurait fait les yeux doux. L'écho de cet inévitable propos se trouve chez Plutarque. Ce qui est certain, c'est qu'elle donna cinquante ou soixante navires et un corps de cinq cents Gabiniens, et l'on ne voit pas comment elle aurait pu avec quelque honneur agir autrement. Si c'est une pareille décision qui lui valut l'impopularité dans Alexandrie et l'hostilité des régents, ce fut une injustice. Il est probable que Potheinos et Achillas se sentaient moins à l'aise avec cette reine intelligente et énergique qu'avec leur petit roi de quinze ans. En butte à leurs intrigues, Cléopâtre dut s'enfuir. Mais elle n'était pas femme à se résigner. Elle se mit à lever des troupes dans les tribus arabes limitrophes, dont elle parlait la langue, et s'apprêtait à rentrer en Égypte, les armes à la main, par la frontière de l'Est: dans l'été de 48, l'armée royale, conduite par Achillas, campait à l'Ouest de Péluse, au promontoire Kassion. Le roi était présent ainsi que ses conseillers, Théodotos et le diœcète Pothéinos, et le camp de la reine n'était pas éloigné de celui de ses frères. C'est alors que l'on vit arriver le navire qui portait Pompée vaincu et fugitif.

MORT DU GRAND POMPÉE

Pendant que l'Égypte s'épuisait dans une querelle dynastique, le premier épisode de la guerre civile s'était en effet dénoué. César avait passé presque toute l'année 49 à lutter victorieusement en Espagne contre les forces d'Afranius et de Varron, et ce n'est qu'en janvier 48 qu'il avait pu passer en Illyrie. Enfin, en 49, les deux triumvirs se rencontrent et s'affrontent à Pharsale, en Grèce. Pompée fut vaincu et demanda asile en Égypte. Les rois, Achillas, Théodotos et Potheinos étaient embarrassés: pouvaient-ils accueillir l'ennemi de César et risquer d'encourir son courroux ? Finalement le roi fit annoncer à Pompée qu'il accédait à sa demande. On vint le prendre au bateau sur lequel il attendait depuis plusieurs jours. Il embrassa une dernière fois sa femme et monta sur la petite embarcation qui l'emmena jusqu'au rivage. C'est là qu'il périt assassiné.

CI-DESSUS :
SPHINX DE GRANIT ROSE DEVANT LA COLONNE DE POMPÉE, À ALEXANDRIE

POMPÉE, D'APRÈS LE MARBRE DE LA GLYPTOTHÈQUE NY-CARLSBERG À COPENHAGUE

PAGE DE DROITE :
COUPELLE D'OFFRANDES DU ROI PTOLÉMÉE. GRANIT. 300 AV.J.-C. ELEPHANTINE, STAATILCHE MUSEEN BERILN

PTOLÉMÉE VIII ET CLÉOPÂTRE PRÉSENTENT UNE OFFRANDE AU DIEU. IIE SIÈCLE AV. J.-C. THÈBES, STAATILCHE MUSEEN BERILN

CÉSAR, CLÉOPÂTRE ET PTOLÉMÉE

César, après une escale à Troie et un court séjour à Éphèse, arrive le 2 octobre (27 juillet julien) à Alexandrie. Il avait avec lui deux légions, soit 3200 fantassins et 800 cavaliers. Théodotos était venu jusqu'au navire lui porter la tête de son adversaire dont il lui remit aussi l'anneau, où était gravé, dit Plutarque, un lion armé d'une épée. Puis il débarqua dans la ville. Mais il commit la faute de se faire précéder de ses licteurs. N'était-ce pas traiter l'Égypte comme une province et Alexandrie comme une ville vaincue? Il y eut des rixes mortelles entre les soldats et la population de la ville.

L'émeute grondait sourdement. César jugea prudent de s'enfermer dans les palais royaux,

mais il évoqua à son tribunal la querelle des rois, en ordonnant le licenciement de l'armée. Potheinos n'obéit qu'à demi; laissant l'armée d'Achillas à Péluse, vers le milieu d'octobre, il ramena le jeune roi à Alexandrie. Il avait intérêt à écarter Cléopâtre. Elle arriva secrètement, accompagnée de son confident, Apollodore de Sicile. Une petite embarcation la porta le soir auprès du palais, où Apollodore l'introduisit comme un paquet, roulée dans une couverture. Elle n'eut qu'à se présenter à César pour qu'il fût aussitôt conquis. Le jeune Ptolémée, quand il vit sa sœur, entra dans une violente colère, trépignant, jetant son diadème à terre et criant à la trahison. Cléopâtre ne demandait pourtant rien que de juste et de conforme aux volontés de son père. C'est ainsi que jugeait César. Mais les cris du jeune roi, dont les soldats romains s'étaient saisi, avaient excité un grand tumulte et la foule venait battre les murs du palais. On avait trop peu de troupes pour le défendre. César dut se montrer aux fenêtres et parler à la foule: il parvint à l'apaiser par des promesses. Quelques jours plus tard on

CI-DESSUS :
BUSTE DE CÉSAR, MILIEU DU 1ER SIÈCLE. STAATLICHE MUSEEN, BERLIN

EMBLÈME DE LA 20E LÉGION IMPÉRIALE. 1ER SIECLE. MUSÉE DE LA CIVILISATION ROMAINE, ROME

PAGE DE DROITE :
LÉGIONS ROMAINES COLONNE TRAJANE, ROME

BATEAU DE GUERRE ROMAIN. MUSÉE DU VATICAN

réunit l'assemblée du peuple dans le Gymnase. César fit approuver sa sentence appuyée sur la lecture du testament royal. Cléopâtre et l'aîné des Ptolémées devaient régner en Égypte. Dès ce moment sans doute, Chypre, rendue aux Lagides, était attribuée à Arsinoé et au plus jeune des fils. C'est à ce prix que César achetait la soumission d'Alexandrie.

Dès lors, entre César et Potheinos, ce fut une lutte sourde. Potheinos excitait en sous main le peuple, les gens du palais et le roi, représentant César (il était, en effet, pour les six mille talents d'Aulète) comme un créancier de l'Égypte et qui voulait être payé. Quand il fut assuré des sentiments de la ville, il dépêcha à Achillas l'ordre de s'avancer avec ses 20 000 fantassins et ses 2000 cavaliers. César et sa petite troupe allaient se trouver bloqués dans Alexandrie hostile. Il voulut inviter le roi à arrêter l'armée; mais des deux parlementaires envoyés à Achillas, l'un, Sérapion, fut tué, l'autre, Dioscoride, grièvement blessé. Ainsi allait commencer la guerre alexandrine.

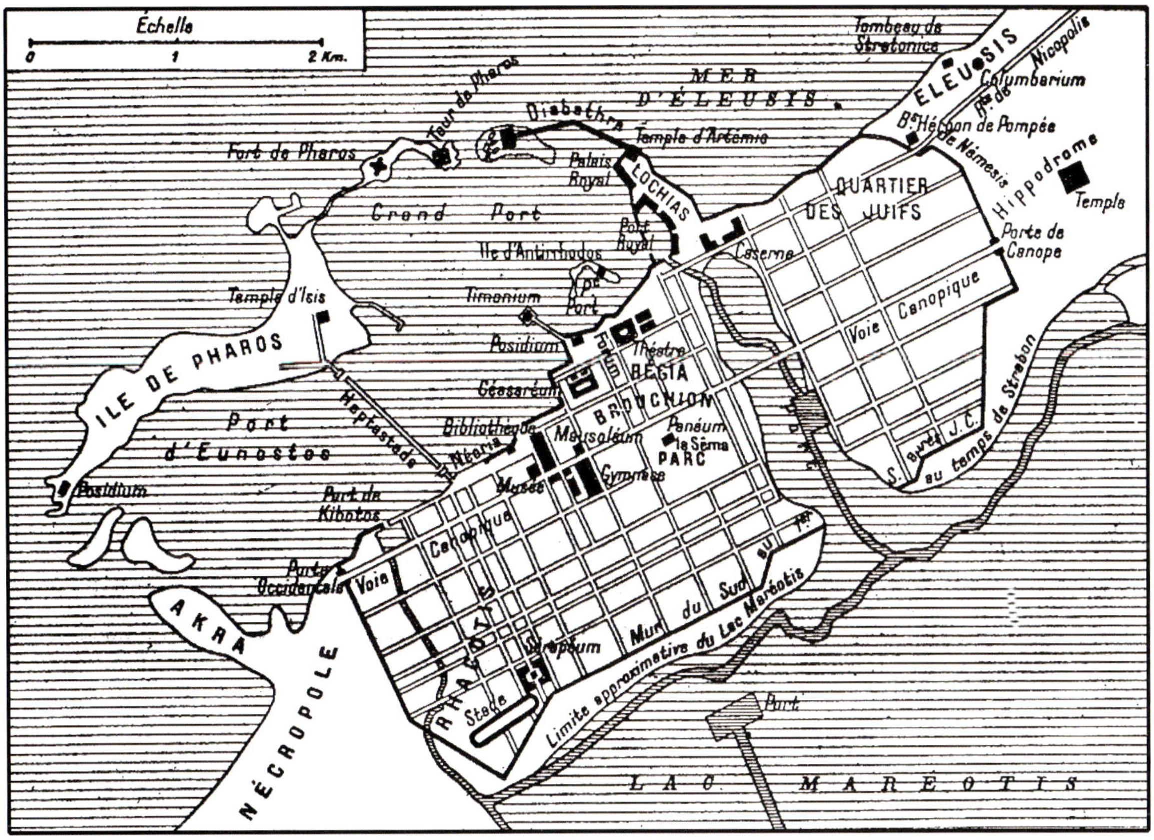

CI-DESSUS : PLAN D'ALEXANDRIE

PAGE DE GAUCHE : BUSTE DE CLÉOPÂTRE, BRITISH MUSEUM, LONDRES.

PAGES SUIVANTES : AMPHITHÉÂTRE D'ALEXANDRIE

STATUE FÉMININE. MUSÉE GRÉCO-ROMAIN, ALEXANDRIE

BELLUM ALEXANDRINUM

César occupait les palais, qui étaient immenses, et les rues voisines, non loin de l'angle sud-est du grand port. Quand les troupes d'Achillas vinrent l'attaquer, elles le trouvèrent solidement fortifié et ne purent enlever ses positions. Il importait surtout au Romain de garder ses communications avec la mer. Or une flotte de 72 navires égyptiens était dans la rade. César y mit le feu. Les flammes s'élevèrent avec tant de violence qu'elles gagnèrent le quai. Ainsi fut, dit-on, brûlée la Grande Bibliothèque et un dépôt de livres qui en dépendait contenant 400 000 volumes.

Ce succès, acheté si cher, faisait César maître du Grand Port, mais n'ayant ni la pointe du Lochias ni celle de Pharos, il courait le risque d'y être embouteillé. Sans perdre de temps, il fit prendre d'assaut par un détachement l'écueil isolé qui, à l'ouest de l'île, portait le Phare, mettant ainsi les passes sous la surveillance d'un poste avancé. De toutes parts, à la pression de

l'ennemi, il répondait en perfectionnant ses défenses. Mais il savait bien que, sur cet espace resserré, il ne pourrait longtemps tenir devant des troupes plus nombreuses. Il envoyait des émissaires en Crète, à Rhodes, en Cilicie, en Arabie, demander partout du secours.

Dans le palais assiégé, Cléopâtre et César, qui ne cachaient pas leur liaison, étaient entourés de traîtres. Les espérances du roi et d'Arsinoé était avec l'armée égyptienne, qu'ils auraient bien voulu rejoindre. Ils se tenaient pour des prisonniers. Cependant la surveillance ne fut pas assez stricte pour empêcher Arsinoé de s'échapper, et peut-être César ferma-t-il volontairement les yeux, pensant que la présence de la princesse au camp alexandrin n'y porterait que du trouble. Elle était partie avec son nourricier, l'eunuque Ganymède, et ce n'était pas mal connaître les gens de cette sorte que de prévoir que la jalousie le brouillerait avec Achillas. Tandis qu'une correspondance occulte de Potheinos avec les assiégeants permit au Romain de se débarrasser du plus dangereux des ennemis intérieurs, il pouvait apprendre que la discorde était au camp d'Achillas, bientôt mis à mort par ordre d'Arsinoé sur l'accusation d'avoir livré la flotte. Ganymède prit alors le commandement de l'armée.

PAGE DE DROITE : AMPHITHÉÂTRE D'ALEXANDRIE

HORUS VÊTU DE L'UNIFORME D'UN OFFICIER ROMAIN DE HAUT RANG. 1[ER] SIECLE AV. J.-C. BRITISH MUSEUM, LONDRES

CI-DESSOUS : TROUPES ÉGYPTIENNES AU COMBAT. GRÈS. VERS 1184-1153 AV. J.-C. TEMPLE DE MÉDINET, HABOU

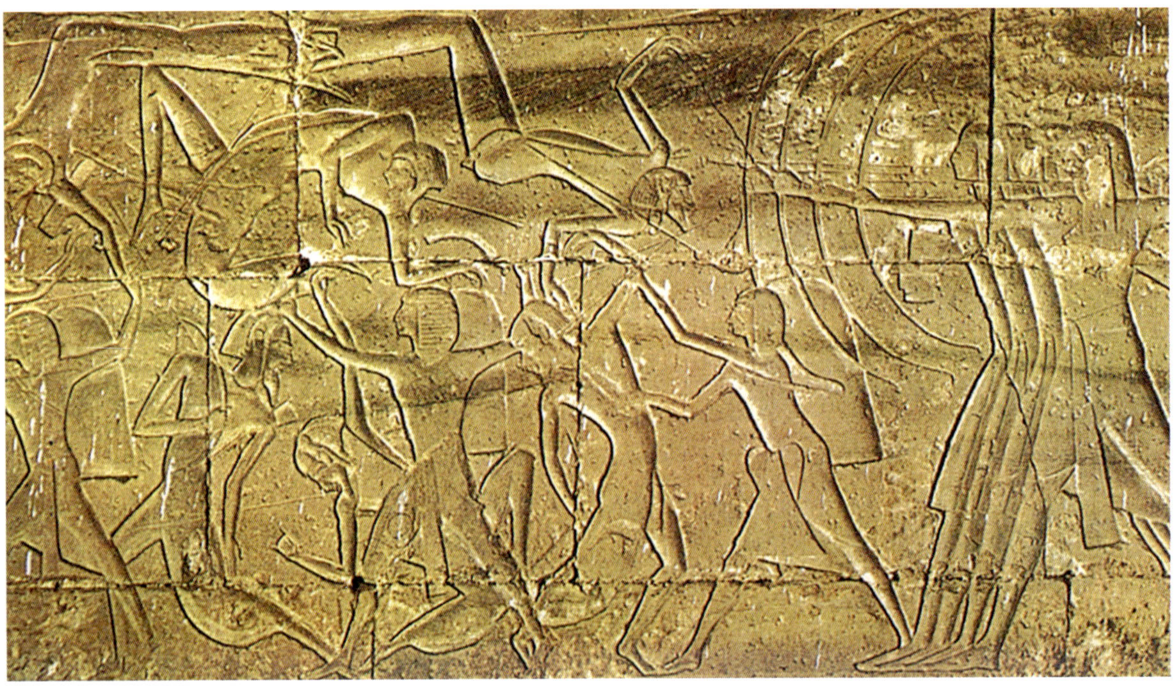

GANYMÈDE

Il exerça le commandement avec vigueur et la situation de César devint critique, quand, pour l'assoiffer, les Alexandrins introduisirent par les canaux l'eau de mer dans les citernes du quartier occupé par les Romains. Les assiégés n'avaient pas d'autre ressource que ces citernes et il avait été impossible à César, malgré ses efforts, d'élargir sa position vers le Maréotis ou, plus exactement, vers le port du lac, qui occupait peut-être au moins une partie de cette grande dépression découverte par les archéologues dans le sol de l'Alexandrie antique, et qui va du cap Lochias au Maréotis. Quand on s'aperçut que l'eau devenait imbuvable, le découragement s'empara des soldats. Qu'attendait le chef pour se rembarquer ? Mais César sut parler à ses troupes, leur montrer le danger d'une pareille manœuvre, tandis qu'à la rigueur les navires pouvaient aller chercher l'eau à Paraetonion ou dans une île voisine, si l'on n'avait pas la chance probable de la trouver sous le sol d'Alexandrie même, en forant des puits. Cette prévision était juste, mais les renforts n'arrivaient pas

CI-DESSUS :
LA GALÈRE DE CLÉOPÂTRE
PAR HENRI PICOU, 1875.
MUSÉE GOUPIL,
BORDEAUX.

PAGE DE GAUCHE :
PTOLÉMÉE XIII COURONNÉ
PAR LES DÉESSES
NEKHBET ET OUADJET.
VERS 50 AV. J.-C.
TEMPLE DE KÔM OMBO

et César est obligé de traiter avec Arsinoé et Ganymède. Il doit rendre Ptolémée tout en sachant qu'après le départ de l'otage, la situation deviendra encore plus critique. L'armée royale s'avançait par les canaux du Delta et Mithridate était encore loin de César. Celui-ci, par une manœuvre hardie, contourne le Maréotis et ayant fait sa jonction avec l'armée de secours, à la tête de toutes ses forces, il attaque les Égyptiens retranchés sur une forte position au bord du Nil et les met en déroute. Le roi périt noyé dans la retraite. César put rapporter sa cuirasse d'or à Alexandrie. Il fut reçu par la ville entière, en habits de deuil, et rangée, selon la coutume, sur son passage avec les statues des dieux. Il pardonna à cette foule suppliante. Il était le maître de l'Égypte, après avoir failli y périr. Mais il la laissait à sa reine, maintenant officiellement mariée à son frère cadet, Ptolémée XIII, et soutenue par trois légions romaines. Néanmoins Cléopâtre ne cachait pas les liens qui l'attachaient au vainqueur ; avec lui, elle entreprit en Haute-Égypte une longue tournée en thalamège. Et après son départ, à l'enfant qui lui naquit (17 juin 47), elle donna le nom de Césarion.

César prit le chemin de l'Italie. Les projets démagogiques du tribun Dolabella avaient suscité des troubles à Rome; les légions de Campanie s'étaient mutinées. L'ordre rétabli, il fallut partir pour l'Afrique, où les forces adverses s'étaient reconstituées. La campagne dura jusqu'à l'été de 46. Les opérations contre Labienus, la victoire de Thapsus, sur Scipion et Juba, roi des Numides, la mort de Caton à Utique, celles de Juba et de Scipion, la conquête d'une partie de la Numidie valurent au vainqueur une nouvelle gloire et de nouveaux pouvoirs. Il était encore en Afrique lorsqu'on lui conféra la dictature pour dix ans, la préfecture des mœurs, le droit de siéger toujours auprès des consuls. L'amant de Cléopâtre était vraiment le maître du monde. La reine d'Égypte vint à Rome.

REINE OU DIVINITÉ
DE L'ÉPOQUE
PTOLÉMAÏQUE.
MUSÉE DU LOUVRE, PARIS

CLÉOPÂTRE À ROME

Peut-être, - mais ce n'est pas assuré - y était-elle déjà quand, en septembre 46 (juillet julien), César célébrait ses quatre triomphes, sur la Gaule, sur l'Égypte, sur Pharnace et sur Juba. Elle eût pu entendre les vers satiriques où la grossièreté des soldats raillait sa propre aventure et l'inavouable passion que l'on prêtait à César pour le roi Nicomède de Bithynie. Dans le premier cortège elle eût contemplé le malheureux Vercingétorix, dans le second les effigies de Potheinos et d'Achillas, une figure du Nil, le phare resplendissant de ses feux et, chargée de chaînes, sa sœur Arsinoé, qu'elle détestait.

César avait logé Cléopâtre et son frère-époux dans les jardins qu'il possédait au-delà du Tibre. Elle y tenait une cour, encensée par les nobles romains, d'ordinaire si méprisants pour les rois. Mais la correspondance de Cicéron nous laisse deviner l'amertume qui s'amassait au cœur de ces républicains.

Cette antipathie s'expliquait chez ces Romains non pas seulement par la honte de leur bassesse courtisane, mais par l'idée que cette Orientale exerçait une telle influence sur César. N'était-ce pas elle qui lui avait inspiré l'idée de transformer la République en une monarchie hellénique, gouvernée par un roi divinisé? Ce désir s'était surtout manifesté au retour de la guerre d'Espagne. N'avait-il pas fait casser par un plébiscite les tribuns qui avaient enlevé de ses statues un diadème mis par des inconnus.

On détestait ses manières royales. Déjà il ne se levait plus devant le Sénat, et aux lupercales de février 44, c'est à contre-cœur et devant les murmures de la foule qu'il avait refusé le bandeau blanc qu'Antoine lui tendait.

Helvidius Cinna préparait une loi qui lui permettait de prendre plusieurs femmes, comme un souverain d'Orient; un oracle sibyllin affirmait que les Parthes ne seraient vaincus que par un roi. A coup sûr l'oracle était une forgerie du parti égyptien et la loi était faite dans l'intérêt de la reine, dont il avait eu l'audace de dédier la statue d'or dans le temple de Vénus Génétrix, la déesse mère de sa maison. Aux ides de Mars, Cléopâtre dut regagner l'Égypte, et c'est à Alexandrie que mourut le jeune Ptolémée, son époux, empoisonné, dit Josèphe, avant juillet 44. Dans la famille lagide, on ne reculait guère devant un crime utile, et Cléopâtre avait sans doute avantage à préférer pour associé au trône un enfant, le fils de César. Mais Josèphe a peut-être calomnié la reine.

APRÈS LES IDES DE MARS, LE SECOND TRIUMVIRAT

Dans la confuse période de deux ans qui va de la mort de César (15 mars 44) à la bataille de Philippes (octobre 42), il serait sans doute bien difficile de juger froidement quel aurait pu être pour la reine d'Égypte le meilleur parti. A Rome, on était dans le désarroi: devant les conjurés hésitants, Antoine consul avait peu à peu conquis la domination au Forum, et, maître du testament et des papiers de César, il parlait au nom du dictateur. Mais il avait dû s'accommoder avec Octavien, le neveu de César, désigné par le testament comme fils adoptif et héritier, et si, au mois de juin, les meurtriers avaient quitté Rome, Cicéron y était revenu le 31 août pour essayer d'y reconstituer le parti de la République. En 43 il était parvenu à faire d'Octavien le général du Sénat. Avec les consuls Hirtius et Pansa, Octavien assiège et bat dans Modène, Antoine qui refusait de donner la Gaule cisalpine à Décimius Brutus, l'un des meurtriers du dictateur. Mais après ce succès, le Sénat et Cicéron commirent la même faute qu'autrefois avec Pompée. On refusa au jeune vainqueur l'autorisation de briguer le consulat. Octavien se rapprocha alors d'Antoine et de son allié Lépide, gouverneur de Narbonnaise et d'Espagne citérieure. Ainsi fut formé le second triumvirat.

CI-DESSUS : PORTRAIT DE SYLLA. MUSÉE ARCHÉOLOGIQUE DE VENISE

PAGE DE DROITE : DANS L'ANCIENNE ÉGYPTE, LE SCARABÉE ÉTAIT PROBABLEMENT LE SYMBOLE PORTE-BONHEUR LE PLUS RÉPANDU. SCULPTÉS DANS LA PIERRE, FAÇONNÉS DANS L'ARGILE, CISELÉS DANS L'OR, ILS ÉTAIENT GÉNÉRALEMENT MONTÉS SUR DES BAGUES, DES BRACELETS ET DES COLLIERS

EN HAUT : ÉPOQUE GRÉCO-ROMAINE. MUSÉE ÉGYPTIEN, LE CAIRE

EN BAS : XVIIIE DYNASTIE, VERS 1580-1320 AV. J.-C. METROPOLITAN MUSEUM OF ART, NEW YORK

COSTUMES D'ANTOINE ET CLÉOPÂTRE DESSINÉS POUR L'OPÉRA *CLÉOPÂTRE, REINE D'ÉGYPTE*, 1808

QUI ÉTAIT ANTOINE ?

A Pharsale il commandait l'aile gauche. Dans sa seconde dictature, César le prit pour maître de cavalerie et il eut à réprimer les troubles suscités par Dolabella. Mais à Rome, il avait repris sa vie de débauches et sa liaison avec la danseuse Cythéri fit scandale. Aussi César ne le choisit ni pour collègue dans son consulat de 46, ni pour maître de cavalerie dans sa troisième dictature. Il ne l'emmena ni en Afrique ni en Espagne. Resté en Italie, Antoine épousa Fulvie, veuve de Clodius et de Curion, terrible virago, violente, aigre et jalouse, mais qui paraît avoir eu pour lui un attachement véritable.

Cependant il rentrait en grâce auprès de César et fut consul avec lui en 44. Aux lupercales de février, il lui tendit un diadème. Les conjurés voulurent le gagner, mais il refusa. Cassius fut charger de le tuer; mais Brutus ne voulut pas admettre qu'on eût le droit de frapper un autre que le tyran. On a vu le rôle d'Antoine après les ides de mars. A la date où nous sommes, il avait environ quarante ans : il était maître des destinées de l'Orient. Capable d'amitié et généreux avec ses amis, brave mais brutal, il n'avait de vrai penchant que pour la débauche. Peut-être ne faut-il pas lui reprocher, comme Pline l'Ancien, d'avoir écrit un livre sur son ivrognerie: c'est sans doute une manière de badinage; mais ce voluptueux, plein d'une vanité parfois puérile, était une proie facile pour celle que les Romains considéraient comme la courtisane, reine d'Égypte.

DIONYSOS ET APHRODITE LA VIE INIMITABLE

D'Athènes, Antoine était venu à Éphèse, où il fut accueilli comme le dieu Dionysos en personne. Bonne occasion, a-t-on dit, pour ces fêtes bachiques qu'il aimait tant mais peut-être aussi pensée politique! A ses administrés orientaux, il apparaît moins comme «le représentant de la majesté de Rome que comme une incarnation de Dionysos». Ainsi Antoine n'ignorait pas qu'en Orient le pouvoir se justifie par le caractère divin des maîtres.

D'un autre côté, la dynastie lagide est une lignée dionysiaque, si bien qu'on est en droit de se demander «si le scénario» d'Éphèse «n'a pas été entièrement machiné dans l'entourage de Cléopâtre. En tout cas Cléopâtre a vite saisi le rôle qu'elle pouvait jouer dans la comédie commencée». (H.Jeanmaire.)

Elle le joua très habilement: d'Éphèse, en effet, Antoine invite tous les suspects à venir se justifier. Elle commence par ne pas paraître.

Tandis qu'il organisait l'Orient, Antoine attendait avec impatience la reine d'Égypte. Il avait dépêché à Alexandrie son ami Dellius, un de ses compagnons

PAGE DE GAUCHE : HERMÈS CONTEMPLE DIONYSOS, ENFANT

LES NÉRÉÏDES, AU NOMBRE DE CINQUANTE, SONT SOUVENT REPRÉSENTÉES CHEVAUCHANT DES MONSTRES MARINS. CES NYMPHES SYMBOLISENT LE MOUVEMENT DE LA MER. Ier SIÈCLE AV. J.-C., MUSÉE NATIONAL, NAPLES

de débauches. Si elle n'en était pas déjà convaincue, Cléopâtre comprit alors qu'elle n'avait rien à craindre et qu'elle s'était fait assez longtemps désirer. A Tarse, remontant le Cydnus sur une galère à la proue d'or, aux voiles de pourpre, aux rames d'argent, entourée d'Amours, de Grâces et de Néréïdes, abritée sous un dais splendide, la nouvelle Aphrodite vint rendre visite au nouveau Dionysos, au milieu des parfums, du bruit des flûtes et des cithares. Ébloui par tant de luxe et de beauté, par le raffinement des banquets nocturnes, et, nous dit Plutarque, ce qui est un trait bien oriental, par l'abondance inusité des lumières, Antoine fut immédiatement sous le joug; il accepta les yeux fermés l'explication qu'elle donnait de sa conduite et elle se hâta d'user de son crédit pour satisfaire à ses haines. Elle obtint la mort d'Arsinoé, réfugiée dans le

temple d'Éphèse, et le grand prêtre d'Artémis, le Mégabyze lui-même, faillit périr pour avoir donné asile à la malheureuse princesse. Un faux Ptolémée, qui avait paru chez les Aradiens, fut supprimé; ainsi vengée et rassurée, Cléopâtre, toute-puissante, put retourner tranquille attendre son amant dans son palais du Brouchion. Antoine eut vite fait d'arranger les affaires syriennes. Dans cette province menacée par les Parthes, il laisse un de ses lieutenants, Decidius Saxa, pour courir mener en Égypte cette vie de plaisirs à la fois raffinés et grossiers «qui devait pour toujours enchaîner sa pensée à Cléopâtre et à Alexandrie». Comme il y avait eu sous Philopator une confrérie du rire, il y eut autour d'Antoine et de Cléopâtre une société de la vie inimitable. Le souvenir en est resté dans la littérature comme dans l'épigraphie (hiver 41-40).

Cependant l'orage se préparait. Depuis leur victoire sur Crassus les Parthes avaient vu sans trop en profiter l'Empire rival se dévorer lui-même. Antoine quitte alors l'Égypte pour la Syrie; il arrive à Tyr, encore libre, pour apprendre que son frère L. Antonius et sa femme Fulvie l'avaient brouillé avec Octavien.

Celui-ci avait eu une tâche ingrate. Il lui fallait trouver des

PAGE DE GAUCHE : APHRODITE, DÉESSE DE LA BEAUTÉ, EN COMPAGNIE DE SON FILS EROS, DIEU DE L'AMOUR, AINSI QUE PAN, DIVINITÉ BUCOLIQUE DE LA FECONDITÉ, SE RETROUVENT DANS UNE COMPOSITION ILLUSTRANT LES JEUX AMOUREUX. CES THÈMES DIONYSIAQUES SE DÉVELOPPENT AU IIe SIÈCLE AV. J.-C. MUSÉE NATIONAL, ATHÈNES

CI-CONTRE : L'AGORA À EPHÈSE

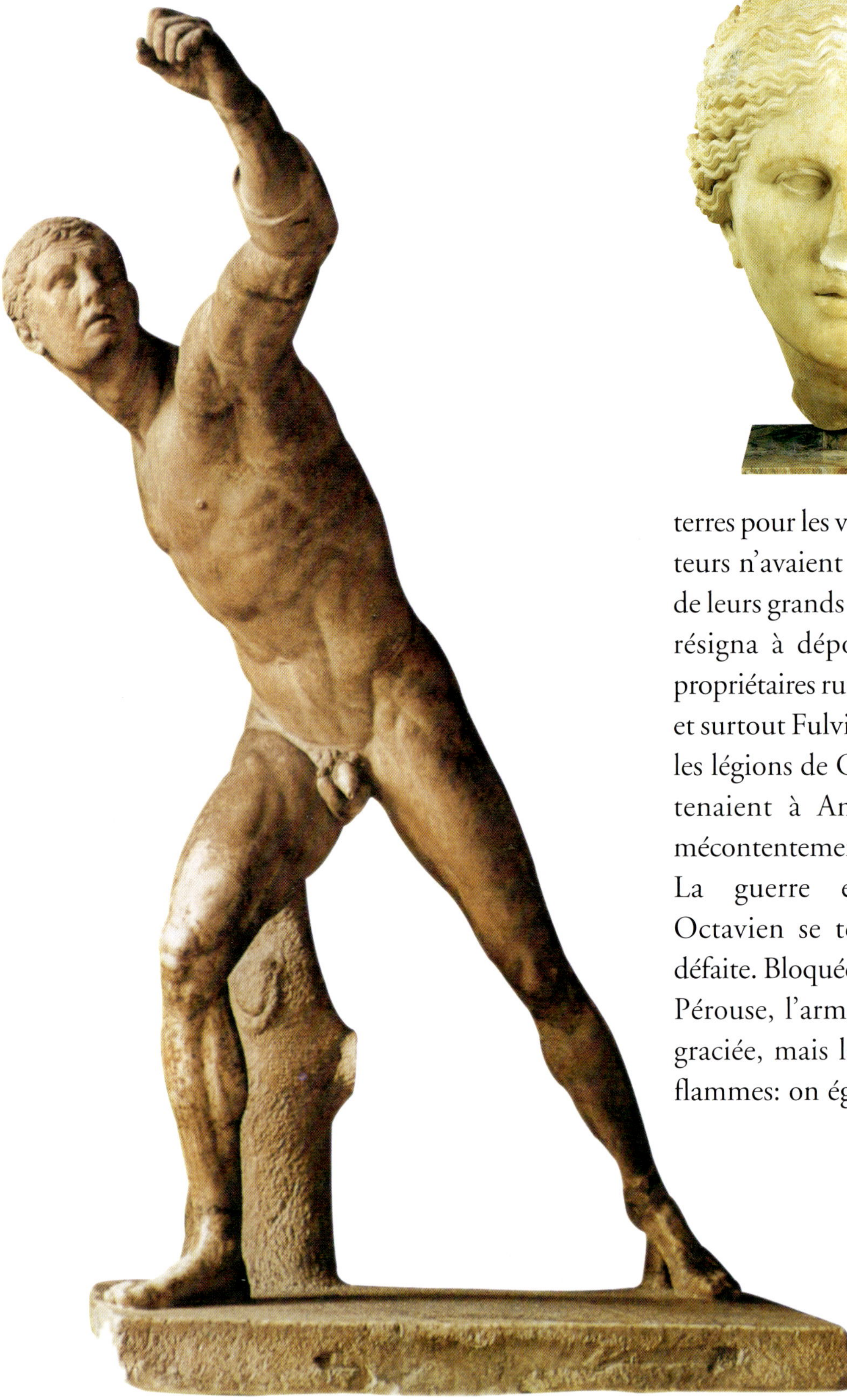

terres pour les vétérans. Les sénateurs n'avaient rien voulu céder de leurs grands domaines. On se résigna à dépouiller les petits propriétaires ruraux. L. Antonius et surtout Fulvie comptaient sur les légions de Gaule, qui appartenaient à Antoine et sur le mécontentement des expropriés. La guerre engagée contre Octavien se termina par leur défaite. Bloquée et capturée dans Pérouse, l'armée de Lucius fut graciée, mais la ville livrée aux flammes: on égorgea trois cents

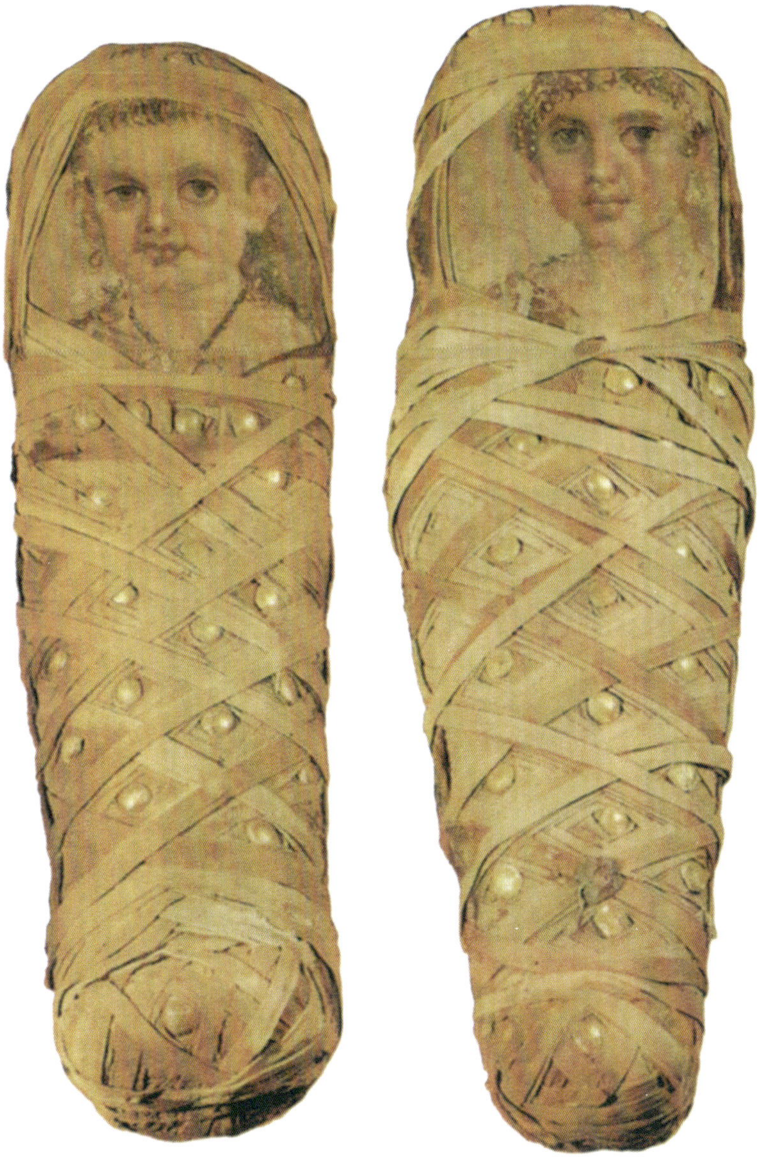

CI-DESSUS :
ART FUNÉRAIRE
DU FAYOUM

PAGE DE GAUCHE :
GUERRIER COMBATTANT
EN MARBRE, DIT
GLADIATEUR BORGHÈSE.
Iᴱᴿ SIÈCLE AV. J.-C.
MUSÉE DU LOUVRE, PARIS

TÊTE D'APHRODITE EN
MARBRE, DITE TÊTE DE
KAUFMANN.
IIᴱ SIÈCLE AV. J.-C..
MUSÉE DU LOUVRE, PARIS

nobles. Fulvie avait pu s'échapper. Elle venait maintenant chercher son époux.

Quand il la rencontra à Amènes, il entra dans une violente fureur, redoublée quand il apprit que Fulvie s'était jetée dans cette aventure pour l'arracher à la reine d'Égypte. Désespérée de ne pouvoir apaiser son mari, la malheureuse Fulvie tomba malade et mourut à Sicyone, où Antoine l'avait laissée sans vouloir lui dire adieu. Asinius Pollion lui gardait une armée en Apulie: il se hâta vers l'Italie, tout en négociant avec le pompéien Domitius Ahenobarbus et Sextus Pompée, dont les flottes tenaient la mer. Devant Brindes, il mit le blocus.

PAIX DE BRINDES

Mais les vétérans étaient indignés de cette guerre entre les triumvirs. Fulvie morte, le principal obstacle à une réconciliation était disparu. C'est ce que comprirent les amis des deux adversaires: Asinius Pollion, Cocceius Nerva, Mécène surent ménager une paix immortalisée par l'épître d'Horace et l'églogue de Virgile. Le monde parut respirer: le règne de Saturne allait renaître. Emporté par un souffle d'inspiration pythagoricienne, Virgile célèbre la venue d'un jeune enfant, dont, au renouvellement de la grande armée, la naissance et la croissance marqueront les étapes d'un nouvel âge d'or.

Ultima Cumœi venit
jam carminis atas
Magnus ab integro
saclorum nascitur ordo.

On a beaucoup discuté et vraisemblablement on discutera longtemps encore sur l'enfant de la quatrième églogue. On a même soutenu que c'était un fils à naître d'Antoine et de

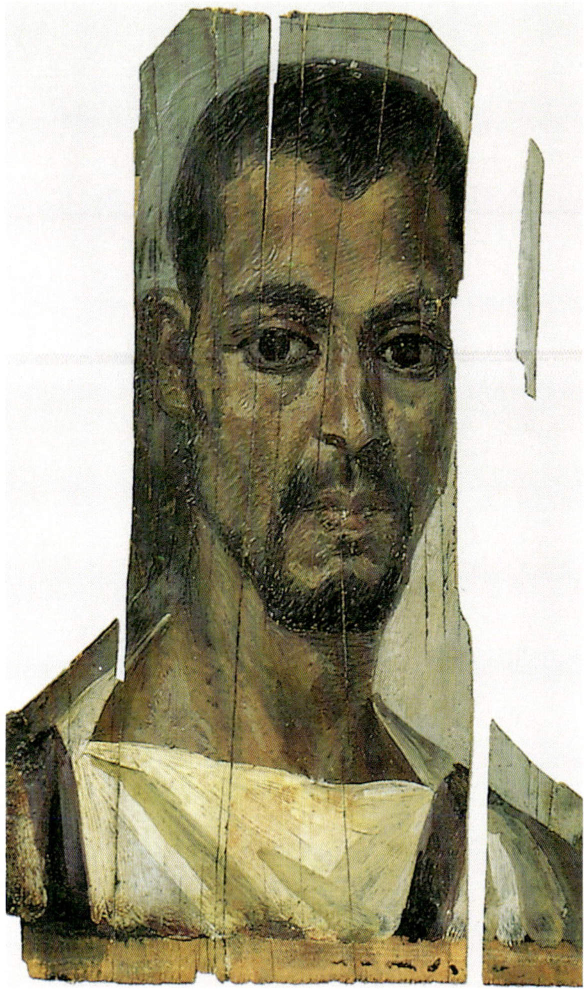

ART FUNÉRAIRE DU FAYOUM. CES PORTRAITS ONT ÉTÉ UTILISÉS ENTRE LE Ier ET LE IIIe SIÈCLE APRÈS J.-C. ILS SONT PEINTS À LA DÉTREMPE OU À L'ENCAUSTIQUE SUR BOIS ET SONT FIXÉS DIRECTEMENT SUR LA MOMIE DONT ILS REPRÉSENTENT SCRUPULEUSEMENT LES TRAITS. PEINTS DU VIVANT DES PERSONNES, ILS ASSURAIENT AU MORT UNE MEILLEURE VISION DANS LE ROYAUME D'OSIRIS. VERS LE IVe SIÈCLE, ILS DEVIENNENT PLUS STYLISÉS ET FONT AINSI LE LIEN ENTRE LES ARTS ANTIQUES ET PALÉO-CHRÉTIENS

Cléopâtre. En vérité les premiers enfants d'Antoine et de Cléopâtre furent deux jumeaux, un fils et une fille, «un petit dieu Soleil et une petite déesse Lune», Alexandre Hélios et Cléopâtre-Séléné, et qui ne pouvaient donc naître que d'un couple divin. Mais si le poème se rattache à la paix de Brindes, comme il semble bien qu'on l'ait prouvé et non aux fêtes d'Hélios et d'Aiôn du 1er janvier 40, il serait bien étonnant qu'au moment où allait se décider le mariage d'Antoine et d'Octavie, Virgile, si Romain, ait songé à l'enfant de l'«Égyptienne», laquelle d'ailleurs mit les siens au monde, peut-être seulement quatre ans plus tard.

HÉRODE

Celui-ci venu à Rome au moment de la paix de Brindes en avait obtenu du Sénat le titre de roi de Jérusalem, mais il avait son royaume à conquérir. En 39-38, il attendit l'issue de la lutte entre Ventidius et les Parthes. C'est en 37 seulement qu'avec l'aide de C. Sosius il prit Jérusalem. Son rival Antigone capturé fut mis à mort plus tard par Antoine.

LA PAIX DE TARENTE

Il était impossible qu'Antoine ne sentît pas que, pour rétablir son prestige et remplir la tâche que Rome attendait de lui, il fallait en finir avec les Parthes. Mais il avait besoin de soldats et ne pouvait en demander qu'à Octavien, qui soutenait une guerre très dure contre Sextus Pompée dont les flottes, souveraines des mers, risquaient d'affamer l'Italie. Après la paix des Brindes, sous la pression de la crise financière, on avait conclu un accord avec ce roi de la mer. C'est le traité connu sous le nom de paix de Misène. On lui laissait la Sicile, la Sardaigne et la Corse, et on lui promettait l'Achaïe, qu'Antoine, d'ailleurs ne voulut pas lui céder. Mais l'incorrigible pirate ne se maintenait pas dans les limites des conventions. Battu dans le

PAGE DE GAUCHE : MOMIES DE CHAT ET DE CHIEN. VERS 1ER SIÈCLE AP. J.-C. MUSÉE DU LOUVRE, PARIS

CI-DESSOUS : STATUETTE D'IBIS, VERS IIIE OU IIE SIÈCLE AV. J.-C. MUSÉE DU LOUVRE, PARIS

CLÉOPÂTRE, ANTIKENMUSEUM, BERLIN

détroit de Messine, il n'en avait pas moins empêché Octavien de débarquer en Sicile et lui avait infligé une terrible défaite. Mécène était venu demander secours à Antoine qui vint à Brindes avec trois cents vaisseaux; il fut reçu avec méfiance, et la guerre eût éclaté sans l'intervention d'Octavie. Un nouveau traité fut signé à Tarente, où le triumvirat fut renouvelé pour cinq ans, cette fois sans que le peuple fût consulté (fin 37).

ANTOINE ET CLÉOPÂTRE

Ses pouvoirs ainsi confirmés, Antoine revint en Orient. Quelles pouvaient être alors les pensées de Cléopâtre? Depuis plus de deux ans Antoine l'avait quittée, mais il est impossible que toute relation ait cessé entre eux. Il est bien difficile de pénétrer les véritables sentiments de la reine à l'égard de son amant. Mais nous pouvons être assurés que son ambition voulait se servir de lui pour les intérêts de sa politique: elle songeait à restaurer l'Empire lagide et peut-être à réaliser le rêve qu'elle

VUES DE SIDON

PAGE DE DROITE : LE SINAÏ, PRESQU'ÎLE MONTAGNEUSE, DÉSERTIQUE. L'UN DES SOMMETS EST TRADITIONNELLEMENT CONSIDÉRÉ COMME LA MONTAGNE OÙ MOÏSE EUT LA VISION DU BUISSON ARDENT ET REÇUT LES DIX COMMANDEMENTS

avait fait avec César, quand elle avait pensé dominer Rome et le monde. Elle avait des espions auprès de l'infidèle. Plutarque nous parle d'un astrologue alexandrin qui avait suivi Antoine dans Athènes et lui rappelait que les signes ne lui présageaient pas le premier rang en Occident. Aussi bien Antoine, peut-être déjà fatigué de la vertu d'Octavie et obscurément fâché d'avoir été réconcilié avec Octavien, qu'il tenait bien pour son collègue, mais aussi pour son rival, allait-il bientôt revenir à l'Égyptienne.

Il devait reprendre la guerre contre les Parthes. Octavie ne l'accompagna pas au-delà de Cocyre. Sous prétexte de ne pas l'exposer aux dangers d'une expédition militaire, il la renvoya; il ne devait plus la revoir. Peut-être ne sentait-il pas que c'était dénouer un dernier lien avec Rome. A Antioche où il se rend, il va tomber en effet sous le joug de Cléopâtre, et sous l'influence de l'Orient. Tout en y préparant la guerre, il y procédait à une distribution d'honneurs et de territoires. Cléopâtre sollicitait des dons. Elle ne pouvait songer à la Palestine: Hérode jouissait auprès d'Antoine d'une faveur qu'il eût été périlleux de contester, mais, après la mort de Lysanias, fils de Ptolémée, elle se fit donner la principauté de Chalcis et une partie de la Coelé-Syrie, puis la côte phénicienne du fleuve Éleuthéros à Sidon. Elle eut même des domaines jusque dans le royaume d'Hérode, qui consentit à être son fermier: c'est ainsi qu'on lui reconnut Joppé et les terres balsamiques autour de Jéricho, louées pour 200 talents. En Cilicie-Trachée ses possessions vont de l'ouest de Soles aux forêts de cèdres de Coracésion.

Le roi des Nabatéens, Malchos, est obligé de lui céder la péninsule du Sinaï, dont il devient le locataire sous la garantie d'Hérode. Elle a des terres à Chypre et jusqu'en Crète. Enfin l'époux d'Octavie consent à devenir en même temps l'époux de l'Égyptienne, selon les lois du pays. Les enfants qui allaient naître ne seraient pas des bâtards. A Alexandrie on frappe des monnaies où la reine est associée au triumvir.

LA GUERRE PARTHIQUE

On ne pouvait oublier les Parthes. L'armée se mit en route à la fin de 36. Cléopâtre accompagna son époux jusqu'à l'Euphrate et revint à Alexandrie, par la Palestine. Elle y fut reçue chez Hérode, qui aurait songé à l'assassiner, mais qui, renonçant à ce dangereux projet, l'accompagna jusqu'à la frontière en la comblant de cadeaux. La guerre parthique fut un désastre. Antoine conduisait une armée de cent mille hommes «la plus forte que Rome eût jamais équipée». Par Zeugma, il alla faire sa jonction avec le roi d'Arménie, Artavasde ou Artabaze, le fils de Tigrane, puis il marcha contre le roi des Mèdes Artavasde et alla assiéger sa capitale, Phraaspa, dans l'Atropatène. Mais parti trop tard, et peut-être mal secondé par l'Arménien, il ne put prendre la place, et Phraate, le roi des Parthes, fils d'Orodès, qu'il avait assassiné, contraignit les Romains à une retraite tragique. Après de terribles souffrances, l'armée vint à Leuké-Komé de Syrie, où Cléopâtre apporta des secours.

CI-DESSUS : LE PORT
DE SAINT-JEAN D'ÂCRE.

PAGE DE GAUCHE ET
CI-CONTRE :
LÉGIONNAIRES ROMAINS

LES INTRIGUES DE CLÉOPÂTRE

Pendant qu'Antoine subissait ces humiliants échecs, la fortune souriait à Octavien. Après une rude guerre, Sextus Pompée était battu par Vipsanius Agrippa à Myles et à Nauloque, et la sécurité revenait sur la mer latine (36). Lépide, qui avait voulu se révolter, se voyait dépouillé de l'Afrique, qu'Octavien s'attribuait, et exilé à Circei. De quelle amertume ces succès ne devaient-ils pas remplir l'âme ulcérée d'Antoine! Cléopâtre l'entretenait dans ces sentiments. Que lui importaient, à elle, la guerre parthique et le désir de venger la mort de Crassus? Ce qu'elle cherchait, c'était à restaurer la grandeur de sa dynastie. Elle poussait Antoine à la rupture, tout en lui inspirant les mesures les plus propres à révolter les sentiments romains. Ce n'est pourtant pas à ses conseils qu'il faut attribuer la mort de Sextus Pompée, dont la nouvelle ne fut pas reçue à Rome sans émotion. Il avait un moment offert son alliance à Antoine, puis il s'était jeté en Asie, où il conspira contre le légat Cn. Domitius Ahenobarbus. Assiégé dans Lampsaque, il s'échappe pour être pris et tué à Milet. Mais si Cléopâtre n'a pas trempé dans ce meurtre, c'est elle qui fit avorter en 34 l'expédition préparée contre les Parthes et l'Arménie avec l'alliance du Mède Artavasde. Antoine, pour réparer les pertes de la funeste campagne de 35, avait demandé des légions à Octavien, mais celui-ci avait mis pour condition qu'il quitterait Cléopâtre. Maintenant, Octavie était venue conduire des renforts à son époux. Octavien l'aurait permis «non pas pour faire plaisir à sa sœur mais pour que

PAGE DE GAUCHE : CLÉOPÂTRE ET OCTAVIEN PAR LOUIS GAUFFIER, 1788. NATIONAL GALLERY OF SCOTLAND, EDIMBOURGH

BAGUE EN OR S'ENROULANT AUTOUR DU DOIGT. 1ER SIÈCLE AP. J.-C. SCHMUCKMUSEUM, PFORZHEIM

CI-DESSUS : BRACELET EN OR ET EN SERPENTINE. CE SONT LES CORPS DES DEUX SERPENTS QUI FORMENT LES SPIRALES ET LE NŒUD D'HERCULE DE CE BIJOU. LES GRECS ET LES ROMAINS LUI ATTRIBUAIENT LE POUVOIR DE GUÉRIR LES PLAIES. IIIE - IIE SIÈCLE AV. J.-C. SCHMUCKMUSEUM, PFORZHEIM

CI-CONTRE : BRACELET EN OR EN FORME DE SERPENT. IER SIÈCLE AV. J.-C. / IER SIÈCLE AP. J.-C. MUSÉE DU LOUVRE, PARIS

l'affront qu'on ne manquerait pas de lui infliger et le dédain qu'on lui montrerait pût servir de cause à la guerre» (Plutarque).

Antoine, en effet, envoya l'ordre à sa femme de s'arrêter à Athènes et ce fut un certain Niger qui amena les troupes et le matériel de guerre en Syrie. Mais Niger fit un éloge d'Octavie qui éveilla l'inquiétude de la reine. Elle résolut de ne pas laisser Antoine s'éloigner et Octavie reprit le chemin de Rome, tandis que, renonçant à la guerre parthique, il revenait en Égypte avec son Orientale. Celle-ci y poursuivait ses intrigues contre Hérode, dont elle convoitait le royaume, cette Syrie du Sud, que les Lagides avaient toujours revendiquée, elle avait partie liée avec la belle-mère du roi, Alexandra l'Hasmonéenne, qui songeait à détrôner son gendre l'Iduméen pour le remplacer par son fils le jeune et bel Aristobule, dont Hérode avait fait un grand prêtre. Mais Hérode s'en doutait et, comme en jouant, le jeune homme fut noyé dans une piscine, un jour de fête dans le palais, Cléopâtre dénonçait ce meurtre à Antoine; Hérode fut assez habile pour se justifier (34).

CI-DESSUS :
COSTUME DE LA HAUTE ANTIQUITÉ ÉGYPTIENNE

PAGE DE GAUCHE :
CAMÉE D'AUGUSTE PORTANT LA COURONNE DE CHÊNE DITE "COURONNE CIVIQUE". BRITISH MUSEUM, LONDRES.

CAMÉE FIGURANT LA GLORIFICATION D'AUGUSTE ENTOURÉ DE GERMANICUS PRÊT À PARTIR AU COMBAT ET DE TIBÈRE DESCENDANT DE SON CHAR TIRÉ PAR LA VICTOIRE, 1ER SIÈCLE AP. J.-C. MUSÉE D'ART HISTORIQUE DE VIENNE

LA GUERRE ARMÉNIENNE ET LE TRIOMPHE ALEXANDRIN

Cependant une nouvelle guerre contre l'Arménie commençait. Il fallait des victoires à Antoine, et, par une trahison assez vile, il parvint à pénétrer jusqu'à la capitale et à s'emparer d'Artabaze et de sa famille (34). Au retour, comme si Alexandrie était une autre Rome, il célébra un triomphe imité de ceux des Romains. Le char d'Antoine était précédé des captifs, Artabaze, la reine et leurs enfants. La fête entière était comme dédiée à Cléopâtre, qui trônait au milieu de la foule sur un siège d'or placé sur une estrade d'argent. On lui amena les prisonniers attachés par des chaînes d'or.

PAGE DE DROITE : STATUE D'OSIRIS (DÉTAIL) ÉPOQUE PTOLÉMAÏQUE. MUSÉE DU LOUVRE, PARIS

CI-DESSOUS : QUADRIGE : CETTE VOITURE EST UN DE CES CHARS DE GUERRE DONT SE SERVAIENT LES GRECS. L'ATTELAGE ÉTAIT TANTÔT DE DEUX, TROIS ET QUATRE CHEVAUX

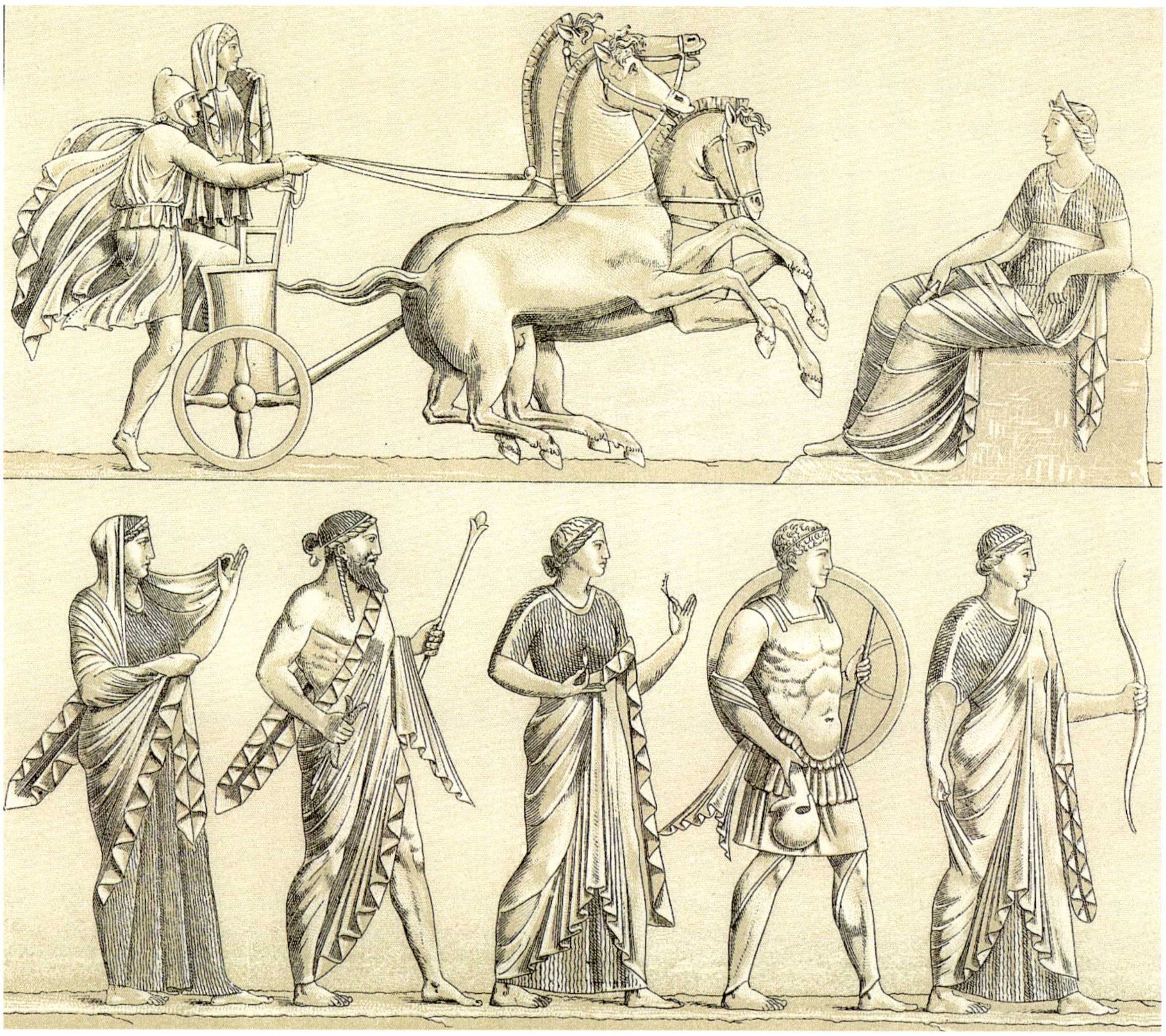

LE NOUVEL EMPIRE LAGIDE

Quelques jours après, il y eut au Gymnase une scène encore plus significative. Sur des tréteaux magnifiques, on vit deux trônes d'or préparés pour Antoine et Cléopâtre, et des sièges plus bas pour les enfants de la reine: le fils de César, que les Alexandrins appelaient Césarion, les fils et la fille d'Antoine: Alexandre Hélios, coiffé de la tiare et vêtu du costume médique, Ptolémée Philadelphe avec la causia, la chlamyde et les chaussures macédoniennes, enfin Cléopâtre Séléné. Cléopâtre était proclamée reine des reines, et Césarion roi des rois; Alexandre, grand roi d'Arménie et de routes les régions à conquérir sur les Parthes; Ptolémée Philadelphe, roi de Syrie et des pays entre l'Euphrate et l'Hellespont ; Cléopâtre Séléné, reine de Cyrénaïque et de Libye. Antoine était lui-même assimilé à Dionysos et à Osiris, Cléopâtre à Isis, dont elle portait le costume et les insignes. Toutes ces dispositions n'étaient pas seulement proclamées à Alexandrie, mais on les fit connaître aussi à Rome pour qu'elles y reçoivent une sanction.

MOSAÏQUE SIGNÉE D'UN CERTAIN SOPHILOS. LA PARTIE CENTRALE EST OCCUPÉE PAR UN BUSTE DE FEMME COURONNÉE D'UNE PROUE DE NAVIRE QU'ON A LONGTEMPS CONSIDÉRÉE COMME LA PERSONNIFICATION D'UNE CITÉ MARITIME (EN L'OCCURENCE ALEXANDRIE AVEC LES ATTRIBUTS D'UNE VICTOIRE NAVALE) ET EN QUI ON RECONNAÎT MAINTENANT LES TRAITS IDÉALISÉS DE BÉRÉNICE II "PROTECTRICE DES FLOTTES ET DE L'EMPIRE MARITIME DES LAGIDES". FIN IIIE - DÉBUT IIE SIÈCLE AV. J.-C. MUSÉE GRÉCO-ROMAIN, ALEXANDRIE

Ainsi était fondé le grand Empire oriental dont Cléopâtre était la reine, le culte d'Isis et d'Osiris, Osiris-Sérapis-Dionysos, selon le syncrétisme du temps, la religion officielle et royale. Cet Empire était en partie composé de provinces prises à l'Empire romain! Antoine se précipitait donc dans une guerre inévitable. Mais ce n'était plus chez les Parthes qu'il fallait porter les armes, c'était contre Octavien, c'était contre Rome. Il s'était allié avec Artavasde de Médie, qui lui fournissait de la cavalerie et dont la fille Iotapé devait épouser Alexandre Hélios.

LA RUPTURE AVEC OCTAVIEN

La querelle avec Octavien avait commencé par des pamphlets, et s'était poursuivie devant le Sénat. Dès janvier 33, probablement après la célébration du triomphe alexandrin, Octavien avait annoncé la rupture. Antoine avait répondu par un message où il demandait des soldats, protestait contre la déposition de Lépide, et exigeait sa part de l'Afrique et de la Sicile. Au commencement de 32, il offrit d'abdiquer si Octavien abdiquait en même temps. Celui-ci sortit en effet de Rome, comme

s'il n'avait plus que l'imperium proconsulaire, dont le caractère militaire lui interdisait l'entrée de la ville, et c'est une question de savoir si les pouvoirs trimviraux à cette date étaient expirés. D'ailleurs la situation était trouble. Antoine était encore populaire dans certaines parties de l'Italie. Sosius et Domitius Ahenobarbus, les consuls qui entraient en charge, selon les accords de Brindes, étaient ses amis. On a supposé, non sans vraisemblance, que les confréries isiaques, alors très répandues dans la péninsule, étaient depuis longtemps des

LE TEMPLE DE KÔM OMBO, SITUÉ SUR UNE COLLINE SURPLOMBANT LE NIL, A ÉTÉ CONSTRUIT SOUS L'ÉPOQUE PTOLÉMAÏQUE ET ROMAINE.
LA MOITIÉ SUD EST RÉSERVÉE AU DIEU-CROCODILE SOBEK, À SON ÉPOUSE HATHOR ET À LEUR FILS KHONSOU.
LA MOITIÉ NORD EST CONSACRÉE À HAROÉRIS, L'ANCIEN HORUS, À SA SŒUR DIVINE ET À PANEBTAOUI, LE SEIGNEUR DES DEUX TERRES

centres de propagande égyptienne. Dès le 1er février, quelques jours après, Octavien, comme s'il était encore triumvir, rentrait à Rome, convoquait le Sénat à son tour. Il parut à la curie entouré de soldats, interdit au consul de lire le message d'Antoine, et promit d'apporter la preuve de la trahison. Les consuls prirent peur et partirent pour Éphèse. C'était là que l'armée d'Antoine était concentrée. Cléopâtre s'y trouvait avec lui, et se conduisait en souveraine, presque en souveraine romaine, puisqu'elle avait une garde prétorienne, dont les soldats portaient bouclier à son chiffre.

D'Éphèse, Antoine et la reine passent à Samos où les préparatifs militaires continuent au milieu des fêtes, puis à Athènes, où les Athéniens les accablent de flatteries. C'est d'Athènes qu'Antoine signifie le divorce à Octavie. Elle sortit de sa maison, emmenant avec elle les enfants de son mari, même ceux qu'il avait eus de Fulvie, et qu'elle élevait. Les amis les plus clairvoyants d'Antoine sentirent qu'il se perdait et qu'il aurait fallu éloigner Cléopâtre. Aussi les défections se multipliaient. L'une des premières fut celle de Munatius Plancus, le

LE TEMPLE DE DENDÉRAH, LE SANCTUAIRE ROMAIN, IIe SIÈCLE AP. J.-C. SUR LES RELIEFS, L'EMPEREUR TRAJAN PRÉSENTE DES OFFRANDES À HATHOR, ALLAITANT SON FILS IHY OU À HATHOR ET SON PARÈDRE HORUS D'EDFOU

PAGE DE DROITE : LE TEMPLE DE KÔM OMBO, RÈGNE DE PTOLÉMÉE XII, VERS 80-51 AV. J.-C.

futur fondateur de Lyon. Cet habile homme avait été l'un de flatteurs de Cléopâtre et l'on racontait avec indignation à Rome que, dans une fête du palais, il avait joué le rôle de Glaucos, le dieu marin, vêtu d'un maillot d'azur, et traînant après soi une queue de poisson. Son neveu Titius l'imita. D'autres les suivirent. Ceux qui arrivèrent à Rome à la fin de 32 avertirent Octavien que le testament d'Antoine était déposé chez les Vestales. Elles le lui laissèrent prendre ; c'était une action inouïe et qui aurait pu choquer le sentiment romain ; mais les donations qu'Antoine faisait aux enfants de Cléopâtre, le souci qu'il prenait de désigner sa tombe à Alexandrie soulevèrent l'opinion. La guerre fut déclarée à Cléopâtre, non pas à Antoine, par le fétial Octavien, lançant le javelot devant le temple de Bellone, selon le rite des ancêtres. Il fallait bien montrer qu'il ne s'agissait plus de guerre civile, mais que Rome se défendait contre l'Orient.

CI-DESSUS :
LE TEMPLE DE DENDÉRAH

PAGE DE GAUCHE:
SALLE HYPOSTYLE DU TEMPLE DE DENDÉRAH, PAR DAVID ROBERTS. LES COLONNES- SISTRES SONT ORNÉES DU VISAGE DE LA DÉESSE HATHOR, SURMONTÉ DU SISTRE QUI POSE SON REGARD EN DIRECTION DES POINTS CARDINAUX.

CI-DESSUS:
GARDE PRÉTORIENNE

PAGE DE DROITE :
VISAGE DE LA DÉESSE
HATHOR

LE SOLEIL, AVALÉ AU DÉBUT DE LA NUIT PAR NOUT, LA DÉESSE DU CIEL, RENAÎT DE SON GIRON AU MATIN SUIVANT. PLAFOND DU PRONAOS DU TEMPLE DE DENDÉRAH, Ier SIÈCLE AP J.-C.

ACTIUM

Aucun contemporain ne semble avoir douté que ce fût là le vrai sens de la lutte. Et l'on peut imaginer ce qu'eût été le destin du monde si Antoine et Cléopâtre avaient triomphé. Alexandrie serait peut-être devenue la capitale, l'Empire une monarchie hellénistique, "le culte trouble des mystères" aurait deux ou trois siècles plus tôt triomphé de la religion officielle de Rome.

Mais les Pénates et les grands dieux devaient vaincre à Actium.

Sur les conseils de Cléopâtre, et malgré P. Canidius Crassus, un des meilleurs hommes de guerre du parti, Antoine eut tort de mettre plus de confiance dans ses vaisseaux que dans ses soldats et de préférer les lourds navires de haut bord, alors qu'il fallait manœuvrer. C'est du moins ce que prétendent nos sources. Mais, plus que dans toute autre bataille, il y a du mystère dans la bataille d'Actium (2 septembre 31). L'épisode le plus décisif, le plus connu, et le plus mal expliqué, est aussi celui qui intéresse le plus Cléopâtre. On sait comment la flotte égyptienne, presque au début de l'engagement, se frayant un chemin au milieu des combattants, prit le large à toutes voiles et s'enfuit vers Alexandrie. Antoine, voyant s'éloigner la galère de la reine, laissa ses troupes mourir pour lui et la rejoignit en toute hâte. L'histoire de l'Égypte lagide finirait-elle sur une trahison ? Était-ce comme Dion Cassius le laisse entendre un plan concerté entre Cléopâtre et son amant, qui, désespérant du succès avant le combat, avait résolu de sacrifier l'armée et la flotte, pour aller préparer d'autres troupes à Alexandrie ? Cléopâtre a-t-elle craint qu'une victoire d'Antoine, en le rendant à Rome, l'éloignât d'elle définitivement ? On discutera longtemps sur ces hypothèses. Mais, même si elle avait été préméditée comme pouvant seule assurer le salut, une manoeuvre si étrange n'en serait pas moins une désertion sans honneur. Les soldats, délaissés par leur chef P. Canidius Crassus, ne consentirent à capituler que las d'attendre Antoine et au bout de sept jours.

Plusieurs des amis du vaincu n'avaient pas montré la même constance. Avant la bataille, Cn. Domitius Ahenobarbus, malade, sous prétexte de respirer l'air marin, était monté sur une petite embarcation et n'était pas revenu. Il avait rejoint le camp de César. Antoine lui renvoya ses bagages et fit courir le bruit qu'il ne pouvait se passer de Servilia Naïs, sa maîtresse. Domitius devait mourir quelques jours après. Q. Dellius, le Galate Amyntas, désertèrent aussi, par peur, dirent-ils, de la rancune de Cléopâtre, qui excitait les soupçons d'Antoine et avait fait torturer Jamblique d'Émèse et le sénateur Q. Postumius. Le camp d'Octavien se remplissait de transfuges.

Antoine suivit le sillage de la reine jusqu'au Ténare, où il fut recueilli sur son navire et lui pardonna. Il se dirigea vers Paraetonium, où il comptait trouver les quatre légions de Cyrène; elles refusèrent de lui obéir. Elles entreront quelques jours plus tard en Égypte, sous la conduite du légat d'Octavien, le futur préfet, C. Cornélius Gallus. A Alexandrie, on apprit la défection de Q. Didius, le gouverneur de Syrie. C'est par la Syrie qu'allait arriver l'armée d'Octavien. Rentré à Alexandrie, Antoine reprit sa vie de plaisirs, coupée d'accès de misanthropie. Il se retirait dans la chapelle de Poséidon, qui surmontait une petite jetée limitant les ports royaux; l'on appela l'endroit le Timoneion, du nom du célèbre misanthrope athénien. Puis il retournait à ses débauches; mais la société de la «vie inimitable» était devenue celle des compagnons de la mort. Quant à Cléopâtre, elle cherchait secrètement les moyens de faire sa paix avec le vainqueur.

LION COUCHÉ. MUSÉE GRÉCO-ROMAIN, ALEXANDRIE.

LE VAINQUEUR

Celui-ci s'était avancé prudemment vers la mer Égée, et il était passé par Athènes. A Samos, il avait séjourné, et c'est là que furent prises les décisions qui destinaient les dynastes investis par Antoine, sauf Amyntas, Déjotaros, Archélaos et Hérode. Puis il avait été rappelé en Italie par des troubles dus aux taxes, qu'il avait été obligé d'imposer encore, et à l'agitation des vétérans. Il était ensuite revenu par Corinthe, Rhodes et la Syrie.

Il y avait reçu un message d'Antoine et de Cléopâtre, porté par leur homme de confiance, Euphronios. Antoine demandait, assez ridiculement, la faveur de vivre en Égypte en simple particulier. Au cours des négociations, il alla jusqu'à faire livrer à Octavien le sénateur Turullius, qu'il avait dans son entourage et qui avait pris part au meurtre de César. Il envoya même son propre fils Anthyllos avec des présents pour fléchir le vainqueur. Octavien César prit les présents et restait impassible. Quant à Cléopâtre, elle faisait secrètement remettre à Octavien les insignes royaux. Octavien aurait sans doute voulu qu'elle le débarrassât d'Antoine, et il le lui fit entendre. Mais il voulait aussi qu'elle anéantît ses richesses qu'il convoitait pour

réparer les ruines italiennes. Cela, il ne le dit pas, mais Cléopâtre le devinait. Pour elle, elle espérait fléchir Octavien et assurer le sort de ses enfants qu'elle aurait voulu voir régner. Elle pensera y réussir par une diplomatie, qui mêlait la soumission à la menace, et, pour exciter l'inquiétude d'Octavien, elle s'enferma avec tous ses trésors dans le tombeau qu'elle s'était fait construire près du temple d'Isis, parlant de les brûler avec elle. Octavien prit peur, en effet, et lui envoya son affranchi, Thyrsos. Que dit Thyrsos? Que laissa-t-il entendre? Ce qui est sûr, c'est qu'Antoine en prit ombrage et qu'il le fit fustiger avant de le renvoyer à son ennemi: «Il m'a offensé, lui écrivait-il, alors que le malheur m'a rendu fort irritable. Si tu t'en indignes, tu as mon affranchi Hipparchos (ce personnage était passé à César); prends-le et fouette-le, nous serons quittes.» Cléopâtre, pour effacer les soupçons d'Antoine, fêta brillamment l'anniversaire de son amant par des banquets, d'où bien des pauvres revinrent riches.

LA TRAHISON

Cependant les armées étaient aux portes de l'Égypte. Péluse fut prise, livrée, peut-être sur l'ordre de Cléopâtre, par son gouverneur Séleucus. L'armée parvint facilement jusqu'à la ville, et il n'y eut guère d'engagement qu'à l'Hippodrome, devant la porte Canopique, un insignifiant succès pour Antoine, que ses soldats abandonnaient et qui accusait Cléopâtre de le trahir. Pour elle, il était temps d'agir. Elle se réfugia avec ses femmes dans le tombeau où elle avaitaccumulé ses trésors, sûre qu'Antoine l'aimait assez pour qu'elle pût le réduire au désespoir. Elle lui fit dire qu'elle allait se tuer. Antoine tend son épée à son fidèle Éros en lui demandant de l'en frapper. Mais Éros se frappe lui-même et tombe aux pieds de son maître, qui se perce le ventre et s'affaisse sur son lit. Il reprit ses sens et demandait qu'on l'achevât. Mais tous s'enfuyaient, jusqu'à l'arrivée de Diomède, le secrétaire de la reine, qui sans doute venait voir s'il était mort, et qui, sur l'ordre de sa souveraine, le fit transporter au tombeau. On n'ouvrit pas la grosse porte qui en barrait l'entrée, mais Cléopâtre, à l'aide de sa coiffeuse Iras et de sa fille de chambre Charmion, hissa le blessé jusqu'à la pièce supérieure qu'elles occupaient et où il rendit le dernier soupir. Un des gardes du corps apporta à Octavien l'épée sanglante. Comme César devant la tête de Pompée, Octavien pleura devant ce trophée.

CI-CONTRE : CLÉOPÂTRE ET SON FILS CÉSARION EN ISIS ET HORUS. DENDÉRAH, DÉTAIL DU GRAND TEMPLE D'HATHOR

PAGE DE GAUCHE : BAGUES DE MEROÉ À L'ÉPOQUE GRECO-ROMAINE.

OCTAVIEN ET CLÉOPÂTRE

Cléopâtre ne parvenait pas à connaître les décisions d'Octavien, ni Octavien celles de Cléopâtre. Il lui avait envoyé, avec son affranchi Epaphrodite, C. Proculeius, celui qu'Antoine mourant lui avait signalé comme le plus sûr des amis de César. Mais comme il ne pouvait faire que des réponses vagues à la reine, qui se préoccupait de conserver le trône à ses enfants, la négociation n'aboutit pas et Cléopâtre refusait de sortir de sa retraite. Proculeius revint trouver Octavien, qui lui adjoignit Cornélius Gallus. Pendant que celui-ci retenait la reine derrière la grille, Proculeius, entrant d'un autre côté par une échelle, se saisit de Cléopâtre et l'empêcha de se tuer. Cléopâtre était aux mains du vainqueur. C'est alors seulement qu'il fit son entrée dans Alexandrie, pardonnant dédaigneusement à la population, «par égard pour le grand Alexandre, pour la beauté de la ville, et pour faire plaisir à son ami le philosophe Aréios». Mais il eut la cruauté d'ordonner la mort d'Anthyllos, le fils d'Antoine, et il sacrifiera plus tard le jeune Césarion, qui, envoyé par sa mère dans la région des ports de la mer Rouge, revenait naïvement vers Alexandrie, sur les perfides conseils de son gouverneur.

Dans le palais cependant, où elle avait été transportée, pour alarmer César et lui arracher quelque promesse, Cléopâtre faisait mine de se laisser mourir de faim. C'est alors qu'eut lieu cette fameuse entrevue, dont il existe deux récits contradictoires: scène de séduction, selon le témoignage invraisemblable de Dion Cassius, ce n'est plus, dans la narration très vivante de Plutarque, qu'une mise en scène préparée par Cléopâtre pour essayer d'arracher son secret à l'impénétrable Octavien, en lui laissant croire qu'elle se reprenait à la vie. «Il vint lui-même quelques jours après pour lui rendre visite et la consoler. Elle était couchée humblement sur un petit lit. A sa vue, elle saute à terre, vêtue de sa seule chemise, et tombe à ses pieds, la tête et le visage meurtris, la voix tremblante, les yeux humides. Elle avait beaucoup de traces de coups apparentes sur la poitrine et son corps n'était pas en meilleur état que son âme. Ni sa grâce ni l'éclat de sa beauté n'étaient tout à fait éteints et, même en l'état où elle était, on en voyait quelques lueurs dans les mouvements de son visage. César, l'invitant à se recoucher, s'assit auprès d'elle; elle entreprit de se justifier et rejeta ce qui s'était fait sur la nécessité et la peur qu'elle avait eue

CI-DESSUS: LES CATACOMBES DE KÔM EST-SHUQFA À ALEXANDRIE SONT UNE VASTE CONSTRUCTION SOUTERRAINE À TROIS ÉTAGES DATANT DES Ier ET IIe SIÈCLES. ELLES CONSTITUENT UN EXEMPLE UNIQUE PAR LEUR DÉCORATION, DU RÉSULTAT DE LA FUSION DE DEUX ARTS, L'ÉGYPTIEN ET LE GRÉCO-ROMAIN. LA PLUPART DES DIVINITÉS APPARTIENNENT AU PANTHÉON ÉGYPTIEN, QUELQUES-UNES CEPENDANT SONT GRÉCO-ROMAINES.

d'Antoine. Comme César lui répondait sur chaque point, se voyant confondue, elle fit appel à la pitié et eut recours à la prière. A la fin, elle lui remit un inventaire écrit de toutes ses richesses, mais Séleucus, un de ses intendants, lui reprocha d'en dissimuler et d'en soustraire une partie. Elle bondit, le prit aux cheveux et lui donna de nombreux coups sur la figure. César sourit et la calma. "N'est-ce pas une chose horrible, César, dit-elle, qu'au moment où tu daignes venir me voir et me parler, mes esclaves me fassent un crime d'avoir distrait quelques bijoux de femme, non pour m'en parer, malheureusement, mais pour en faire de petits cadeaux à Octavie, à ta Livie, dans l'espoir que leur intercession te rendrait plus clément et doux envers moi."

Octavien fut enchanté de ce langage, tout à fait persuadé qu'elle avait repris goût à la vie. Il lui dit qu'elle pouvait garder tout cela et que l'avenir serait pour elle plus brillant qu'elle n'avait pu l'espérer. Sur quoi il s'en alla, convaincu qu'il l'avait trompée, alors qu'il était plutôt sa dupe.»

Cléopâtre savait bien qu'elle serait avertie à temps, si le vainqueur persistait dans le dessein de l'emmener à Rome. Elle le fut, en effet, par le jeune Dolabella, qui n'oubliait pas que cette reine vaincue avait été l'alliée de son père. On la trouva morte dans sa chambre, avec Iras et Charmion, peut-être, comme le disait plus tard le rapport du médecin Olympos, piquées toutes trois par des aspics. On racontait qu'un paysan les avait apportés la veille dans un vase et cachés sous des figues. Mais on ne put relever aucune trace de serpent. Bien d'autres versions coururent sur le genre de mort qu'avait choisi Cléopâtre.

L'Égypte des Déesses et des Dieux

Les Dynasties

LES DYNASTIES DIVINES

LES DIEUX COSMIQUES

Les premiers rois furent, au dire de la légende, des grands dieux d'Egypte, suivant le cycle qui avait été établi dans le sanctuaire d'Héliopolis, une des plus anciennes métropoles religieuses du pays; ce cycle se composait d'une ennéade, c'est-à-dire d'un groupe de neuf dieux et déesses, et fut adopté dès l'Ancien Empire par tous les autres centres religieux de la vallée du Nil, qui se contentèrent de mettre à sa tête leur dieu local. La liste que nous donne Manéthon, grand prêtre d'Héliopolis au IIIe siècle avant J.-C., et qui doit être d'origine memphite, place donc au premier rang des rois dieux Héphaistos, Ptah, le grand dieu de Memphis, le démiurge, celui qui forma l'homme du limon de la terre, qui le modela à la main, de même qu'à l'autre bout de l'Egypte, c'était Khnoum d'Eléphantine qui l'avait façonné sur le tour de potier. Cette mention du dieu créateur comme premier roi d'Egypte est

PAGE PRÉCÉDENTE : ANUBIS LE CHACAL, DEVANT LE PHARAON.

DETAIL DU SARCOPHAGE D'IRTIERU, BASSE EPOQUE, VERS VI-V[E] SIECLE AV. J.-C., MUSEE NATIONAL D'ARCHEOLOGIE, LISBONNE.

CI-CONTRE ET PAGE DE DROITE : LA DÉESSE SEKHMET DANS LE TEMPLE DE KARNAK. CETTE DIVINITÉ FÉMININE À TÊTE DE LION S'EXPRIMAIT AINSI: «QUAND JE MEURTRIS LES HOMMES, MON CŒUR EST EN LIESSE»

PAGE DE DROITE : DETAILS DU PLAFOND DU TEMPLE D'HATOR A DENDÉRAH. A DROITE, LA DEESSE NOUT AVALE LE SOLEIL LEVANT AU MATIN DONT LES RAYONS ILLUMINENT LE TEMPLE SYMBOLISÉ PAR LA REPRESENTATION D'HATHOR. EPOQUE GRECO-ROMAINE 1[ER] SIECLE AV.J.-C.

une indication très précise du fait que les habitants de la vallée du Nil se considéraient comme autochtones et croyaient que le premier homme avait été créé dans le pays même. Sur le papyrus de Turin, le premier nom royal a disparu.

Nous ne savons rien de ce règne de Ptah, qui probablement, sitôt son oeuvre créatrice terminée, céda la place à son successeur Rê, le Soleil, le grand dieu d'Héliopolis et de la plupart des villes d'Egypte, chargé d'assurer l'existence et le développement de cette humanité primitive. Celui-ci, pendant son long règne, parcourait journellement ses domaines pour les constituer, les organiser et répandre sur ses sujets ses dons et ses bienfaits, mais tous ses efforts ne réussirent pas à lui attirer la reconnaissance de ces êtres primitifs, encore plus qu'à demi sauvages, ni même celle de ses descendants directs, les dieux, qui commençaient à se multiplier autour de lui. Ce roi-dieu était en une certaine mesure un homme, son grand âge l'avait considérablement affaibli, et, suivant les expressions pittoresques d'un texte égyptien, ses os étaient maintenant en argent, ses chairs en or, ses cheveux en lapis-lazuli ; sa bouche tremblait, sa bave ruisselait vers la terre, sa

salive dégouttait sur le sol. Profitant de cette décrépitude sénile, Isis, déesse de rang inférieur, employa les moyens les plus déloyaux pour lui arracher le talisman le plus précieux qui lui restât, le secret de son nom magique, grâce auquel elle comptait acquérir une puissance supérieure à celle des autres dieux. Les hommes euxmêmes s'étant mis à conspirer contre leur débonnaire souverain, Rê se décida à faire un

exemple, et après avoir consulté le conseil de famille, l'assemblée des dieux, il dépêcha Sekhmet, la déesse à tête de lionne, avec ordre de les massacrer sans pitié, ce dont elle s'acquitta consciencieusement; la nuit seule l'arrêta dans sa course meurtrière, et Rê, contemplant le résultat obtenu, fut pris de pitié et résolut d'épargner le reste des humains; pour apaiser la déesse ivre de carnage, il fit mélanger de la bière et du suc de mandragores au sang des hommes et déverser autour d'elle une quantité considérable de ce liquide; à son réveil, Sekhmet aperçut ce breuvage, le but, s'adoucit, s'enivra et oublia ses victimes. Rê avait pardonné aux hommes qui se repentaient mais, fatigué de régner, il abdiqua et se choisit une retraite inaccessible sur le corps de la vache Nout, déesse du ciel, sa fille; depuis lors, chaque jour, la barque qui le porte navigue sur les flancs de l'animal céleste pour se perdre à la nuit dans son corps-même et reparaître le lendemain: le roi-dieu est devenu définitivement le dieu-soleil.

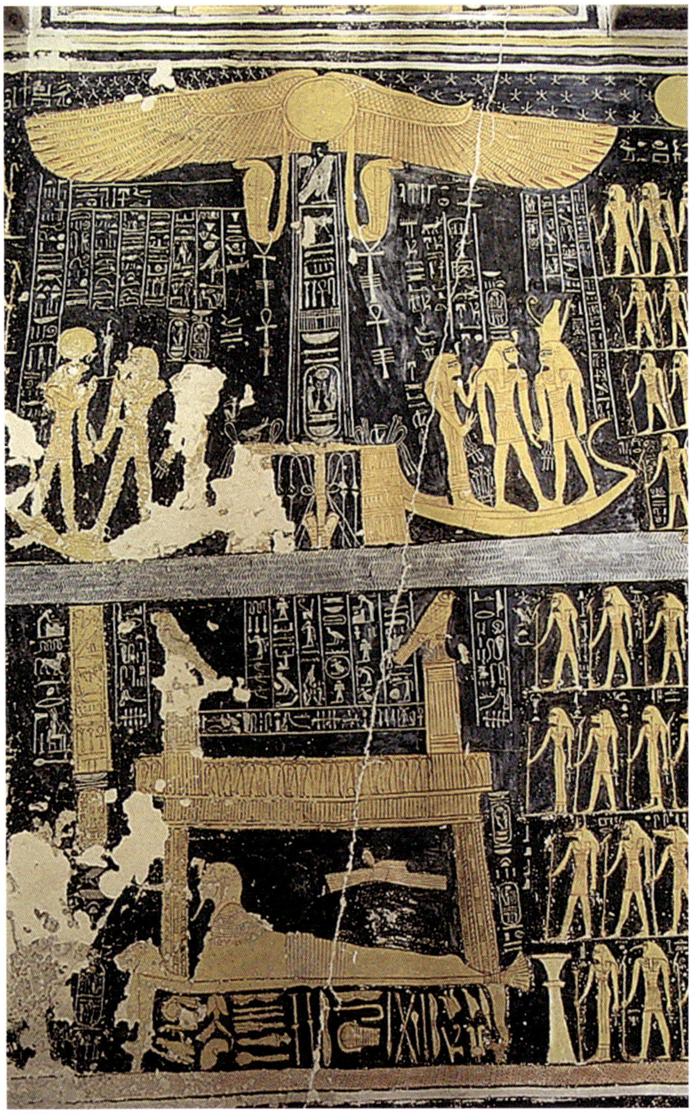

LA BARQUE SOLAIRE COMMENCE SON VOYAGE A TRAVERS LE CORPS ETOILÉ DE LA DEESSE NOUT QUI VIENT D'AVALER LE DISQUE SOLAIRE. TOMBE DE RAMSES VI, VALLEE DES ROIS, THEBES.

CI-CONTRE : SETHI IER OFFRE MAT, BAS-RELIEF DU TEMPLE D'ABYDOS.

PAGE DE DROITE : OSIRIS ET LES TROIS DIVINITÉS DE LA NÉCROPOLE :IMSÉTY, HÂPY ET KEBEHSÉNUEF, THÈBES, VERS 1380 AV. J.-C., METROPOLITAN MUSEUM OF ART, NEW YORK.

OSIRIS, LIVRE DES MORTS VERS 1320 AV. J.-C., MUSÉE DU LOUVRE,PARIS.

LES SUCCESSEURS DE RÊ

Nous ne savons que bien peu de chose du règne des deux successeurs immédiats de Rê ; c'est d'abord son fils Shou, l'atmosphère, le soutien du ciel, qui finit sa carrière de roi en remontant au séjour des dieux pendant une tempête terrible, puis son petit-fils Geb, le dieu-terre. Ces deux rois-dieux, dont le rôle est très effacé, semblent représenter une période de transition pendant laquelle l'humanité se reconstitue après un bouleversement comme celui par lequel elle avait passé. C'était au troisième successeur de Rê, monté sur le trône après que Geb soit rentré dans son palais pour devenir dieu à son tour, c'était à Osiris que devait appartenir la tâche glorieuse de faire passer le genre humain de l'état barbare et sauvage à une stabilité relative, de faire franchir non seulement à l'Egypte, mais même au monde entier, la première grande étape de la civilisation.

OSIRIS ET SON CYCLE

Fils aîné de Geb, le dieu-terre, et de Nout, la déesse-ciel, Osiris personnifie le Nil, l'eau fertilisatrice, le bienfaiteur par excellence de l'Egypte, d'où son nom d'Ounnofri, l'Être bon. De même que le Nil répand continuellement la richesse sur l'Egypte, Osiris, à peine sur le trône, met tous ses efforts à améliorer la condition des hommes ; ces sauvages qui vivaient isolés, en lutte perpétuelle les uns avec les autres, il les groupe, forme des tribus, des états, fonde des villes; à ces hommes qui trouvaient péniblement une maigre subsistance dans la chasse et les produits naturels su sol, il enseigne l'agriculture, il leur donne les instruments de labour, il leur montre la manière de cultiver les

PAGE DE GAUCHE : OSIRIS ENTRE ISIS ET HORUS, IXE SIECLE AV. J.-C., MUSEE DU LOUVRE, PARIS

CI-DESSOUS : OSIRIS, EPOQUE SAÏTE, MUSEE DU LOUVRE, PARIS

céréales et la vigne, bref il les fixe au sol et leur fournit les moyens, non seulement d'y vivre, mais de s'y développer.

A côté de lui, sa sœur Isis, qui est en même temps sa femme, le seconde admirablement dans son œuvre, et mérite que son nom soit resté inséparable de celui de son mari; pendant que celui-ci établit l'état et la cité, elle constitue la famille, en instituant les liens du mariage; elle déshabitue les hommes de l'anthropophagie et leur apprend à moudre le grain entre deux pierres et à en faire du pain; elle leur donne, avec le métier à tisser, les moyens de se vêtir, et emploie pour soulager leurs maux la médecine et la magie. Osiris institua encore le culte des dieux, régla les cérémonies et les liturgies, puis, voyant le résultat obtenu par toutes ses innovations, il résolut de répandre ailleurs qu'en Egypte les bienfaits de la civilisation; il remit la régence à Isis et partit à la conquête du monde, conquête toute pacifique où il se soumettait les hommes par la persuasion et la douceur, voyage triomphal semblable à celui du Dionysos grec, à la suite duquel l'ordre et la richesse s'établissaient dans tous les pays.

Le dieu Seth, auquel les Grecs ont donné le nom de Typhon, le propre frère d'Osiris, forme avec lui le contraste le plus absolu; on peut même dire qu'il en est l'exacte contre-partie: il représente non plus le fleuve fertilisateur, mais le désert aride et brûlant, l'esprit barbare et sauvage à côté du génie bienfaisant, la réaction brutale cherchant à renverser les progrès de la civilisation. Tôt ou tard la guerre devait éclater entre deux êtres aussi dissemblables; en effet Seth le rouge, jaloux de la gloire bien méritée que s'était acquise son frère jumeau, sans se révolter ouvertement contre lui, combina avec grand soin un piège perfide dans lequel Osiris tomba sans défiance: il l'enferma dans un coffre de bois et le jeta dans la mer où il fut dévoré par les poissons, morceau par morceau, puis le meurtrier s'assit sur le trône de son frère, sans que personne songeât, au premier moment, à lui faire d'opposition.

Accompagnée des quelques dieux qui lui étaient restés fidèles, Thot à tête d'Ibis et Anubis en particulier, Isis s'enfuit et se

réfugia dans les îles marécageuses situées à l'extrême nord du Delta, puis elle entreprit de longues et patientes recherches pour retrouver les restes de son mari qu'elle espérait, en magicienne experte, faire revenir à la vie. Peu à peu elle finit par en rassembler tous les morceaux, sauf un, qui avait été dévoré par le poisson oxyrhinque, et réussit à reconstituer son corps ; malgré tous ses efforts, elle ne put le rappeler à la vie, mais elle obtint au moins une compensation, celle d'être fécondée par lui et de mettre au monde son fils, qui devait devenir le vengeur de son père et le continuateur de l'œuvre interrompue par le crime de Seth. Le petit Horus grandit, soigneusement caché par Isis dans ses marais impénétrables, et son premier soin, dès qu'il eut dépassé l'âge de l'enfance, fut de rendre à son père les derniers devoirs ; aidé d'Anubis, il

STATUE EN BOIS DORÉ, INCRUSTÉ ET BRONZE DU DIEU OSIRIS MUSÉE DU LOUVRE PARIS

OSIRIS SUIVI DE NEPHTHYS ET D'ISIS ET PRÉCÉDÉ DES 4 FILS D'HORUS PROTECTEURS DES VASES CANOPES. TOMBE DE THEBES.

PAGE DE DROITE : CATACOMBES DE KÔM EL-SHOUGAFA, 1ER SIÈCLE AP J.-C. ALEXANDRIE

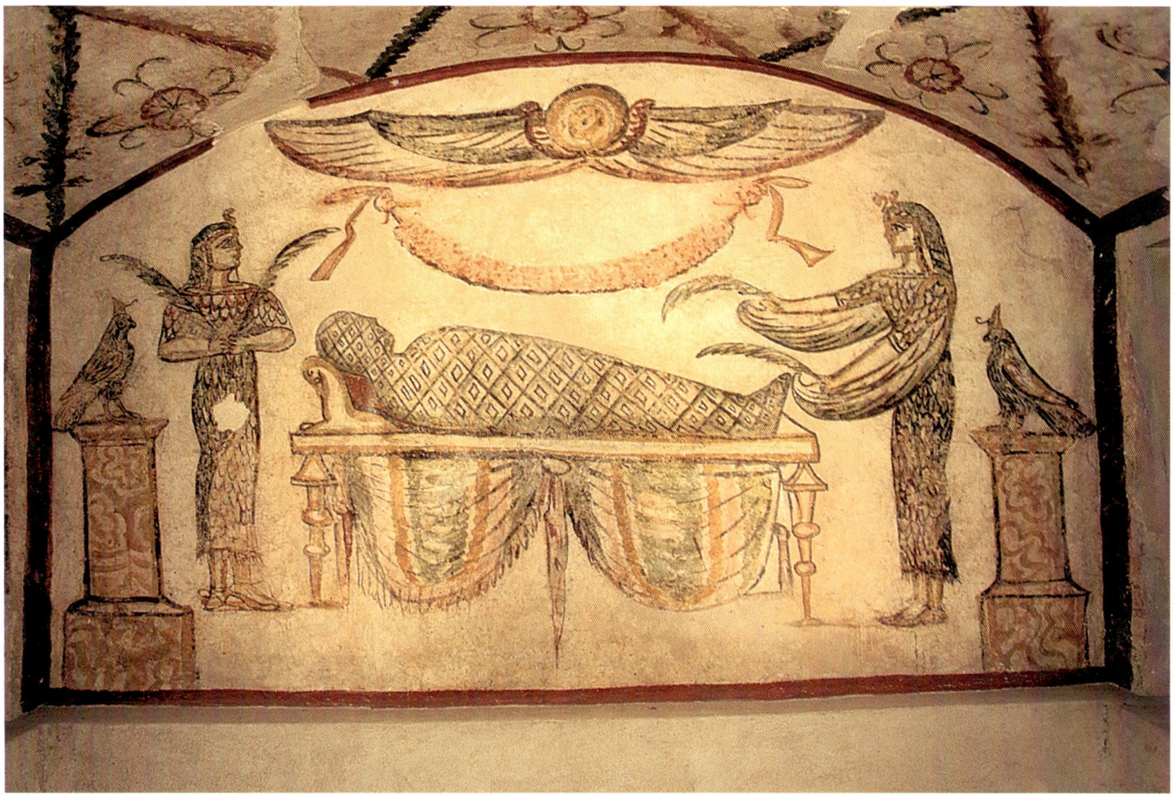

embauma le corps dont il fit la première momie, et institua les rites funéraires qui devaient assurer au mort la vie d'outre-tombe.

Osiris était le premier roi qui avait été atteint par la mort, tandis que ses prédécesseurs étaient devenus dieux, de rois qu'ils étaient, sans cette brutale transition; grâce à la momification et surtout aux cérémonies qu'Horus lui consacra, il put enfin être déifié à son tour et jouir d'une vie nouvelle dans le séjour des morts où il était descendu; comme il avait été roi sur la terre, il devint roi dans les enfers qu'il réussit à transformer, de même qu'il avait transformé le monde des vivants; son domaine particulier, les champs d'Ialou et les champs d'Hotpou, devint par ses soins un pays fertile et bien arrosé, au lieu d'être une sombre caverne, où le soleil de nuit vient à peine jeter pendant de fugitifs instants quelques rayons de lumière; c'est dans ce quartier privilégié de l'autre monde qu'Osiris reçoit ses féaux, les morts, qui viennent se présenter devant son tribunal, prémunis contre la damnation éternelle par les rites institués par Horus, et qui peuvent dès lors

PAGE DE GAUCHE : DANS LA CHAMBRE FUNÉRAIRE CENTRALE DES CATACOMBES DE KÔM EL- SHOUQAFA, ANUBIS, LE DIEU À TÊTE DE CHACAL, EST REPRÉSENTÉ EN LÉGIONNAIRE ROMAIN. CE DIEU DE L'EMBAUMEMENT ÉGYPTIEN EST UNE SYNTHÈSE DU STYLE ÉGYPTO-ROMAIN. IER SIÈCLE AP. J.-C., ALEXANDRIE

CI-CONTRE : ISIS ALLAITANT HORUS MUSÉE DE LEYDE MUSÉE DE VIENNE

jouir d'une vie nouvelle, à peu près semblable à celle de la terre.

Tandis qu'il grandissait dans sa retraite, Horus se préparait à la lutte à outrance contre l'usurpateur, et dès qu'il se sentit en force, il fondit sur lui avec impétuosité, escorté de ses fidèles, et fut tout de suite favorisé par le succès. Seth, battu à plusieurs reprises, avait beau chercher à se sauver en se transformant, ainsi que ses compagnons, en monstres de toute sorte, tels qu'hippopotames ou crocodiles, il allait être anéanti définitivement, quand l'attitude équivoque d'Isis vint lui apporter un secours inespéré; la déesse, prise de pitié au dernier moment pour son ennemi et se souvenant qu'il était son frère, s'opposa à son écrasement, si bien qu'Horus, furieux contre sa mère, lui trancha la tête, ce à quoi, du reste, Thot remédia immédiatement en la remplaçant par une tête de vache. Tout eût été à recommencer entre les deux rivaux si Thot, s'instituant arbitre de la question, n'eût partagé le royaume en deux moitiés, dont il donna l'une à Horus, l'autre à Seth.

LES DIFFÉRENTS VISAGES D'HORUS

Nous n'avons donné qu'un rapide résumé de cette partie de la légende qui en réalité, est beaucoup plus compliquée, étant le résultat d'une combinaison plus ou moins heureuse de deux mythes très différents l'un de l'autre et qui sont sans doute originaires, l'une de la Haute-Egypte, l'autre du Delta. Le fils d'Isis et d'Osiris n'est en effet pas le seul à porter le nom d'Horus, et on trouve dans le panthéon égyptien une vingtaine d'Horus, sinon plus, d'origines très diverses. n s'était formé autour d'un des plus importants d'entre eux l'Horus d'Edfou, Hor Behoudit, divinité solaire, un mythe spécial qui raconte les péripéties d'une lutte analogue engagée avec un dieu du nord, nommé également Seth. Nous avons donc, à côté du récit presque mythologique de la lutte perpétuelle du fleuve fécondant l'Egypte contre les empiètements de l'élément désertique qui peut être vaincu, mais non désarmé, une tradition toute différente qui a pour base les combats entre le sud et le nord, entre la population indigène et une

ISIS ALLAITANT HORUS
MUSÉE DE LEYDE
MUSÉE DE VIENNE

PAGE DE DROITE :
HORUS COIFFÉ DE LA
DOUBLE COURONNE.

tribu d'origine étrangère, mais de même race, qui cherchait à se fixer dans le pays, ces combats qui durèrent jusqu'au moment où Ménès réunit sous son sceptre toute la vallée du Nil. La conclusion même de l'histoire montre bien cette divergence d'origine, car si, selon la légende osirienne, Thot donna à Horus le royaume du nord et à Seth celui du sud, c'est justement le contraire que dit celle d'Edfou, où Horus devient roi de la Haute-Egypte, et Seth roi du Delta. Cela explique aussi que le dieu Seth, résultat d'une combinaison très ancienne de deux divinités absolument différentes d'origine, ait été aux temps historiques, soit considéré comme un des grands

HORUS DU TEMPLE DE KÔM OMBO

HORUS DU TEMPLE DE LA REINE HATSCHEPSOUT

HORUS DU TEMPLE D'EDFOU

PAGE DE DROITE : HORUS, TEMPLE D'EDFOU

dieux, placé à côté d'Horus et vénéré en conséquence, soit exécré comme un génie du mal, suivant qu'on le rattachait à l'un ou à l'autre des deux mythes.

Horus, le dieu à tête de faucon ou d'épervier, est devenu aux époques historiques le protecteur tout spécial de la royauté égyptienne; le Pharaon se considère comme son descendant direct, comme son remplaçant sur la terre, et pour mieux affirmer cette relation intime avec le dieu, le roi fait toujours précéder le premier de ses noms, dans son protocole officiel, par le nom même du dieu, devenu un titre. Pour s'expliquer cette conception du roi comme nouvel Horus, il faut se reporter à l'organisation primitive de l'Egypte à l'époque préhistorique, à sa division en tribus, ou en clans, qui sera étudiée plus loin; pour le moment, il suffira de rappeler que le plus important de ces clans, celui qui assura peu à peu sa prépondérance sur les autres, celui d'où sortirent les premiers rois d'Egypte, était précisément celui qui avait pour totem le faucon, totem qui finit par se transformer en dieu Horus. Nous aurions alors simplement dans le mythe de l'Horus d'Edfou le récit légendaire de l'expansion progressive de la légende osirienne.

Les compagnons de l'Horus d'Edfou, ses principaux auxiliaires dans ses luttes contre Seth, sont nommés les Masniti, - d'un mot qui signifie forgeron, ouvrier en métaux, aussi bien que piquier - qui sont artisans autant que guerriers; le dieu lui-même est armé d'une lance invincible, d'un épieu très supérieur aux armes de ses adversaires, et qui lui assure la victoire. Ces deux données me paraissent être un souvenir de la découverte des métaux ou tout au moins de leur introduction en Egypte: c'est le clan horien ou clan du faucon qui les aurait connus le premier et qui, par leur possession, se serait assuré la suprématie sur tout le pays. Dans le mythe parallèle d'Horus fils d'Isis, on ne trouve aucune donnée sur ce sujet.

La liste que donne Manéthon des rois-dieux s'arrête à Horus fils d'Isis; il se borne à ajouter que la dynastie continua jusqu'à Bidis, personnage qui nous est entièrement inconnu, pendant une somme totale de 13 900 ans. Le papyrus de Turin était plus explicite, il indiquait pour chaque roi les années de son règne, et nous pouvons encore reconnaître sur les fragments conservés que Seth occupa le trône pendant 200 ans, et Horus pendant 300 ans; puis venait Thot, qui régna 3 126 ans, et auquel succédait la déesse Maât, puis un nouvel Horus, dont la fin du nom est perdue. Avec Thot, le dieu des sciences et des lettres, on ne sort pas du mythe osirien, puisque nous le connaissons comme un des plus fermes soutiens d'Osiris lui-même pendant son règne, comme son assesseur au tribunal des enfers et comme l'arbitre entre Horus et Seth, à la fin de la lutte. Ce règne de Thot n'a laissé aucune trace, mais il est à présumer, étant donné le caractère même de ce dieu, qu'il eut à continuer l'œuvre de civilisation et surtout d'organisation et d'administration commencée par Osiris, interrompue par Seth et rétablie par Horus. Le nom seul de Maât, déesse de la Justice, parèdre de Thot, qui lui succède en qualité de roi d'Egypte, montre clairement qu'il s'agissait toujours de cette œuvre de perfectionnement, moral autant que matériel, de l'humanité.

PAGE DE DROITE :
STÈLE DU ROI-SERPENT, VERS 3000 AV. J.-C., TROUVÉE À ABYDOS, MUSÉE DU LOUVRE, PARIS

THOT, BAS-RELIEF DE MÉDINET HABOU

LES DYNASTIES DES DEMI-DIEUX ET DES MANES

Après cette période divine, qui est celle de la constitution du pays, il en vient une autre qui paraît n'avoir pas été moins longue, mais qui a un caractère différent: ici ce n'est plus une série bien nette de rois-dieux ayant chacun sa personnalité marquée, mais des groupes d'êtres dont le rôle nous échappe aussi bien que le nom et dont les Egyptiens eux-mêmes n'avaient gardé qu'un souvenir vague, des demi-dieux d'abord, puis de simples hommes, qui peuvent se répartir en cinq dynasties, au dire de Manéthon; les fragments de Turin confirment en une certaine mesure son témoignage.

La première de ces dynasties mythiques, qui suivit immédiatement celle des dieux, se composait de demi-dieux qui régnèrent 1255 ans en tout; les Egyptiens avaient conservé de ces souverains une liste qui était inscrite au papyrus de Turin, mais qui, à part un ou deux signes, a disparu entièrement aujourd'hui; cette liste devait se trouver aussi dans le livre original de Manéthon, mais les copistes ne nous l'ont pas transmise de façon très claire; les Excerpta Barbari en ont conservé le premier nom, celui d'Anubis, et par là nous voyons que cette dynastie de demi-dieux se rattachait directement au cycle osirien, Anubis étant un fils d'Osiris et de Nephthys, son autre sœur, bien que celle-ci fût en réalité la femme de Seth.

On peut reconnaître, à travers les formes grecques de ces noms, Horus fils d'Isis, Anhour, Anubis, Khonsou, Horus d'Edfou, Ammon, Thot, Shou et Ammon-Rê, ce dernier revenant donc deux fois dans la même série. Ce chiffre de neuf dieux nous montre tout au moins que cette dynastie formait, comme la première, une ennéade, calquée sans doute sur la deuxième ennéade des dieux héliopolitains, que nous connaissons très peu..

PAGE DE GAUCHE: LE DIEU HORUS EST SCULPTÉ À L'ARRIÈRE DE LA COIFFE DU ROI KHÉPHREN POUR LÉGITIMER LE CARACTÈRE DIVIN DU SOUVERAIN, MUSÉE EGYPTIEN DU CAIRE.

LA CHRONOLOGIE LÉGENDAIRE

En résumé, toute cette période fabuleuse se divisait en plusieurs époques, celle des dieux cosmogoniques et organisateurs de l'humanité, celle des demi-dieux dont le rôle très effacé a plutôt un caractère transitoire, et enfin celle des hommes-rois; pour les Egyptiens eux-mêmes, les souverains à partir de la IIe dynastie, donc les demi-dieux, les mânes et les hommes formaient un seul grand groupe, celui des Shesou-Hor, ou suivants d'Horus, auxquels Manéthon attribue une durée totale de règne de 11 000 ans, tandis que les dieux eux-mêmes auraient occupé le trône pendant 13 900 ans.

Les Egyptiens avaient au sujet de leurs origines une tradition qui paraît simple et pleine de renseignements précis, comparée à celles des autres peuples.

Ici c'est une légende pour ainsi dire quintessenciée, prenant le monde à ses débuts, l'humanité à sa création même, la suivant à travers les grandes commotions géologiques qui bouleversèrent la vallée du Nil avant le début de l'histoire. Au commencement, ce sont les dieux qui dirigent le mouvement progressif de l'humanité, qu'ils ont eux-mêmes mis en branle, puis peu à peu ils s'effacent, passant la main à des êtres moins sublimes, moins éloignés par leur nature même de la race qu'ils ont à gouverner, et enfin à de vrais hommes, arrachés définitivement à la sauvagerie primitive et capables en une certaine mesure, après des milliers d'années d'efforts, de s'affranchir de la tutelle directe des dieux.

Ces débuts des hommes furent obscurs et sans doute difficiles, et il fallut encore de longs siècles avant que l'un d'entre eux pût saisir d'une main ferme les rênes du pouvoir et donner à l'Egypte cette puissante organisation qui devait durer plus longtemps que celle d'aucun autre pays. Ces rois locaux antérieurs à Ménès n'ont pas laissé de traces dans l'histoire, mais il est possible qu'un certain nombre de leurs noms aient été conservés : en effet au premier registre de la pierre de Palerme, on voit représentée toute une série de personnages portant la couronne rouge, l'insigne des rois de la Basse-Egypte,

au-dessus desquels sont gravés quelques signes qui peuvent fort bien être des noms, mais des noms bizarres qui ne ressemblent guère aux noms égyptiens ordinaires, Seka, Khaaou, Taou, Tesh, Neheb, Ouazand, Mekha. Ce serait le seul document précis relatif à la fin de la période légendaire, à ces rois memphites dont parle Manéthon.

Quant aux rois de la Haute-Egypte, leurs compétiteurs, peut-être devons-nous en reconnaître quelques-uns parmi les monuments d'Abydos qu'on attribue généralement à la 1ère dynastie : il s'y trouve en effet quelques noms de rois difficiles à lire et à identifier et qui peuvent appartenir à certains des prédécesseurs immédiats de Ménès.

LES DÉESSES NEKHBET ET OUADJET COURONNENT LE PHARAON PTOLÉMÉE XIII, TEMPLE DE KÔM OMBO

CI-CONTRE :
A ABOU SIMBEL, RAMSÈS II REND HOMMAGE AU DIEU SOLEIL AUQUEL IL S'IDENTIFIE EN TANT QUE FILS DE RÊ. AU-DESSUS DE LA PORTE D'ENTRÉE, DANS UNE NICHE, APPARAÎT LE DIEU À TETE D'ÉPERVIER SURMONTÉE D'UN DISQUE SOLAIRE, TENANT L'ANKH À LA MAIN. C'EST RÊ-HAMARKHIR, L'HORUS DE L'HORIZON, CELUI QUI EST PRÉSENT À GUIZEH SOUS L'APPARENCE DU SPHINX GARDIEN DES PYRAMIDES. C'EST LE DIEU DU SOLEIL LEVANT, SYMBOLE DE LA RESURRECTION. IL SEMBLE ÉTABLI QUE RAMSÈS II FUT INFLUENCÉ PAR LES CULTES SOLAIRES

PAGE DE GAUCHE:
HOREMHEB ET LE DIEU HORUS, MUSÉE DE VIENNE

Les Dieux Egyptiens de A à Z

LES DIEUX

Les dieux établis dans la vallée du Nil dès les temps prédynastiques, n'avaient pas été détrônés lors de la disparition des clans absorbés dans l'organisation des deux Pays.

Ménès, au seuil de l'histoire, avait pu réaliser l'unité politique, mais non l'unité religieuse: les dieux locaux gardant l'intégralité de leurs prérogatives, avaient tenu bon dans leurs cités respectives. Le temps aidant, ils avaient dû cependant accepter la concurrence de quelques-uns d'entre eux dont la suprématie s'était affirmée dans certains centres importants.

Les tentatives de concentration religieuse, avaient eu pour premier résultat, de révéler l'existence d'un grand nombre de dieux qui tous avaient revendiqué leur place dans le panthéon égyptien.

L'unité religieuse n'existe pas au point de vue national, mais en revanche elle se réalise dans l'esprit du croyant qui ne reconnaît qu'un seul Dieu véritable - le sien - qui absorbe tous les autres dans sa propre unité. Le nom du dieu varie avec les villes, mais il revendique partout les mêmes attributs divins.

Le rôle de son clergé ou peut-être le hasard des circonstances favorables, a fait que le système d'Héliopolis a prévalu, imposant à ses voisins, ses propres caractéristiques; le démiurge égyptien sera éminemment solaire.

Le collège théologique d'Héliopolis avait pris une initiative qui répondait à un besoin. Bientôt les centres religieux s'inspirèrent de son exemple, et la ville de Rê fit Ecole: chaque groupement important voulut avoir, qui son ennéade, qui sa triade.

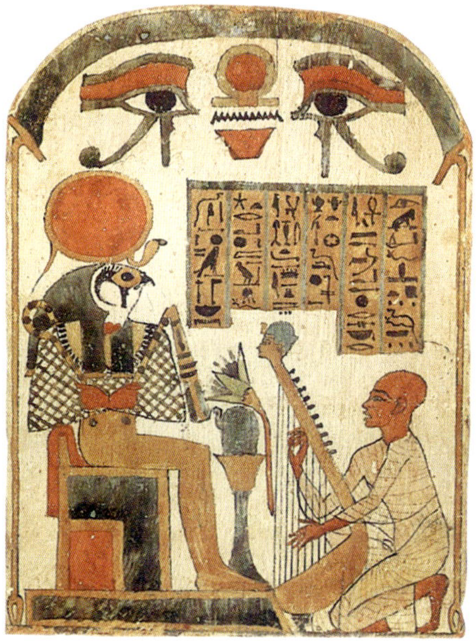

STÈLE DE DJEDKHONSOUIOUFANKH VERS 1000-900 AV. J.-C. BOIS PEINT, LE MUSICIEN D'AMON CHANTE, EN S'ACCOMPAGNANT DE LA HARPE, UN HYMNE AU DIEU HORAKHTI.

LA FAMILLE D'HÉLIOPOLIS ET SES DÉVELOPPEMENTS

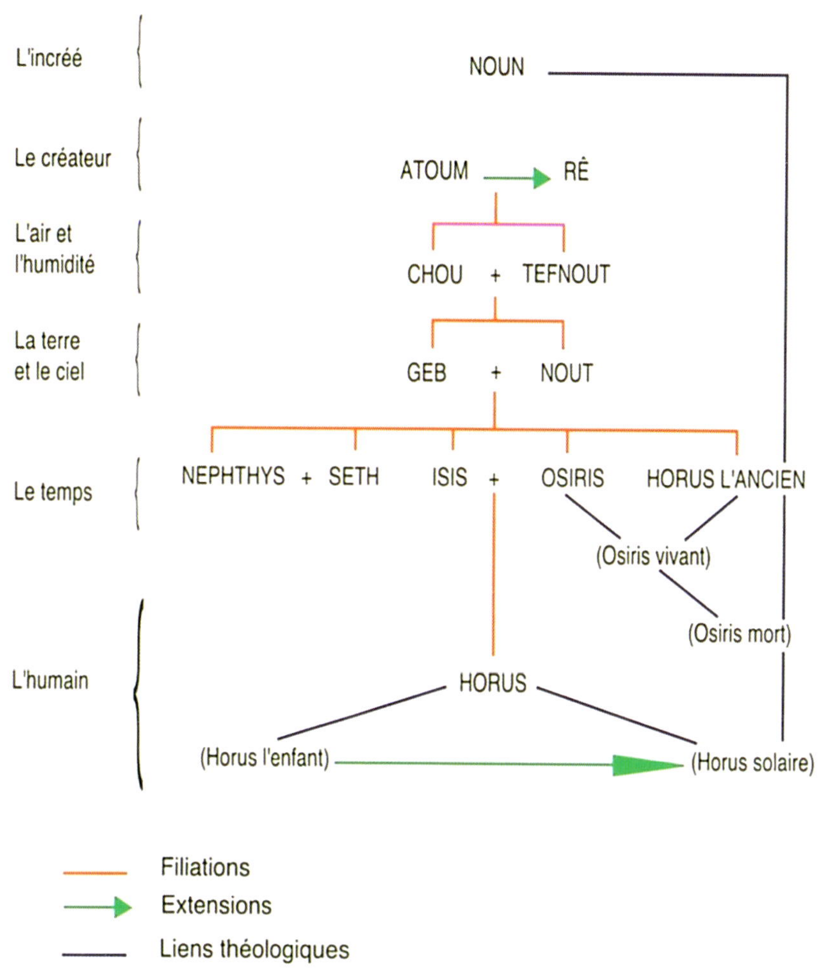

ECOLE D'HERMOPOLIS

Thot à tête d'Ibis, est considéré comme le dieu suprême et créateur. Il compose, avec huit dieux secondaires, une ennéade sans relief. On ignore même les noms des "Huit" qui lui font cortège. Assez tôt dépossédé de sa suprématie, Thot fut ramené au rang plus modeste de dieu lunaire, lieutenant de Rê. Il est devenu le scribe sacré, l'inventeur des hiéroglyphes, le Maître des paroles divines. Détenteur divin de la vraie sagesse et de la science universelle, les Grecs l'ont connu sous le nom d'Hermès.

ÉCOLE DE MEMPHIS

Memphis est placée sous la protection d'un puissant dieu: Ptah, qui donna son nom à l'Egypte.

Il forme une triade avec Sekhmet son épouse, et leur fils Nefertoum. Mais l'Ecole memphite jugea ce rôle insuffisant et elle fit de son dieu un chef d'ennéade plus grand même que Rê d'Héliopolis.

Ptah est l'éternel principe des huit dieux qui procèdent de lui; tous les êtres lui doivent l'existence. Au-dessous de lui, Noun et Nounet forment le Chaos primordial. Ils sont père et mère d'Atoum. De ce dernier procèdent Shou et Tefnout et les autres dieux de l'ennéade qui tous en réalité sont les créatures de Ptah, car le pouvoir d'Atoum n'est qu'un pouvoir d'emprunt. L'Ecole memphite professe un monothéisme très accentué et fait de Ptah, son dieu-principe, un être plus indépendant que Rê d'Héliopolis.

CI-CONTRE : AMON PROTÉGEANT TOUTANKHAMON, VERS 1347-1337 AV. J.-C., MUSEE DU LOUVRE, PARIS

PAGE DE DROITE : AMON À LA TÊTE DE BELIER. TOMBE DE NEFERTITI.

AKER

Génie à double tête, protecteur d'Osiris. Il personnifie la terre dans sa matérialité.

AMON

Le fond de la doctrine thébaine est héliopolitain. Amon, d'abord modeste dieu local - peut-être l'un des «huit» de l'ennéade d'Hermopolis, - parvient à s'élever au-dessus des autres dieux, et fait de Thèbes un centre religieux capable de rayonner dans tout le Nouvel Empire. Il forme d'abord une triade avec Mout son épouse et leur fils Konsou, dieu lunaire.

Comme Atoum, d'Héliopolis, Amon est le dieu suprême. Créateur et organisateur de tout ce qui existe, il revendique comme Ptah l'ennéade héliopolitaine, et pour n'être pas en reste, avec Rê, il s'identifie avec le soleil et devient Amon-Rê.

Par lui, le pharaon est vraiment de race divine: la naissance de l'enfant royal n'est pas soumise aux lois communes. En prévision de l'événement, Amon devient l'époux de la Reine. Cette condescendance contribua beaucoup à la gloire du dieu: Amon est un dieu social, intimement mêlé à la vie de son peuple.

Le témoignage de sa grandeur inégalée se retrouve encore aujourd'hui dans les ruines grandioses du temple de Karnak.

La gloire d'Amon connut cependant une brève interruption sous le règne d'Amenhotep IV Akhenaton. Ce pharaon épura la théologie traditionnelle et dégagea

son dieu Aton de tout système d'école. Il y a des attributs incommunicables qui sont le privilège du dieu unique: Aton seul les possède. Créateur

REPRÉSENTATION D'AMON, VALLÉE DES REINES. TOMBE D'AMEN KHOPSHEF.

REPRÉSENTATION D'ANUBIS, VALLÉE DES ROIS. TOMBE DE RAMSÈS VI.

À GAUCHE : AMON MARCHANT, XXIIe DYNASTIE METROPOLITAN MUSEUM OF ART, NEW YORK

CI-CONTRE : SOUS LE REGARD D'ANUBIS, LE BA APPROCHE DU DÉFUNT UN VOILE POUR LUI INSUFLER LA VIE ET LUI TEND UN SCEPTRE, SYMBOLE DE PURETÉ.

tout-puissant et providence de ses créatures, le dieu d'Akhenaton est seul; il n'a pas de suite, ni triade ni ennéade. L'idée monothéiste devient plus nette et se précise de plus en plus.

Quand le culte d'Aton fut aboli, le progrès doctrinal ne fut pas interrompu. Le travail d'épuration se continue autour de l'idée de l'unité divine.

La difficulté était grande pourtant, de proclamer l'existence d'un dieu unique en présence d'Amon, de Rê et de Ptah. Une ingénieuse précision arrange tout: les trois dieux sont ramenés à l'unité de l'essence divine, dont Amon est le nom caché, Rê est la face et Ptah le corps.

Devenu l'homme à la peau bleue, il porte une tiare surmontée de deux grandes plumes verticales.

ANUBIS

Anubis ou Inpou, «Celui qui a la tête d'un chien sauvage» est originaire du dix-septième nome occidental de Haute-Egypte. Depuis l'Ancien Empire, il est le dieu universel des funérailles après avoir assimilé les divinités funéraires Sokaris, Oupouaout, Khentamentiou, Ha et Amentit. Il dispense aux morts l'offrande funéraire et demeure le «Seigneur des défunts» jusqu'à la cinquième dynastie, époque à laquelle Osiris le supplante. Il devient alors l'assistant d'Osiris dans les rites funéraires en veillant à la préservation des corps comme il l'avait fait en embaumant Osiris. Il vérifie également en compagnie d'Horus l'exactitude du peson de la balance au moment de la pesée des âmes. Représenté sous la

CI-CONTRE :
ANUBIS REPRÉSENTÉ SUR LES BAS-RELIEFS DU TEMPLE DE DENDÉRAH ET DE PHILAE

forme d'un chacal couché ou d'un dieu à tête de chacal, il passe parfois pour être le quatrième fils de Rê ou encore pour celui d'Osiris et de Nephthys.

APIS

En dehors des dieux à tête animale, le culte des animaux eux-mêmes est un élément fondamental de la religion égyptienne. D'origine très ancienne et probablement sémitique, il trouve son expression dès la première dynastie dans la région du delta, très riche en gibier divers. L'un des premiers animaux ainsi déifiés est le taureau Apis de Memphis qui au cours de l'histoire a été identifié avec Rê, Osiris et Ptah, tous des dieux majeurs. A la

ANTICHAMBRE DU TOMBEAU DE TOUTNKHAMON GARDÉE PAR ANUBIS.

ANUBIS TIENT LA MOMIE DE RAÏ.

PAGE DE DROITE : LA REINE HATSCHEPSOUT SE LIVRE À UNE COURSE RITUELLE ACCOMPAGNÉE D'APIS, LORS DE LA FÊTE ROYALE DU SED. TEMPLE DE KARNAK.

CI-DESSUS: RELIEF DES CATACOMBES DE KÔM EL-SHOUQAFA 1ER SIECLE AP J.-C., ALEXANDRIE.

SETH TRANSPERCE DE SA LANCE LE SERPENT MENACANT, APOPHIS.

EN BAS, UN HARPISTE AVEUGLE JOUE POUR LE DEFUNT ET SON EPOUSE. TOMBEAU D'INHERKHA, DEIR EL-MEDINEH.

Basse-Epoque, il est récupéré pour créer le culte nouveau de Sérapis à destination des Grecs d'Egypte, mais il perd son apparence d'origine pour devenir un personnage gréco-égyptien.

Divinité agraire Apis est le symbole de la puissance fécondante. Elle porte entre ses cornes le Disque solaire et l'uraeus, symboles de Rê.

APOPIS

Serpent géant qui attaque quotidiennement le Soleil dans son parcours. Il est à chaque fois vaincu.

ATON

Il n'était au départ qu'une manifestation de Rê, adoré depuis longtemps sous l'aspect du disque solaire. Au cours de la dix-huitième dynastie, il prend progressivement de l'importance jusqu'à ce qu'Aménophis IV, Akhenaton, en fasse une sorte de dieu suprême et unique parfois représenté en tant que disque pourvu de rayons terminés par des mains dispensatrices de vie. Son culte fut de courte durée et il redevint un des aspects de Rê.

ATOUM

Forme vieillissante de Rê, qui s'apprête à renaître dans Khépri, le Soleil en devenir. Il est le dieu créateur adoré à Héliopolis.

LE PHARAON HOREMHEB AGENOUILLÉ DEVANT ATOUM, VERS 1300 AV.J.-C. MUSÉE DE LOUQSOR.

AKHENATON SACRIFIE À ATON.

BASTET

Elle est à l'origine une déesse guerrière de la région de Bubaste, mais le caractère de cette déesse-chatte a été refroidi par les eaux de la première cataracte. Elle est donc devenue insensiblement une divinité souriante, aimant la musique et la danse. Elle a pour emblème le sistre, une sorte de crécelle, et un petit panier d'osier.

BÈS

Divinité mineure. Figure grotesque difforme et grimaçante, elle éloigne les mauvais esprits des maisons, et protège les femmes en couches. Bès est un génie qui apporte la bonne humeur. A Abydos, Bès a été tardivement l'objet d'un culte, comme dieu guérisseur.

CHENTAÏT

Nom signifiant «la veuve», elle a l'apparence d'une vache et incarne l'enveloppe protectrice au sein de laquelle Osiris peut se régénérer.

LA DÉESSE BASTET
A DROITE, MUSÉE ÉGYPTIEN DU CAIRE.

EN-BAS : MUSÉE DU LOUVRE, PARIS

PAGE DE DROITE : BÈS, GARDIEN DES CHAMBRES À COUCHER. VIe SIECLE AV. J.-C. TEMPLE DE DENDÉRAH

CHOU

L'Air, est appuyé sur la Terre, Geb, et soutient de ses bras la voûte céleste, Nout, pour permettre au Soleil d'accomplir sa course. Il est l'essence de la lumière et permet donc aux hommes de vivre et aux morts de renaître. Dans la théologie solaire, Chou est le père de Geb et de Nout, qui par ailleurs, sont mari et femme et enfants de Tefnet, l'Humidité, sœur et femme de Chou.

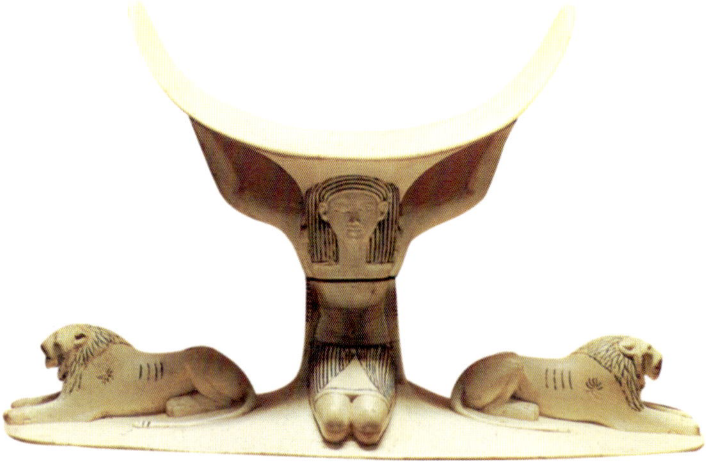

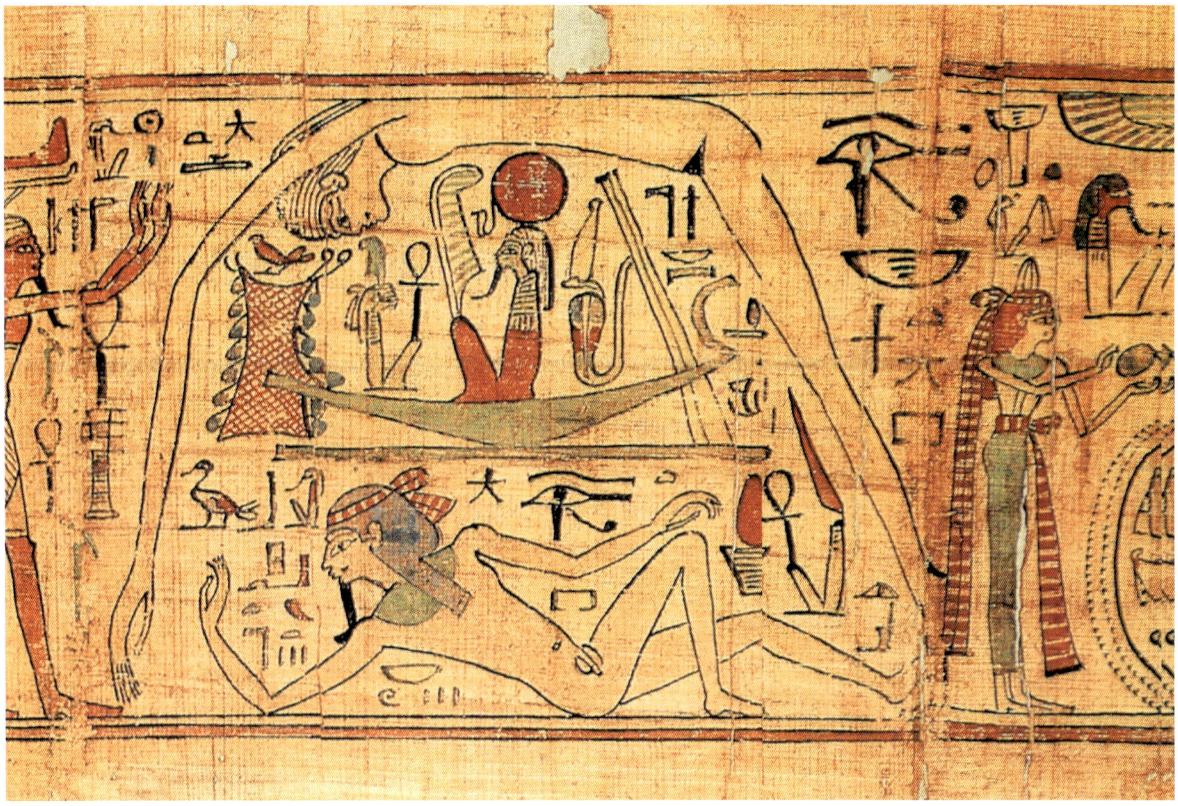

DÉMIURGE

Le créateur du monde qui est éveillé à la vie au sein de Noun, l'Océan Primordial. C'est lui qui engendre, par la pensée et la parole, les premiers éléments de l'univers ordonné et qui fait émerger le promontoire de terre sur lequel le soleil s'élancera pour éclairer le monde.

GEB

La Terre, offre deux aspects: la Terre Noire fertilisée par le Nil; représentée sous la forme d'un homme couché sur lequel poussent des plantes, et la

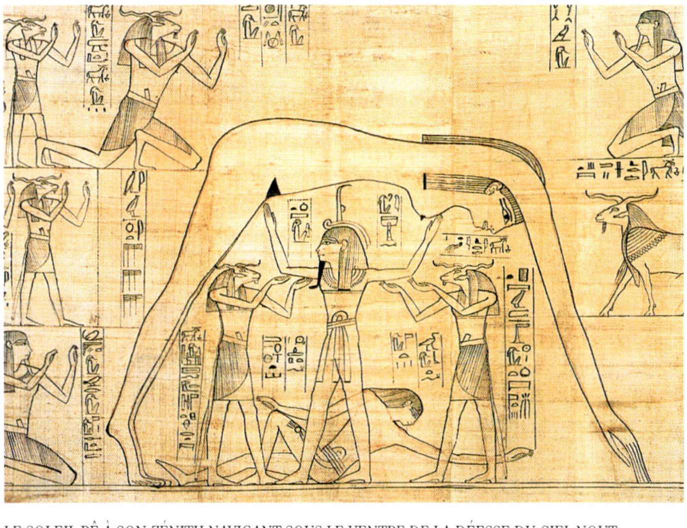

LE SOLEIL RÊ À SON ZÉNITH NAVIGANT SOUS LE VENTRE DE LA DÉESSE DU CIEL NOUT, ILLUMINE LA TERRE REPRÉSENTÉE PAR LE DIEU GEB ALLONGÉ SUR LE FLANC. PAPYRUS DE NESPAKACHOUTI, VERS 1 000 AV.J.-C. MUSÉE DU LOUVRE, PARIS.

LA NAISSANCE DU CIEL ET DE LA TERRE AVEC GEB GISANT AU SOLEIL, BRITISH MUSEUM, LONDRES

PAGE DE GAUCHE : REPOSE-TÊTE DE TOUTANKHAMON FIGURANT LE DIEU CHOU TENANT LA VOÛTE DU CIEL. MUSÉE ÉGYPTIEN DU CAIRE

NOUT SOUTENUE PAR CHOU AU-DESSUS DE GEB. PAPYRUS DE LA XXIE DYNASTIE. MUSÉE DE LEYDE

Terre Rouge stérile du désert. Le Nil, si important pour la vie quotidienne des Egyptiens, et en particulier ses inondations personnifiées par Hâpy, n'ont qu'une place insignifiante dans le culte; par contre il bénéficie d'une abondante littérature le décrivant parfois comme le «Père des Dieux».

CI-CONTRE : HAPY SOUS LES TRAITS D'UN PHARAON. BRITISH MUSEUM, LONDRES.

CI-DESSOUS: HAPY SOUS LA FORME D'UN BABOUIN.

PAGE DE DROITE : HATHOR, DÉESSE DU CIEL ET DE L'AMOUR SOUS LE NOUVEL EMPIRE VERS 1370 AV. J-C. MUSÉE DE LOUQSOR

RAMSÈS III ET LA DÉESSE HATHOR XIIe SIÈCLE. VALLÉE DES REINES, TOMBE D'AMEN KHOPSHEF

HAPY

Génie de la fécondité et de l'abondance, personnification de la crue du Nil.

HATHOR

Elle est, à l'origine, une déesse céleste très vite confondue avec Nout car elle est également représentée par une vache. Son principal attribut est le ménat, le collier à contrepoids, que l'on trouve aussi bien au cou de la vache qu'à celui de la déesse portant un soleil encadré par des cornes de vache sur la tête. Hathor est considérée par son père Rê comme «l'œil de Rê» et à ce titre doit châtier les humains qui ont mécontenté le soleil. Dans d'autres traditions locales, elle est déesse de l'amour, favorite des dieux. Comme on la célèbre par des chants et des danses, elle devient la déesse de la musique, de la joie, de la danse et du vin ; le sistre est alors son emblème. Elle est patronne des navigateurs avec Isis à la Basse Epoque. A Thèbes, on la vénère en tant que déesse des morts sous l'aspect de la déesse du Sycomore qui abreuve le défunt. C'est aussi la gardienne de la nécropole. A Kôm Ombo, elle est l'épouse de Sobek, à Dendérah celle du Grand Horus d'Edfou, à Hérakléopolis celle du dieu bélier Harsaphès «qui est dans son lac», identifié plus tard à Héraklès.

HEQET

Déesse grenouille, qui, aux côtés de Khoum, donne la vie aux êtres qu'elle crée.

HORUS

«Celui qui est loin», est l'un des plus compliqués des dieux solaires. Sous la forme d'un dieu-faucon ou d'un faucon portant la double couronne de Haute et Basse-Egypre, il incarne le Soleil et le Ciel. Il est la forme journalière du Soleil sous la forme de Rê-Horakhty, l'Horus de l'Horizon. Lorsqu'il est Horus l'Aîné, Haroèris, il est assimilé à un très ancien dieu de la préhistoire censé être le créateur du monde. Il est également souvent

CI-DESSUS: À GAUCHE: HATHOR REPRÉSENTÉE DANS LA CHAPELLE DE MÉDINET HABOU

SENENMOUT PRÉSENTE LA DÉESSE HATHOR. METROPOLITAN MUSEUM OF ART. NEW YORK

PAGE DE DROITE : HORUS, DÉMON HOMME À TÊTE DE FAUCON, XIXE DYNASTIE, VERS 1250 AV J.-C., STAATLICHE MUSEUM, MUNICH

représenté sous les traits d'un jeune enfant nu, un doigt sur la bouche, une mèche de cheveux cachant une oreille: c'est Harpocrate, le fils d'Osiris et d'Isis devenu particulièrement populaire avec le développement de la légende osirienne. Il peut prendre alors les noms de Harsiêsis, «Horus fils d'Isis»; et de Harendotès, «Horus vengeur de son père». A Edfou, il est représenté comme dieu-père et dieu-fils en même temps; ce dédoublement est figuré par le Disque solaire doté de deux ailes. A Kôm Ombo, il prend parfois l'aspect d'un lion assis. Sous sa nature de dieu musicien des aveugles, il est le compagnon d'Hathor dont il a un fils: Horus Sémataoui, «le Rassembleur des Deux Terres»: Enfin, il est le symbole divin de tous les rois et le protecteur de la monarchie.

ISIS

Avec Nephthys, elle joue un rôle très important dans le culte des morts en surveillant les cérémonies de momification, en tant que pleureuse et comme protectrice des morts, des rôles qu'elle joue dans la légende osirienne. Toutes les deux sont des sœurs-épouses d'Osiris. Isis l'est de manière permanente et sera la mère d'Horus. Nephthys ne l'est que momentanément pour enfanter Anubis; elle est la femme de Seth. Isis, qui sera à la Basse Epoque regardée comme protectrice des navigateurs et comme l'équivalent égyptien de Déméter, est représentée sous l'aspect d'une femme portant sur la tête le hiéroglyphe de son nom qui signifie «siège» et par extension «trône royal».

SENNEDJEM ET SON ÉPOUSE REÇOIVENT L'EAU DES MAINS D'ISIS, LA DÉESSE DU SYCOMORE. TOMBE DE SENNEDJEM, DEIR EL-MÉDINEH

ISIS PROTÈGE LE PREMIER COFFRE DES CANOPES, MUSÉE EGYPTIEN DU CAIRE

CI-DESSOUS : SARCOPHAGE D'ISIS, MUSÉE EGYPTIEN DU CAIRE

ISIS DERRIÈRE HORAKTY ET OSIRIS REÇOIT L'ENCENS ET L'EAU DU TRÉSORIER KHONSOUMES, VERS 1000 AV. J.-C., MUSÉE DU LOUVRE, PARIS

KHENTAMENTIOU

«Chef des Occidentaux» de la région d'Abydos où il apparaît avec une tête de chien. C'est le «Guide des morts» concurrencé par Anubis et ensuite absorbé dans la nature d'Osiris.

KHÉPRI

Prenant la forme d'un scarabée ou d'un homme ayant un scarabée à la place du visage, il est l'incarnation du Soleil naissant en devenir.

KHNOUM

Ensemble de quatre dieux bélicrs provenant des régions d'Hypselis, Antinoé, Esneh et Eléphantine. "Maître de l'eau fraîche", il surveille les crues du Nil, ouvre les portes de sa caverne, libère les eaux et sauve ainsi les hommes de la famine. Il est donc particulièrement populaire. Khnoum est un dieu créateur qui modela sur son tour les créatures et les anima de son souffle. Il est représenté parfois en train de modeler les corps des hommes sur un tour de potier.

LE DIEU KHÉPRI.

KHONSOU

Dieu lunaire, Khonsou est représenté sous la forme d'un jeune homme à tête humaine ou à tête de faucon surmontée du Disque lunaire. Il est le fils d'Amon et de Maur. Il est vénéré en tant que «Khimson-dans-Thèbes». Un temple a été érigé en son honneur à Karnak.

MAÂT

Déesse qui personnifie l'équilibre cosmique. C'est à travers elle que le monde peut se maintenir dans son intégrité. Elle est la déesse de la vérité et de la justice, coiffée de son attribut, la plume d'autruche.

MIN

Originaire du neuvième nome de Haute-Egypte, est le dieu de la reproduction et de la fertilité, comparable au Priape des Grecs. Dans son rôle solaire, il est le «taureau de sa mère», la déesse Ciel qu'il féconde chaque soir pour donner un nouveau soleil. Son culte se répandit assez vite, mais ce dieu infatigable finit par être absorbé par Amon pour devenir Amon-Min à l'apparence plus sage. Au Moyen Empire, il est aussi associé à

PAGE DE GAUCHE :
EN HAUT : LE DIEU KHONSOU À KARNAK.
EN BAS : MANCHETTE D'AVANT-BRAS DE THOUTMÔSIS IV.
À GAUCHE, MONTOU DONNE LE GLAIVE AU ROI.
TELL EL-AMARNA, VERS 1388 AV. J.-C., STAATLICHE MUSEEN, BERLIN

CI-CONTRE : LE DIEU THOT À TÊTE D'IBIS AVEC LA DÉESSE MAÂT, MUSÉE DE HANOVRE

Horus pour donner Min-Horus capable de faire taire Seth. C'est aussi le patron du Désert oriental. Ce dieu de l'énergie virile, fertilisateur des champs, dieu des moissons, est représenté généralement debout en érection, le bras droit levé tenant un fouet. Sa coiffe est surmontée de deux hautes plumes.

MONTOU

Dieu faucon appartenant au cycle solaire qui ne devint dieu guerrier et protecteur des armes qu'à partir de la onzième dynastie. Il était le dieu du nome de Thèbes avant d'être supplanté par Amon, mais il reste le protecteur des forteresses gardant la capitale. Dieu à tête de faucon,

il est identifié par l'arc et la hache qu'il tient en main ou par sa coiffure, un soleil supportant deux plumes verticales.

MOUT

La «Maîtresse du Ciel, Mère du Soleil» est devenue épouse d'Amon à l'époque thébaine. Elle est représentée comme une reine dont la tête est surmontée d'une couronne, blanche ou double, ou d'un vautour volant. En tant que déesse des combats, elle apparaît sous l'aspect d'une femme à tête de lionne.

NEITH

Déesse de la guerre et de la chasse originaire de Saïs. Elle précédait le roi dans les combats pour lui «aplanir» le chemin. Elle est également «Maîtresse de l'inondation» et est vénérée à Esneh comme la deuxième épouse de Khnoum. Dans le Fayoum, elle est la mère de Sobek. Elle ajoute à ses activités celle de patronne des Arts, et en particulier du tissage, et celle de déesse du sommeil. C'est à ce titre qu'elle protège les viscères du mort en compagnie d'Isis, de Nephthys et de Selkis. A l'époque

PAGE DE GAUCHE : LA DÉESSE NEITH ASSISE. XXVIE DYNASTIE, VERS 600 AV. J.-C., STAATLICHE MUSEEN, BERLIN.

CI-DESSOUS : PECTORAL FIGURANT NEKHBET TENANT DANS SES GRIFFES LES SIGNES CHENOU, MUSÉE EGYPTIEN DU CAIRE.

À GAUCHE : LA DÉESSE NEITH, XIXE DYNASTIE, TOMBE DE SÉTHI IER, THÈBES.

DROITE : LA TRIADE DE THÈBES : AMON, MOUT ET KHONSOU. TEMPLE DE RAMSÈS III.

gréco-romaine, elle passe pour être la personnification d'Athéna. Elle est représentée avec la couronne rouge sur la tête et tenant en mains deux flèches croisées.

NEKHBET

Protectrice de la capitale et du roi de la Haute-Egypte. Elle est figurée le plus souvent sous la forme d'un vautour, on l'appelle aussi la «Blanche» et elle préside aux accouchements. Vers la douzième dynastie, elle fut assimilée à Mout, épouse thébaine d'Amon. Elle est souvent représentée avec son équivalent, la déesse Ouadjet.

NEMTY

Chargé de faire traverser les dieux d'une rive du fleuve à l'autre, il se fait offrir en retour des cadeaux et se laisse facilement corrompre.

À L'INTÉRIEUR DU NAOS, ISIS ET NEPHTHYS SE TIENNENT DERRIÈRE OSIRIS. VERS 1270 AV. J.-C., STAATLICHE MUSEEN, BERLIN.

PAGE DE DROITE : HAUT : NOUT SUR LE PLAFOND DU CAVEAU FUNÉRAIRE DU PRÊTRE NAKHTAMON À DEIR EL-MÉDINEH. BAS : NOUT VERSE DE L'EAU FRAÎCHE AU DÉFUNT.

NEPHTHYS

Sœur d'Isis et épouse de Seth. Après l'assassinat d'Osiris par son époux, elle assiste Isis dans sa tâche. Nephthys porte le hiéroglyphe de son nom sur la tête; il représente un plan de bâtiment surmonté d'une corbeille et signifie la «Maîtresse du château» :

NOUN

Océan primordial dont les eaux ont créé la vie en faisant surgir la colline originelle sur laquelle apparaît Atoum qui crée le Soleil en opposition aux ténèbres de Noun. Ensuite, par l'union avec son ombre, il crée Chou, l'Air, en le crachant, et Tefnet, l'Humidité, en la vomissant. C'est le «Père des Dieux» d'où sortit toute vie. Dans la doctrine de Memphis, c'est Ptah qui est à la fois père et mère du monde, la colline primordiale, et qui génère quatre couples de divinités bisexuelles liées à des éléments du cosmos: Noun et Naounet associées aux Eaux primitives, Houh et Haouhet à l'Infini, Kouk et Kaouket à l'Obscurité, Amon et Amaounet à l'Invisibilité. La Terre naît alors d'une fleur de lotus sortant de l'océan primordial sous la forme d'un jeune dieu: Néfertoum.

NOUT

Le Ciel, est figurée parfois par une vache posant ses quatre pattes sur la terre, mais le plus souvent par une femme nue touchant le sol de ses pieds et de ses mains. Parmi les divinités qui peuplent le Ciel, les étoiles, astres, planètes et constellations sont les servantes du dieu solaire qu'elles accompagnent lors de ses déplacements dans la barque solaire. Certaines jouissent d'une grande considération liée au temps des crues et des récoltes comme Sothis ou Sirius et Sah ou Orion. La lune est appelée «œil d'Horus» et ses phases de croissance et de décroissance sont dues à des blessures périodiques faites par le cruel dieu Seth et soignées régulièrement par Thot, considéré comme le dieu de la Lune.

A l'inverse du Ciel, le Douat est le monde inférieur, le royaume des morts où règne l'obscurité pendant que le monde est éclairé, on y trouve des êtres malfaisants comme le serpent Apophis.

OSIRIS

Parmi tous les dieux, un seul est aussi important qu'Amon-Rê: c'est Osiris, le dieu des morts. Héros de nombreuses légendes, il apporte aux hommes la culture et l'art de préparer le vin ainsi que l'industrie et l'art, secondé par son épouse Isis, comme lui fille de Nout et de Geb, par Thot, le scribe sacré, par Anubis, le dieu-chacal, et par Oupouaout, le dieu-loup. Mais Osiris a un frère jaloux et violent, Seth, qui finit par le tuer et le couper en quatorze morceaux qu'il disperse dans le pays. Isis parti à la recherche de son époux peut reconstituer le corps qu'Anubis momifie. Ayant pris l'aspect d'un milan, Isis utilise ses dons de magicienne pour redonner la vie au dieu qui aussitôt la féconde, la rendant enceinte d'Horus. Ressuscité, Osiris devient roi dans le monde des morts, laissant la royauté sur terre à son fils. Isis «allaite Horus dans la solitude», cachée dans le delta avec pour compagne protectrice la déesse-

DE SON NAOS, OSIRIS RECOIT NEBQUED SUIVI DE SA MÈRE ET DE SON ÉPOUSE. LIVRE DES MORTS DE NEBQUED, VERS 1320 AV. J.-C., MUSÉE DU LOUVRE, PARIS.

PAGE DE GAUCHE: OSIRIS, VERS 600 AV. J.-C., MUSÉE EGYPTIEN DE VIENNE.

cobra Ouadjet. Devenu suffisamment fort, Horus devient le «vengeur de son père» et revendique ses droits sur le trône contre Seth l'usurpateur. Cette interminable bataille met en scène les conflits entre la Haute et la Basse-Egypte des premiers temps historiques. Horus est blessé à l'œil, mais il émascule son oncle; heureusement Thot remet tout en place! Finalement Horus obtient la victoire, fait confirmé par un tribunal divin qui jugea, pendant quatre-vingt ans, de la culpabilité de Seth puis de la valeur des prétentions d'Horus. Ce dernier est confirmé dans son droit et Seth condamné. Horus, successeur de son père, devient le modèle de gouvernement des trente dynasties qui fera la longueur et la grandeur du royaume égyptien.

En contrepartie de ses déboires, l'imprévisible Seth est adopté par Rê comme son fils et on le voit alors sur la barque solaire tuant rituellement le serpent Apophis.

Osiris est probablement à l'origine un dieu du neuvième nome nommé Andjti. Primitivement, c'est un dieu de la vie végétale incarnant la fécondation, puis le blé dans sa succession infinie de trépas et de renaissances. Il évolue pour absorber d'autres divinités funéraires comme Sokaris à Memphis et Khentamentiou à Abydos. Son royaume devient alors les nécropoles où il préside aux destinées humaines, donne la solution du problème de la mort et prépare le défunt à sa renaissance dans l'au-delà. Assisté de quarante-deux juges divins, il procède au jugement des âmes alors qu'Anubis en assure la pesée. Première de toutes les momies, Osiris porte aussi le nom d'Ounen-Néfer, «Celui qui est perpétuellement beau», protégé de la putréfaction. Il est représenté entouré de bandelettes, portant sur la tête une haute tiare ornée de deux plumes latérales. Sa peau est verte, couleur de la vie végétale, et il tient en main le crochet et le fouet, instruments des pasteurs dont le pharaon a fait les emblèmes du gouvernement. Dans certains endroits, comme à Djedou, son lieu d'origine, il est représenté sous la forme d'un lourd pilier, ou djed, que l'on érigeait lors de ses fêtes.

CI-DESSUS: OUADJET À GAUCHE ET NEKHBET À DROITE COIFFENT LE PHARAON DE LA DOUBLE COURONNE. TEMPLE D'EDFOU.

CI-CONTRE : OUADJET SOUS LA FORME D'UNE LIONNE.

OPHOÏS

«Celui qui ouvre les chemins»; le dieu chacal. Il marche à l'avant des processions pour dégager les routes et chasser les éléments hostiles.

OUADJET

Originaire du nord du delta, elle protège la capitale et le souverain de la Basse-Egypte. Elle est représentée sous l'aspect du cobra se dressant et identifiée à l'œil du Soleil, l'urœus

OUPOUAOUT *ou* OUPOUAT

Couple de dieux, compagnons de lutte d'Osiris, armés d'une massue et d'un arc, et précédant celui-ci au combat. Lorsqu'Anubis est représenté avec un corps de chacal, Oupouaout est «Celui qui est couché sous son ventre». Sinon, c'est lui qui est représenté en chacal dressé sur ses pattes.

PTAH

Dieu le plus vénéré à Memphis depuis la troisième dynastie où il figure souvent en triade avec Sekhmet et Néfertoum. Créateur du monde, «Maître de l'Eternité»; «Père de tous les dieux»; il est considéré comme le dieu des artisans, le père de l'architecte déifié Imhotep. Après l'épisode d'Aton, il devient le corps d'Amon, Rê étant son visage. Il est encore Ta-Tenen, la personnification de la colline primordiale. Il est toujours représenté

PECTORAL PROVENANT DE LA TOMBE DE TOUTANKHAMON, REPRÉSENTANT SEKHMET ET SON ÉPOUX PTAH ENTOURANT LE PHARAON. MUSÉE EGYPTIEN DU CAIRE.

sous la forme d'un homme à la barbe royale, à la chevelure courte et plaquée, au corps serré dans un manteau collant, les mains sortant de sa poitrine, ornée d'un collier, pour tenir un sceptre.

RÊ

Durant tout l'Ancien Empire, le dieu le plus important est celui d'Héliopolis, Rê, le Soleil. Ses nombreuses formes indiquent qu'il était primitivement adoré dans de nombreuses régions qui le représentaient différemment. Son prestige est devenu tel qu'il a «solarisé» de nombreux dieux créateurs et des divinités nomiques pour générer des concepts plus vastes comme Amon-Rê, Atoum-Rê, Khnoum-Rê, Min--Rê, Oupouat-Rê ou encore Rê-Horakhty. Ses représentations sont toutes aussi variées, chacune de ses courses

CI-CONTRE : PTAH-SOKARIS SOUS LA FORME D'UN FAUCON, SUR UNE BARQUE SURMONTÉ DE L'ŒIL OUDJAT.

CI-DESSUS : STATUE DE PTAH, TROUVÉE DANS LA TOMBE DE TOUTANKHAMON, VERS 1325 AV. J.-C., MUSÉE EGYPTIEN DU CAIRE.

PAGE DE DROITE : LE PHARAON MÉREMPTAH REÇOIT DES MAINS DE RÊ-HORAKHTY LA VIE ET LA STABILITÉ FIGURÉES PAR LE SIGNE ANKH ET DJED.

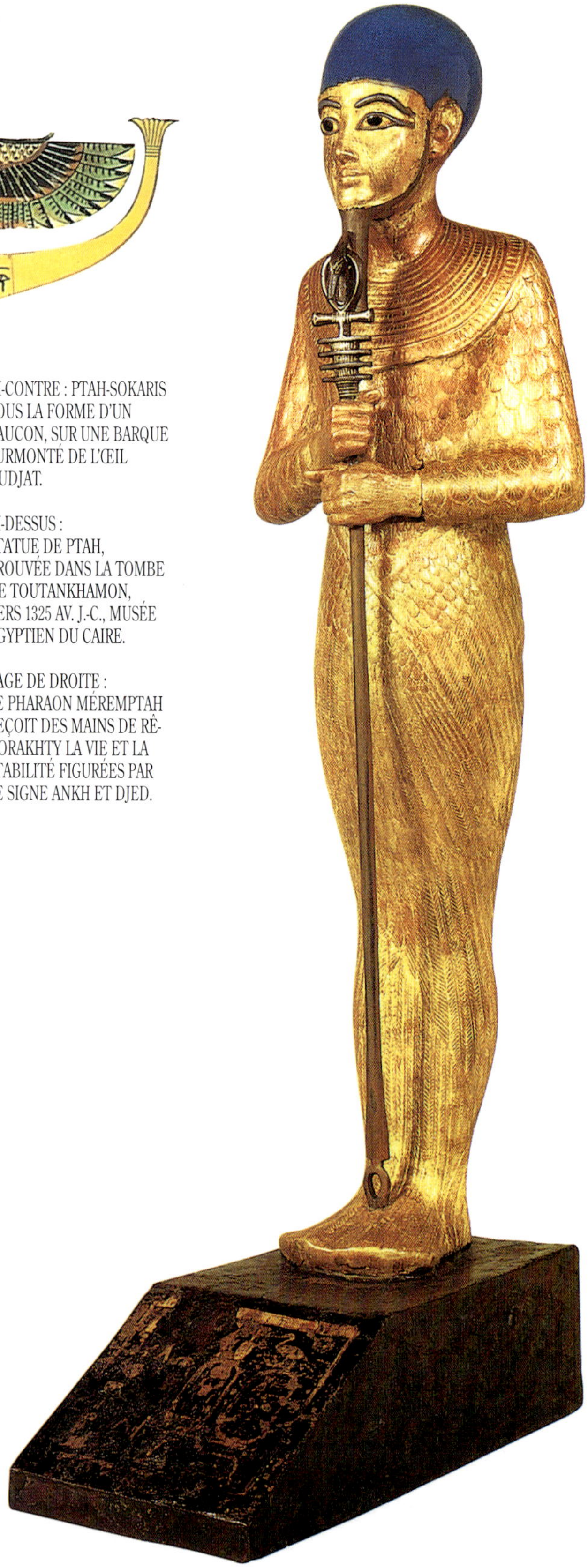

figurant la naissance, la maturité et la mort. Il est représenté en tant que soleil matinal par un jeune veau d'or ou un jeune dieu au visage de scarabée, Khépri, ou un scarabée poussant le disque solaire devant lui. A midi, il est un taureau puissant qui féconde sa mère Nout et engendre un nouveau soleil ou Rê-Horakhty avec sa tête de faucon portant le Disque solaire. Le soir, au terme de sa course, il prend l'aspect d'un vieillard appuyé sur un long bâton: le dieu Atoum d'Héliopolis. Il voyage à bord de ses deux barques d'or: Mandjet, celle du jour, et Mesektet, celle de la nuit; il est escorté des étoiles et de divinités qui le défendent contre les nuages et surtout contre le serpent Apophis. Il parcourt ainsi les deux royaumes diurne et nocturne et parfois s'arrête dans son palais du ciel, appelé Akhet, pour y recevoir ses courtisans et le pharaon en compagnie de sa fille Maât. Cette dernière symbolisant la Justice, la Vérité, le Droit souverain, l'Air lumineux et l'ordre du monde, Rê se nourrit d'elle en la respirant.

SATIS *ou* SATET

Gardienne du district des cataractes. Elle est coiffée de la couronne de Haute-Egypte flanquée de deux grandes cornes de gazelle en forme de lyre. On lui rend un culte à Esneh, Séhel et Philae.

SEKHMET

«La puissante»; la déesse du feu, personnifie les effets destructeurs du Soleil. Déesse du carnage et des batailles, elle protège le roi en détruisant ses ennemis. Elle est également responsable des épidémies. Dans la triade de Memphis, elle est l'épouse de Ptah et la mère de Néfertoum, le dieu-

lotus. Cette femme à la tête de lionne est aussi la patronne des médecins. Elle est souvent associée à Mout, l'épouse d'Amon, et à Bastet.

SELKIS

Déesse-scorpion que l'on voit toujours associée à Isis et à Nephthys pour protéger les viscères du mort. Elle passe pour être la mère d'Harakhtès et parfois pour la femme d'Horus. Elle est représentée comme un scorpion à tête de femme ou une femme portant un scorpion sur la tête.

SÉCHÂT

Patronne les écritures et les tracés architecturaux. Elle conseille le pharaon dans la construction des temples.

SÉRAPIS *ou* SARAPIS

Nouveau dieu créé par la dynastie des Lagides. Son nom est une combinaison de Osiris-Apis, forme memphite d'Osiris à l'époque hellénique. Son culte est célébré à Alexandrie. Vers 150 après J.-C.

SETH

Seth est le plus redouté de ces dieux guerriers, originaire du sixième nome de Haute-Egypte. Il est celui qui répand la terreur, mutile périodiquement la Lune, provoque les tremblements de terre, soulève les tempêtes et gronde dans le ciel. Ce violent amateur de massacres sera plus tard identifié au Baal des Phéniciens et au Typhon des Grecs. Il fut le dieu officiel des envahisseurs hyksôs qui régnèrent durant la Deuxième Période Intermédiaire et à la Basse Epoque, il incarna l'envahisseur perse. Ennemi implacable d'Osiris et d'Horus, assassin et usurpateur, il a parfois un rôle plus

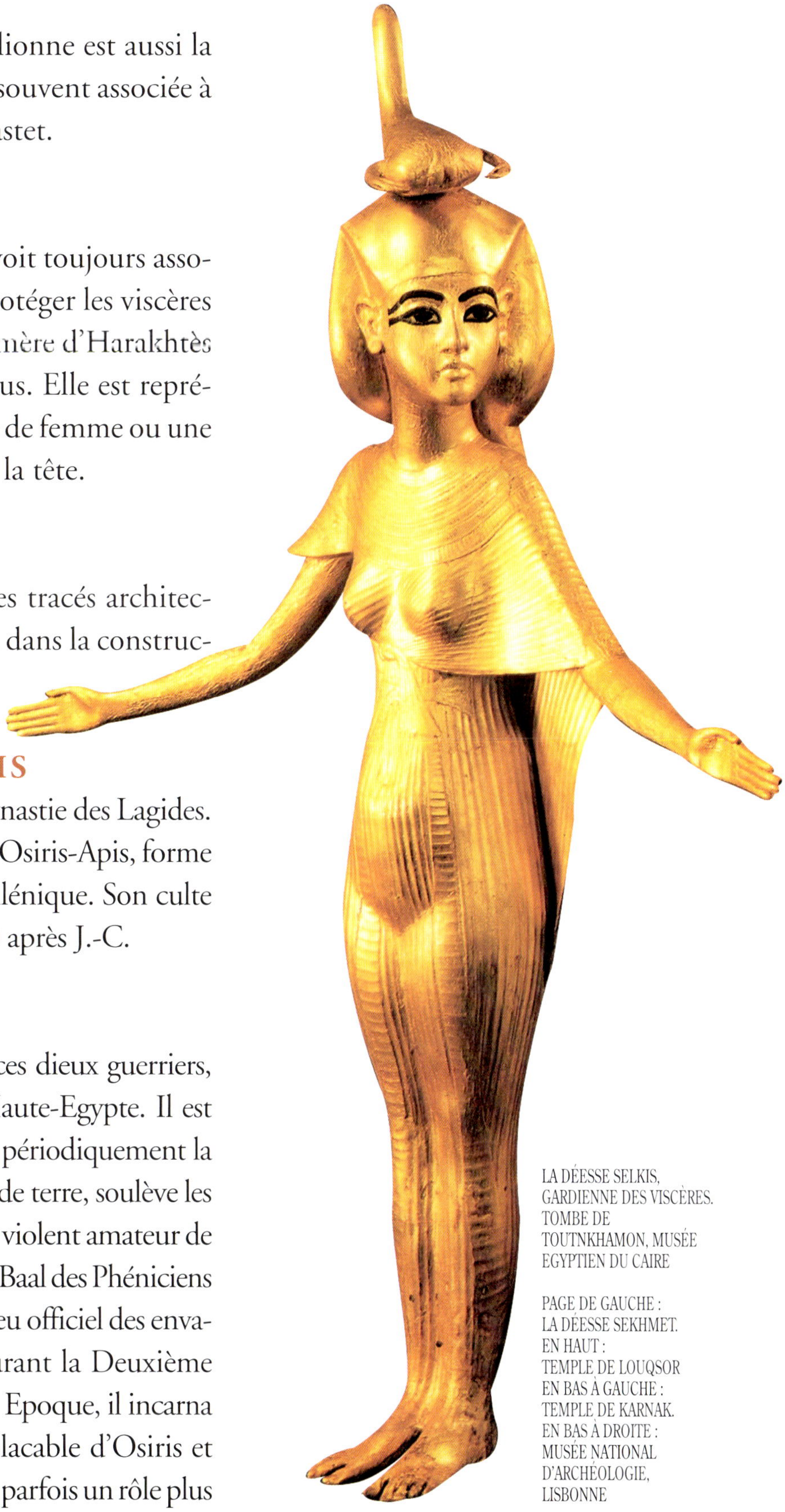

LA DÉESSE SELKIS, GARDIENNE DES VISCÈRES. TOMBE DE TOUTNKHAMON, MUSÉE EGYPTIEN DU CAIRE

PAGE DE GAUCHE : LA DÉESSE SEKHMET. EN HAUT : TEMPLE DE LOUQSOR EN BAS À GAUCHE : TEMPLE DE KARNAK. EN BAS À DROITE : MUSÉE NATIONAL D'ARCHÉOLOGIE, LISBONNE

positif. Adopté comme fils par Rê, il est le défenseur de la barque solaire. Durant le Nouvel Empire, il fut le défenseur du royaume et protégea les pharaons des dix-neuvième et vingtième dynasties qui prirent son patronyme comme Séthi. C'est encore lui qui enseigne au pharaon le maniement de l'arc en tant que dieu de la force. Il est représenté avec un corps rouge, symbolisant la Terre Rouge du désert stérile, surmontée de la tête d'un animal inconnu qui serait selon les hypothèses un âne, une girafe, un okapi ou une gerboise. Il porte encore une queue raide en flèche ou en épieu.

SOBEK

Fils de la déesse aquatique Neith, Sobek, Sebek ou Soukos est à l'origine une divinité du Fayoum, mais son statut de dieu de l'eau et de l'inondation à tête de crocodile le fait adorer partout dans le delta, dans le Fayoum et jusqu'à Kôm Ombo où il a Hathor pour épouse.

SOKARIS

Dieu des morts à Memphis où il veille plus particulièrement aux portes d'entrée du monde des morts. Il fut assez rapidement absorbé par Ptah pour devenir Ptah-Sokaris puis après la victoire d'Osiris sur les dieux funéraires, il devint Ptah-Sokar-Osiris, Sokar étant le dieu des nécropoles, on le représente sous la forme d'un homme momifié ou assis, à tête de faucon.

TEFNOUT

Sœur et épouse de Chou avec lequel elle forme le premier couple engendré par le démiurge. Déesse lionne, elle incarne aussi, comme Sekhmet, l'œil du soleil

CI-DESSUS:
LE DIEU SÉRAPIS,
VERS 1500 AP. J.-C.,
MUSÉE GRÉCO-ROMAIN,
ALEXANDRIE.

PAGE DE DROITE :
AMÉNOPHIS III RECEVANT
DE SOBEK LA CROIX DE VIE
ANKH. MUSÉE DE LOUQSOR

THOT

Dieu d'Hermopolis Magna. Il est qualifié de «Langue d'Atoum» par les prêtres qui le considèrent comme l'inventeur du langage parlé et écrit. Ce «seigneur des paroles divines» connaît encore des formules magiques auxquelles les dieux ne peuvent pas résister. Il est l'Intelligence et la Parole qui créent l'univers dans la doctrine d'Hermopolis, le comptable des dieux, le dieu des scribes et celui des magiciens. Outre ces nombreuses charges, il est encore le dieu-guérisseur de la Lune, régulateur du Temps, le grand vizir de Rê à Héliopolis, le protecteur du mort au moment du jugement osirien. Il est généralement représenté sous l'aspect d'un homme à tête d'ibis ou d'un babouin pensif et parfois d'un homme à tête de taureau. Il peut aussi porter les cornes du bélier d'Amon ou de Khnoum. Ses deux épouses le secondent dans ses tâches. L'une d'elle, Néhemet Aouaï, est déesse de la Loi et de la Justice; elle lui a donné un fils: Nefer-Her. L'autre, la plus importante, est Séchat, «Celle qui écrit», protectrice des livres, des bibliothèques et archiviste

des Annales. A la Basse Epoque, Thot devient un dieu cosmique universel: l'Hermès Trismégiste des Grecs.

THOUÉRIS

Dont le nom signifie «La grande»; a la tête et le corps d'un hippopotame mais son dos se rapproche de celui du crocodile et ses pattes de celles d'un lion. Debout, elle s'appuie sur le nœud magique «ankh», symbole de vie. Elle préside à l'accouchement et symbolise la fécondité. Elle apparaît comme une divinité protectrice de la mère et de l'enfant.

PAGE DE GAUCHE : LE DIEU THOT, PROTECTEUR DES SCRIBES EN FORME DE BABOUIN, AVEC LE SCRIBE NEBMERTOUF. MUSÉE DU LOUVRE, PARIS

CI-CONTRE : LA DÉESSE THOUÉRIS VERS 664-61 AV. J.-C., MUSÉE EGYPTIEN DU CAIRE.

CI-DESSOUS : ACCOUCHEMENT. INSTRUMENTS CHIRURGICAUX. BAS-RELIEF DE KÔM OMBO.

DÉPÔT LÉGAL : 4e TRIMESTRE 2014
IMPRIMÉ PAR HENGYUAN PRINTING